本书获得 NSFC—山东联合基金（U1806203）、国家社会科学基金（11BJL065）、山东省自然科学基金（ZR2016GM09）、山东省社会科学规划基金（19CDNJ37）、校青年教师学术创新团队（经济发展与数据科学协同创新团队）等项目支持。

黄河流域城市群经济金融系统的复杂韧性研究

张 丽 著

中国财经出版传媒集团
中国财政经济出版社
·北京·

图书在版编目（CIP）数据

黄河流域城市群经济金融系统的复杂韧性研究 / 张丽著. -- 北京：中国财政经济出版社，2024. 8.
ISBN 978 - 7 - 5223 - 2921 - 5

Ⅰ. F299. 27；F832. 7

中国国家版本馆 CIP 数据核字第 20247YK582 号

策划编辑：刘孺泾　　责任印制：张　健
责任编辑：刘孺泾　　责任校对：胡永立

黄河流域城市群经济金融系统的复杂韧性研究
HUANGHELIUYU CHENGSHIQUN JINGJI JINRONG
XITONG DE FUZA RENXING YANJIU

中国财政经济出版社 出版

URL：http：//www. cfeph. cn
E - mail：cfeph@ cfeph. cn

社址：北京市海淀区阜成路甲 28 号　邮政编码：100142
营销中心电话：010 - 88191522
天猫网店：中国财政经济出版社旗舰店
网址：https：//zgczjjcbs. tmall. com
中煤（北京）印务有限公司印刷　各地新华书店经销
成品尺寸：170mm × 240mm　16 开　17. 25 印张　257 000 字
2024 年 8 月第 1 版　2024 年 8 月北京第 1 次印刷
定价：65. 00 元
ISBN 978 - 7 - 5223 - 2921 - 5
（图书出现印装问题，本社负责调换，电话：010 - 88190548）
本社图书质量投诉电话：010 - 88190744
打击盗版举报热线：010 - 88191661　QQ：2242791300

前　言

黄河流域城市群作为实现黄河流域生态保护和高质量发展战略的重要载体，拥有多样、丰富的生态资源和地域文化，具有区位优势和比较优势，但也面临水资源短缺、降碳压力大的难题。同时，外界环境的改变、不确定性冲击等对黄河流域经济高质量发展带来的非线性干扰也越发的频繁。因为过度依赖自然资源、产业升级水平还未达到高水平等，造成黄河流域城市群经济发展具有时间和空间上的异质性与差异性过大，其经济关联网络呈现多中心、非对称等复杂特征。因此，识别黄河流域城市群经济发展的空间差异，并以此为基础，探索黄河流域城市群差异化高质量发展路径，对推动黄河流域高质量发展至关重要。基于水资源短缺这一最大约束条件，在面临贸易不确定等外界干扰下，黄河流域城市群的产业如何转型、如何节约用水、如何协同治理等问题，成为全面推进黄河流域生态保护与高质量发展的关键难点问题之一。

从复杂系统理论来看，黄河流域城市群的高质量发展和生态保护之间并不存在简单的因果关系，而是人力、资本、技术等生产要素在系统中流动时，外界环境、系统结构、要素间的交互关系都会发生动态、非线性的变化，而且存在正反馈。这些特点使调控黄河流域城市群系统保持韧性变得异常复杂与困难。

调控手段包括各级政府制定的金融政策、财政政策、法律规定等，而调控手段能够有效的前提是黄河流域城市群的经济金融系统处于稳定状态。然而，目前的研究很少涉及黄河流域城市群经济金融系统的时空稳定性问题。因此，本书的第一个核心内容是黄河流域城市群经济金融系统的韧性、韧性网络具备哪些特征、是否动态稳定；第二个核心内容是金融支持政策对于黄河流域城市群的经济韧性提升有哪些影响。

另外，各级政府制定的以节约用水为核心的金融支持政策，对于形成良好的营商环境，尤其是以科技创新为核心的营商环境，对促进黄河流域城市群产业转型与升级至关重要。

具体而言，第一章描述了黄河流域城市群的重要地位、七大城市群当前面临的现状与问题，以复杂系统理论为切入点提出研究黄河流域城市群经济金融系统韧性的重要性。随后在第二章中，给出目前关于城市群经济金融系统韧性有关的理论问题，梳理了从地理学视角、经济学视角、管理学视角等研究城市群韧性的相关内容、方法与模型，并根据复杂系统理论中的非线性分析结果，引出经济学中的一般均衡、动态非均衡、区域非均衡增长理论、区域非均衡协调理论、复杂非均衡理论等，也给出了关于复杂性、韧性的定义及相关模型问题在理论研究上的难点等。第三章根据研究问题的相关数据来源，明确了黄河流域城市群所包括城市的数量、内容以及基础数据的来源与时间范围等；以复杂系统理论的幂律模型为基础理论；介绍后续能够通过幂律结果来判断空间特征的多中心理论、区域增长极理论、中心地理论、产业集聚理论等；以及空间计量和引力模型等，和城市首位度、位序规模指数、异速生长维数、多中心指数、基尼系数等一般性指标。第四章主要给出本书提到的韧性为演化韧性，并介绍经济韧性、金融韧性、生态韧性、基础韧性等四个维度韧性的含义，以及黄河流域城市群经济金融系统韧性、韧性网络存在的问题；在确定韧性量化方法的基础上，给出计算韧性、耦合协调能力、聚类系数等的基本公式。第五章总结国家、省（自治区）关于黄河流域生态保护和高质量发展的相关财政金融政策，主要涉及政策发布时间与内容，尤其关注与水资源保护、节约用水有关的财政金融政策。第六章详细分析黄河流域城市群的GDP、第二产业、第三产业、人口规模、金融存贷款、万元GDP二氧化碳排放、节约用水等的动态变化情况，分别从全局、核心城市两方面进行分析；用位序规模指数、首位度指数、基尼系数分析城市群的层级结构特征；用空间Moran's I指数分析黄河流域城市群各因素的空间分布情况。第七章重点刻画黄河流域城市群、四大核心城市的经济韧性、金融韧性、复合韧性、耦合协调度的动态变化与空间变化等。第八章重点以引力模型为主，构建黄河流域城市群的经济韧性网络与金融韧性网络；计算网络密度、平均路径长度、平均聚类系数等，刻画经济韧性网络和金融韧性网络的网络特征、动态空间变化。第九章构建空间双重差分模型，以财政补贴政策为核心解释变量，分析财政补贴政策对提升黄河流域城市群经济韧性的显著性影响。第十章则为本书的结论与展望。

本书的研究出发点在于作者和研究团队通过国家自然科学联合基金重点支持项目：NSFC—山东联合基金（U1806203）、国家社会科学基金（11BJL065）、山东省自然科学基金（ZR2016GM09）、山东省社会科学规划基金（19CDNJ37）、校青年教师学术创新团队（经济发展与数据科学协同创新团队）等，逐渐凝聚出在复杂系统理论、区域经济发展方面的交叉研究思路和方法，总结了复杂系统理论、非线性控制理论、区域非均衡理论等方面的理论精华，为黄河流域生态保护和高质量发展提供了进一步深入探索理论模型与实证问题的基础，是集体智慧的结晶，同时得到了学院领导和同事们的密切配合与支持，在此表示真挚的感谢！

作者在搜集数据、理论整理的过程中，得到了复杂系统学、区域经济学、区域金融学等领域专家的指导和帮助，在此表示深深的感谢。受限于作者研究的局限性，书中难免存在不足之处，真诚地希望读者和同行们不吝赐教，以便不断改进和完善。

张　丽

2024 年 5 月于茂岭山下

目　录

第一章

绪论

第一节 黄河流域城市群重要地位、现状与问题

黄河流域当代的流域面积达到79.5万平方千米，是全国陆地国土面积的8.4%，2023年沿黄8省（区）实现了国内生产总值的20.5%，2020年沿黄9省（区）承载人口占全国总人口的15.14%[1、2]。因为黄河流域源于西部青藏高原东北部的巴颜喀拉山，东至渤海，空间跨度大，拥有多样的生态类型、丰富的能源资源、鲜明的地域文化，在构筑我国生态安全屏障、推动经济的可持续发展、奠定坚定的文化自信等方面至关重要。因此，从党的十八大开始，黄河流域生态保护和高质量发展一直是国家重大战略之一。

截至2022年，黄河流域在Ⅲ类水质断面比例、干流Ⅱ类水质、治理水土流失、水源涵养量、生态补偿协议、水资源消耗总量、污染防治方面都取得了显著成效[3]。然而，基于黄河流域地理位置、水资源约束、人类活动干扰、极端天气等影响，仍然面临诸多问题，如黄河流域水污染质量持续向好的趋势下仍低于全国平均水平，其主要水污染物排放来自农业源、生活源和工业源。从“高、寒、旱”的特殊地理与气候条件来看，上游、中游包括主要的畜牧业基地、主要农业生产基地以及分布煤化工产业和有色金属行业等，而下游以石油化工为主，对应省份农村的生活污水治理率、固体废弃物处理率等都低于全国平均水平。在黄河流域水资源总量减少、用水效率低于全国平均水平的趋势下，农业用水、工业用水和生活用水效率具有上游低、下游高的空间差异。因为人类活动和极端天气等影响，黄河流域的永久性冰川面积、自然湿地面积、草地面积、湖水水位等都在萎缩，面临水土流失面积大而广。随之而来的，则是水生生物的多样性下降、特有性被破坏等问题。

基于以上黄河流域生态存在的问题，要想推动黄河流域的高质量发展，必须以党的二十大报告中明确提出的城市群、都市圈为依托，通过城市群这一重要增长极作为核心空间载体，以城市群的高质量发展为关键和核心命题，识别黄河流域城市群自身发展面临的显著空间差异、与

其他区域比较的显著差异，并以此为基础，探索黄河流域城市群差异化高质量发展和生态保护治理的有效发展路径[4]。

黄河流域城市群包括七大国家级城市群，其中根据黄河河道流经的情况，上游有宁夏沿黄城市群、兰西城市群、呼包鄂榆城市群，中游有山西中部城市群、关中平原城市群，以及处于下游的中原城市群和山东半岛城市群。

根据国家的“十四五”规划和2035年远景目标纲要可知，宁夏沿黄城市群、兰西城市群、呼包鄂榆城市群、山西中部城市群归为培育发展阶段城市群，山东半岛、关中平原、中原城市群归为发展壮大城市群。

宁夏沿黄城市群位于黄土高原西北部，是建设黄河流域生态保护和高质量发展的先行区，地势呈南高北低的阶梯状下降形态，地质构造复杂，有丰富的能源、非金属矿产、金属矿产等自然资源与矿产资源。气候属于干旱半干旱气候，干旱少雨，以干草原、荒漠草原和耕地为主，物产丰富，是枸杞、滩羊、甘草、马铃薯、大米、黄花菜、长枣、菜心、葡萄酒等农产品之乡，但水资源短缺，面临土地荒漠化、草原退化等问题，外界干扰能极大地加速城市群的水土流失、减少生物多样性、加剧草原荒漠化、环境承载力下降等。同时，因为宁夏沿黄城市群的煤矿、硅石矿、镁矿、石灰岩矿、石膏矿、金属矿、贺兰石、磷矿、陶瓷土等自然资源、矿产资源富集，工业以原煤、原油和焦炭能源消耗为主，产业结构单一，仍然强烈依赖第二产业，第三产业发展缓慢，属于西北城市群中碳排放强度最高的城市群[5、6]。

兰西城市群是“胡焕庸线”以西唯一跨省城市群，是西北地区经济增长极，具有多民族聚居、覆盖面广、地缘生态丰富等特征，有祁连山、三江源、甘南高原、沿黄四个生态廊道，有丰富的矿产、天然气、有色金属、中药材等，以金属冶炼、石油化工、煤炭等传统产业为主。目前已经在发展太阳能、风能等清洁能源，但因为城市群内部城市的地理环境与资源禀赋参差不齐，在从传统产业升级到现代高新技术产业的过程中，受到水资源分布、交通便利度、人才分布、金融服务水平、商贸物流水平不均等限制，产业结构层次不高；以能源原材料为主导的工业占比过大；缺乏对创新人才、社会金融资本的吸引力，生产要素流动性不高，营商环境不够优越；民营企业投资缺乏协同创新能力，使高新技术产业占比不具优势，没有形成高水平的多元化产业结构[7-10]。

呼包鄂榆城市群处于黄河“几字湾”的右上角，也是“中蒙俄经济走廊”的重要枢纽，同时属于干旱半干旱区，以草地为主要土地利用方式，拥有丰富的矿产资源，但水资源匮乏、水土流失严重、资源开采过度，并因为产业发展以第二产业为主，高度依赖羊绒、煤炭、天然气、矿产、稀土等发展。因此，这些相关的人类活动对资源的超限利用，造成水资源利用效率低、能源消耗总量波动式增长、碳足迹整体波动上升等趋势[11、12]。又因为缺乏呼包鄂榆城市群发展的统一规划，没有营造出优秀的营商环境，使城市群内部产业同质化、产业协作程度低、城市间的经济联系不高，而关键科学技术创新质量不高、转化困难，造成了无法深度发展新材料、大数据、云计算等战略性新兴产业的后果。

山西中部城市群又称“晋中城市群”，属于典型的山地高原，地貌类型复杂、平均海拔高、植被类型多，拥有储量全国第一的煤层气、耐火粘土等矿产资源，紧邻雄安新区和京津冀，是“一带一路”经济带的重要节点，南靠关中平原和中原城市群，具有承东启西和连接南北的重要区位优势，有完备的工业体系，全省超过73%的高校和科研院所集中在此[13]。但作为水资源严重短缺、地下水超采严重的城市群，长时间的产业相对单一，更多的依赖能源，属于以煤炭为主的资源性经济结构，三次产业结构以二产占比明显大于三产为主，属于不均衡的“二三一”产业结构。虽然山西中部城市群最近也在加快产业从传统的煤炭产业向信创、大数据、特殊金属材料等新兴产业转变，但民营经济增加值低于全国水平；制造业投资下降；外贸出口机电产品、商品手机、钢材规模下降；人口仍属于净流出状态，人才吸引力不强；城市群内部也面临同质化的产业竞争；还没有健全以科技创新为主的产业体系；区域间的联动不够紧密、营商环境不够优质，不能促进科技创新强度和提升资源要素集聚水平。

关中平原城市群位于黄土高原和秦岭之间，工农业发达，是沟通南北部、连接东西部、中西部互通互融、由西向北辐射发展的重要枢纽，但大部分地区属于干旱半干旱地带，区域地貌复杂、水资源短缺、地下水超采严重，人类过多的干扰造成土地利用类型改变，从而使生物多样性下降、整体植被减少。虽然关中平原城市群生产总值快速增长，人口较为密集，在土地和对外开放等方面具有全国优势的集聚能力，使第一产业比重保持稳定、第三产业占比逐渐上升，呈现“二三一”产业结构，经济高级化指数稳步提升；因为缺乏统一的产业发展布局方案，城市群内部优势产业雷同，没有达到空间格局的最优化；又因为人口和科技创新资源向东部发达地区跨城市群的流出，引起纯技术效率低下，造成全要素生产率的下降；缺乏好的财政科技投入增长机制，则不能吸引各类社会资金对科技创新的支持；市场内生投资的动力不足，造成产业结构合理化水平较低，呈现W形波动，产业协同程度尚处于初级阶段等现状[14、15]。

中原城市群地处中原腹地，是我国自东往西递次发展的中间区域，涉及城市共30座，包括河南、河北、安徽、山西和山东五大省份；是半径500米区域内人口最密集、交通区位优势的城市群；拥有高速公路、航空、国际陆港、“米”字形高铁等现代的综合交通体系；企业科技创新能力不断增强；国际投资和有效发明专利数都在增多；在人口规模、社会消费品零售总额、R&D经费（亿元）方面居黄河流域七大城市群的第二位，是黄河中游、下游重要的经济和生态保护区[16、17]。由于中原城市群对第二产业依赖性大、水资源短缺，使碳排放量攀升，环境治理与城市功能建设等部分发展相对滞后。虽然中原城市群的定位为创新创业先行区，但因为人才和科技机制动力不足，不能吸引更多的高新技术人才与企业；在风险投资、保险、科技信贷、信用评估等机制方面发展滞后，不能吸引足够多地社会资本来完成科技成果的转化，使人才、技术、资本三个要素集聚度偏低；产业布局不是以城市群的效益最大化为目标，而是以地方效益最大为主，从而形成了目前的科技基础较差、科技反哺经济支撑不够、缺乏高端创新资源、区域创新能力全国排名偏低等现状。

山东半岛城市群处于发展壮大第一位，地形复杂、四季分明、降水较为充沛、水系发达，拥有良好的港口、海洋、水资源和土地资源，海洋空间广阔，处于我国由东向西、由南向北梯度发展和扩大开放的战略节点，在开拓欧亚大陆腹地市场、为中亚提供对外交流窗口方面位置显要。山东半岛城市群拥有制造业、能源、农业、海洋产业、新技术产业、高端装备、新医药产业等我国最完备的产业链，是黄河流域内唯一超过一亿人口的城市群（以2021年的人口数据为标准），在工业总产值、地区生产总值、进出口贸易总额、创新要素集聚度［以R&D经费（亿元）来看］等方面均位于黄河流域城市群的首位，是黄河流域城市群高质量发展的龙头[18]。山东半岛城市群、长三角城市群和珠三角城市群相比，则存在明显劣势：产业结构占比较重的为化工、冶金、机械、纺织等资源型产业，服务业也以传统的餐饮、住宿、交通、商贸等为主，缺乏高质量的现代服务业。作为碳排放大省，山东半岛城市群与中上游城市群的产业链间缺少良好的协作，济南和青岛作为山东半岛城市群的核心城市，还要深度挖掘自己的经济集聚优势与对周边城市的强辐射作用。山东半岛城市群内部城市之间也缺乏深度的分工、协作、优化的产业布局和顶层设计的政策协同等，没有形成深度协同开放的格局。

综上所述，黄河流域城市群基于区位优势和比较优势，在我国构建全方位对外开放新格局中具有重要的战略地位。目前，黄河流域城市群主要产业过度依赖自然资源或矿产资源，缺乏良好的创新人才、技术、社会资本、营商环境的吸引机制；又因自然禀赋和经济发展的程度不同，在产业结构的演进特征、资源约束等生态经济方面具有极大的差异，呈现空间、时间上的异质性与复杂性特征。例如，黄河流域城市群的经济关联网络呈现多中心、非对称性特征[19]；绿色技术创新关联网络则具备多线程、多流向等特征[20]；产业发展、生态环境和经济增长三者之间也存在复杂的空间相关性[21]。基于水资源短缺这一最大的资源约束，在面临贸易不确定性干扰与其他威胁下，黄河流域城市群产业结构如何转型、不同级别间的政府机构如何协同合作、如何合理利用水资源，则是改善黄河流域城市群生态系统脆弱这一现状，也是全面推进黄河流域生态保护和高质量发展的关键难点问题之一[22、23]。

第二节 复杂系统、黄河流域城市群与韧性

根据上节提到的关键难点问题以及当前的研究可知，黄河流域城市群的高质量发展必须以水资源短缺作为最大的约束，以丰富的能源和矿产资源、优越的战略空间地位为基础，出台城市群不同等级对应的金融政策、营商政策、人才政策等协同政策，吸引高层次创新人才、资本的流入，发展高新技术产业、战略性新兴产业，降低对能源性产业的依赖，促进产业结构优化的同时，得以提升黄河流域的生态环境质量。

显然，黄河流域城市群的高质量发展与生态保护之间，并不存在简单的因果关系，而是作为整个城市群系统的产出或输出，存在动态、非线性、具备正反馈的复杂过程，是一个复杂系统。基于复杂系统的基本理论，复杂系统的最大特征即部分之和不等于整体，同时系统的结构也不是固定不变的，系统的功能也会随着环境的变化而改变[24、25]。系统之所以复杂，是因为系统的结构、系统的周围环境、两者之间存在错综复杂的关系。其中系统的稳定性是复杂系统理论中至关重要的概念之一。关于系统的稳定性概念目前大约有两种不同的出发点：第一种是来自热力学第二定律，把系统看作开放的系统，在系统与周围环境不断交互的过程中，系统的结构保持稳定；第二种则是从平衡态热力学出发，只要距离平衡态不是大到改变系统的结构，则认为这种远离平衡态的系统也会出现稳定结构，即“耗散结构”。让系统保持稳定，即人类探索各类系统的结构、周围环境以及两者的演化、相互关系，最终希望可以获得调控目标，从而可以获得关于复杂系统背后的一般规律。

在以人的行为为主体的系统中，开放性包括子系统与外界的信息交换、各个子系统结构的变化等，所以类似黄河流域城市群这种复杂巨系统，要想控制系统趋于一个稳定状态或多个稳定状态，在改变周围环境可能性低的情况下，我们只有通过改变系统的组成部分或调整部分之间的关系、层次结构等，才能保证系统在遇到不同的不确定性干扰时，能够具备抵抗能力并迅速恢复到原来的稳定状态或跳跃到另一个稳定状态。

这种能力称为“韧性”。

来源于物理学的韧性，最初是由生物学家豪林（C. S. Holling）引入生态学，后来又被应用到不同领域当中去，尤其是在人—自然构成的复杂社会生态系统中。韧性一般是指系统在受到外界冲击时能吸收冲击、保持稳定的能力，有时经济学中的韧性与弹性概念类似，并不能反映系统在抵御冲击、吸收冲击并保持稳定的能力。因此，本书中提到的韧性与在城市研究中出现的韧性类似，是指区域经济抵御冲击的能力[26-28]。

目前，关于黄河流域城市群的韧性研究，一般的做法是用熵值法、引力模型等，以黄河流域城市群不同时间范围内的相关数据为基础，从经济韧性、社会韧性、生态韧性、基础设施韧性、工程韧性等不同维度进行刻画，并用空间 Moran's I 指数、二次指标模型、Spearman 相关系数、核密度、复杂网络理论等，分析金融发展、经济差异、交通差异等对韧性、韧性网络结构的影响。例如，收集并分析最近十五年内不同时间段内的相关人口、经济、社会、自然环境、环境规制等数据，以黄河流域部分省、地级市或县为研究尺度，以第三产业占 GDP 比重、投资、消费、进出口贸易额等数据计算经济韧性；以人口自然增长率、社会保障和就业支出占比、失业率等数据计算社会韧性；以建成区绿地覆盖率、工业废水排放量等计算生态环境韧性；以公路网密度、燃气普及率、互联网普及率等计算基础设施韧性或工程韧性；以经济地理权重计算的韧性网络，并用压力—状态—响应模型、TOPSIS 熵权法、核密度估计、二次指标、空间 Moran's I 指数、区位商（熵）、变异系数等模型，分析不同因素对韧性或韧性网络结构的影响。

结论发现：对外开放程度差异、地理空间临近差异、政府财政支持对城市群韧性网络有显著正相关；经济发展水平差异、交通基础设施差异、科技水平差异对网络韧性为显著负相关；人口密度和金融发展程度对以农林牧渔业、矿产为主导的城市经济韧性有显著正相关关系；与科技投入为显著负相关，但以制造业为主的城市则与科技投入正相关但与多样化指数负相关。不同资源基础的城市有不同的韧性且基本稳定，与主导产业有关；第二产业占比仍过大，第三产业发展缓慢，越是以第三产业为主的城市经济韧性越高。

不管是韧性还是耦合协调度均呈现出明显的空间集聚性，为东高西低、南高北低、上中游弱、下游强的分布格局；资源依赖型城市韧性更弱；高韧性与低韧性城市的韧性具有显著空间差异；省会城市与周边城市的韧性则呈现“中心—外围”格局；高韧性城市出现单中心到多中心的变化；低韧性城市从团块状到连片式；韧性转移只发生在同级城市之间；经济发展水平对韧性正相关外部冲击更能引发经济韧性的空间联动性；产业多样化则韧性更高[29-36]。

从以上结果来看，因为水资源短缺、具有不同自然禀赋，黄河流域城市群抵御风险、吸收干扰的能力存在显著的空间集聚与分异性。从系统理论的角度来看，冲击作为系统外部的干扰，或者也被称为经济理论中的外生变量，对于系统的影响与系统本身是否稳定密切相关：如果系统不稳定，则冲击会改变系统的结构，带来系统收敛路径的改变；如果系统稳定，则一定限制条件下的冲击不会改变系统的结构，系统会迅速恢复到原来的稳定状态或会跳跃到新的稳定状态。系统能够恢复到稳定状态的原因是因为有控制项，应用到黄河流域城市群的韧性研究上，则此控制项即为政府的各种金融政策、财政政策、环境规制等。目前，研究结果的一个隐形假设是黄河流域城市群这一复杂系统是稳定的，但是系统理论中的稳定是对于时间序列来说的，而黄河流域城市群这一复杂系统的动态稳定性并没有得到验证，目前得到的“稳定”结果是关于空间特征的，并没有考虑动态演化。

本书要回答的第一个问题是：对于黄河流域城市群这一复杂系统经济金融韧性、韧性网络是否动态稳定。另外，各级政府的金融支持政策是吸引创新人才、社会资本流入和创造良好营商环境的关键，也是能改善目前黄河流域城市群生态环境、优化产业结构、促进经济发展、提升韧性的重要驱动力。第二个重要的问题是：关于黄河流域财政补贴政策等金融支持政策对于提升黄河流域城市群经济韧性有什么影响？

到底什么是经济金融系统？

金融系统一般是指金融决策的实体机构，包括的对象有不同的市场、中介以及服务公司、家庭、企业或政府等，而金融系统的功能包括空间上经济资源的转移、管理金融风险、完成交易、资源分割等提供机制；为不同部门提供价格决策；以代理人方式提供激励方法。金融系统具有开放、复杂特征，属于复杂巨系统，该系统能与外界交换类似资源、资本和信息等能量；它有很明显的非线性特征。比如，混沌、路径依赖、自组织和自演化等特征。

经济系统有广义和狭义之分。广义的经济系统是指不同地区、不同部门、不同企业等在生产过程中形成的有机整体，而这种有机整体是通过物质生产与非物质生产因素的相互联系、相互作用的过程中形成的。狭义的经济系统则仅限于社会再生产过程中形成的有机整体，这一有机整体涉及生产、交换、分配、消费等各个环节。经济系统通常是一个很多非线性因素交互的开放复杂系统，它的行为大多数是动态的、非稳定、非连续、非可逆的，具有暂时稳定和均衡特征。经济系统中的非可逆性和不确定性的存在会使经济系统呈现极端的复杂和非线性特征，处于动态均衡和动态非均衡演化中。该系统因为有人的直接参与，所以会有非确定性和模糊性等特征，尤其是当经济系统、金融系统存在短期、长期目标之分，也有单目标和多目标之分的时候，系统的行为更是复杂。

类似的城市群作为复杂巨系统，又可分为更多的小系统。比如，城市群经济系统、城市群金融系统。又因为目前缺乏关于黄河流域城市群相关的宏观经济低频数据和微观高频金融数据的结合研究方法，本书所指经济金融系统并不特指某种金融决策机构或微观的企业或个人等，而是看重金融、经济交互关系，把经济因素、金融因素尤其是金融支持政策因素、干扰、生态环境因素作为系统的组成部分。因此，黄河流域城市群经济金融系统是指着重经济发展、金融政策、生态环境交互的复杂系统，其中韧性可以看作该系统的产出，会随着相关财政金融政策这一系统控制项的不断调整而发生改变。

基于以上原因，本书以黄河流域城市群的经济、人口、自然环境、金融支持等数据为基础，建立黄河流域城市群经济金融系统的韧性评价指标，分析该韧性的时空特征、韧性网络的复杂特征，并研究财政金融政策对黄河流域城市群经济金融系统韧性的影响。

本章参考文献

[1] 王继源，窦红涛，贾若祥．以新质生产力为黄河流域生态保护和高质量发展赋能 [J]．科技中国，2024 (04)：28－31.

[2] 海龙，崔杨豪，张家伟，等．黄河流域人口高质量发展路径探究——第二届黄河人口论坛会议综述 [J]．人口与发展，2024，30 (01)：52－55.

[3] 李海生．黄河流域生态环境问题系统识别与展望 [J/OL]．环境科学研究：1－14 [2024－01－01]．https：//doi.org/10.13198/j.issn.1001－6929.2023.12.22.

[4] 高煜，赵培雅，吉展慧．突破双重制约：黄河流域城市群高质量发展的路径选择——基于"产业—空间"结构的区域比较研究 [J]．城市问题，2023 (04)：32－42＋54. DOI：10.13239/j.bjsshkxy.cswt.230404.

[5] 杨航，侯景伟，马彩虹，等．黄河上游生态脆弱区复合生态系统韧性时空分异——以宁夏为例 [J]．干旱区研究，2023，40 (02)：303－312. DOI：10.13866/j.azr.2023.02.14.

[6] 马风华，张勇，张晓东，等．宁夏矿产资源开发利用状况及方向 [J/OL]．矿产综合利用：1－9 [2024－01－08]．http：//kns.cnki.net/kcms/detail/51.1251.TD.20231103.1356.002.html.

[7] 赵晓冏，张兴林，张钰浩．深入推进黄河流域城市群绿色发展的对策建议——以兰西城市群为例 [J]．环境保护，2022，50 (24)：56－60. DOI：10.14026/j.cnki.0253－9705.2022.24.005.

[8] 周恒，杨永春．兰西城市群"双核分离"结构探讨：区域经济一体化背景下民营企业的投资网络 [J]．地理科学进展，2023，42 (05)：852－866.

[9] 钟方雷，杨艺丹，张娜．中国西部城市群产业结构升级水平空间差异及影响因素研究——以兰西城市群为例 [J]．工业技术经济，2022，41 (09)：79－87.

[10] 谢晓艺，石培基，张韦萍，等．兰西城市群产业生态化时空分异特征及驱动因素分析 [J]．兰州大学学报（自然科学版），2022，58 (05)：668－677. DOI：10.13885/j.issn.0455－2059.2022.05.012.

[11] 杨屹，张园园．呼包鄂榆资源型城市群"水—能—碳"耦合变化及影响因素 [J]．中国环境科学，2023，43 (11)：6212－6224. DOI：10.19674/j.cnki.issn1000－6923.20230919.001.

[12] 乐荣武，李巍，周思杨，等．呼包鄂榆城市群生态系统服务价值驱动因素及其交互效应 [J]．生态学报，2023，43 (23)：9967－9980. DOI：10.20103/

j. stxb. 202207222100.

［13］夏圣洁，陈慧儒，张钧韦，等．基于 ArcGIS – GeoDa 的城市群生态用地动态演变与热环境的空间自相关分析——以山西中部城市群为例［J/OL］．中国环境科学：1 – 9［2024 – 01 – 07］．https：//doi. org/10. 19674/j. cnki. issn1000 – 6923. 20230908. 015.

［14］罗逸臻，黄远程，王涛．关中平原城市群生态环境质量时空变化特征及其驱动力［J］．地球科学与环境学报，2023，45（06）：1316 – 1329. DOI：10. 19814/j. jese. 2023. 03035.

［15］徐晨曦，万红莲，何若楠，等．关中平原城市群脆弱性时空演变与驱动因子［J］．中国沙漠，2023，43（06）：111 – 120.

［16］纳丁·瓦宁，杨耀辉．中原城市群创新发展的禀赋、瓶颈与对策研究［J］．区域经济评论，2023（03）：64 – 68. DOI：10. 14017/j. cnki. 2095 – 5766. 2023. 0040.

［17］冯雨柯，翟石艳，姜昕彤，等．中原城市群“三生”空间模拟及生态效应评估——基于未来土地利用模拟模型和共享社会经济路径情景［J］．生态学报，2023，43（20）：8292 – 8308. DOI：10. 20103/j. stxb. 202210192970.

［18］赵丽娜，钱进．发挥山东半岛城市群黄河流域龙头作用的路径选择——基于城市群效应视角［J］．东岳论丛，2023，44（09）：150 – 156. DOI：10. 15981/j. cnki. dongyueluncong. 2023. 09. 017. 995. 000909.

［19］师博．黄河流域城市经济高质量发展的社会网络分析［J］．宁夏社会科学，2023（06）：164 – 172.

［20］赵林，高晓彤，吴殿廷．黄河流域绿色技术创新空间关联网络结构与影响因素［J］．人文地理，2023，38（04）：102 – 111. DOI：10. 13959/j. issn. 1003 – 2398. 2023. 04. 012.

［21］任保平，杜宇翔．黄河流域经济增长—产业发展—生态环境的耦合协同关系［J］．中国人口·资源与环境，2021，31（02）：119 – 129.

［22］王松茂，牛金兰．黄河流域城市生态韧性时空演变及其影响因素［J］．生态学报，2023，43（20）：8309 – 8320. DOI：10. 20103/j. stxb. 202211013115.

［23］邓祥征，杨开忠，单菁菁，等．黄河流域城市群与产业转型发展［J］．自然资源学报，2021，36（02）：273 – 289.

［24］C. S. Holling. Understanding the complexity of economic，ecological，and social systems［J］. Ecosystems，2001，4（5）：390 – 405.

［25］钱学森，于景元，戴汝为．一个科学新领域——开放的复杂巨系统及其方

法论［J］. 自然杂志，1990.

［26］Luthar S S. Research on Resilience：An Integrative Review［M］. Cambridge University Press，2003.

［27］Bhamra R，Da N S，Burnard K. Resilience：the concept，a literature review and future directions［J］. International Journal of Production Research，2011，49（18）：5375－5393.

［28］Asheim G B，Bossert W，D'Ambrosio C，et al. The measurement of resilience［J］. Journal of Economic Theory，2020：105104.

［29］张帅，王成新，姚士谋．未来中国推进韧性城市规划与建设的几点思考［J］. 资源开发与市场，2023，39（9）：1155－1160.

［30］史玉芳，牛玉．关中平原城市群韧性空间关联网络及其影响因素研究［J/OL］. 干旱区地理．https：//kns. cnki. net/kcms2/detail/65. 1103. X. 20230711. 1443. 001. htm.

［31］孙久文，陈超君，孙铮．黄河流域城市经济韧性研究和影响因素分析——基于不同城市类型的视角［J］. 经济地理，2022，42（05）：1－10. DOI：10. 15957/j. cnki. jjdl. 2022. 05. 001.

［32］杨航，侯景伟，马彩虹，等．黄河上游生态脆弱区复合生态系统韧性时空分异——以宁夏为例［J］. 干旱区研究，2023，40（2）：303－312.

［33］张梅霞，李颖，李芳．黄河三角洲县域经济韧性时空演变及障碍度研究［J/OL］. 资源开发与市场．https：//link. cnki. net/urlid/51. 1448. N. 20231130. 1650. 006.

［34］周成，赵亚玲，张旭红，等．黄河流域城市生态韧性与效率时空演化特征及协调发展分析［J］. 干旱区地理，2023，46（09）：1514－1523.

［35］罗巍，黄志华，程遂营，等．黄河流域城市韧性与经济发展水平协调性研究［J］. 人民黄河，2022，44（7）：6.

［36］张筱娟，汤琪凤，张镇．黄河流域城市韧性空间分异特征及其影响因素识别［J］. 地域研究与开发，2022，41（6）：48－54.

第二章

城市群经济金融系统韧性相关的理论问题

第一节 城市群经济金融系统相关理论问题

城市群作为复杂巨系统，它的结构和功能可以根据外界自然环境的影响而发生改变，也能通过人类社会政策的推行而发生变化[1-6]。根据研究问题来源数据，可以总结目前关于城市群功能与结构的时空变化研究大多会集中到如下视角。

一、地理学视角

从自然环境数据来看，运用空间自相关、空间计量模型、广义可加模型、空间联立方程等，构建空间溢出效应、空间自回归模型等，分析不同地理区位城市群污染呈现的时间变化、季节特征以及城乡地理空间上的集聚与扩散特点，并进一步分析风速、气温、地形、土地利用、产业结构、能源消费、植被覆盖率、降水量、相对湿度、人均 GDP、工业集聚、环境规制、投资水平、政府干预等因素对大气污染、污染集聚的影响[7-9]。

对于类似京津冀的城市群来说，相关结论发现地形、植被覆盖率等相关的因素对大气污染影响大于人口密度与产业升级的影响；黄河流域的兰西城市群工业集聚与污染之间没有单一的因果关系，而是空间交互影响；长江中游城市群的建设用地增加能显著增加该城市群的空气污染浓度，耕地使用的变化则加剧了长江中游城市群空气污染浓度分布的复杂性。土地利用变化对空气污染浓度的影响并不是线性关系，而是非线性关系。

从基础建设来看，借助人口迁徙大数据等，测度转移和共享两种类型要素流动的空间特征，运用空间交互模型、社会网络分析法、空间面板回归模型等，可以更好的分析高铁网络、区际公路物流碳排放对城市群复杂空间网络结构的影响[10、11]。

二、经济学视角

针对长三角、中原城市群、长株潭、京津冀、大湾区等城市群，以空间计量模型为主，分析金融集聚、数字普惠金融对城市群经济效率和高质量发展的影响、数字经济对制造业产业结构的非线性影响等。发现如下结论：金融集聚与经济效率的关系是倒U形关系；金融集聚对多中心城市群的经济效率提升显著高于单中心城市群；数字经济对京津冀、长三角城市群的制造业高级化影响更大，对大湾区的制造业合理化影响更大；劳动技能水平起到了中介作用。研究经济系统与生态系统的耦合程度、人口、经济和环境的耦合协调关系时，运用了引力模型、网络模型，分析不同城市群经济、生态耦合协调程度的时空特征。研究结果显示处于不同发育期的城市群面临复杂的耦合协调网络空间结构，地理临近和绿色创新是城市群耦合协调能力的重要驱动因素[12-16]。

三、管理学视角

运用双重差分法，分析类似城市群碳排放、人才引进、区域示范政策等对城市群一体化发展、经济增长、推动城市群制造业创新等的影响。研究发现：城市群政策显著提升了城市群的协同化处理能力，提高了市场一体化程度，并增加了交通的便利性，但这些优势对于培育发展阶段的城市群作用并不显著，也会加剧产业结构的差异性。运用双固定的动态空间杜宾模型，进行实证分析后发现：人才政策对本地和周边地区的经济增长影响路径为非线性的U形影响，从虹吸效应转换为扩散效应；区域示范政策则能够显著提升企业的创新质量、降低融资约束、提高竞争水平，对民营企业、重点领域企业和中部地区企业等能产生额外的激励效果[17-19]。

以上研究内容涉及的地理因素属于城市群系统中的自然基础，一般具有难以改变的特征，不同的城市群具有不同的自然禀赋；城市群的经济效率、高质量发展等属于城市群系统的外在表现，既要依靠城市群独特的地理位置特征，又要依靠人类社会系统各种要素的流动、交互关系；国家对不同城市群的特定政策、各级政府的配套政策等，能够调节城市群系统，在面临外界冲击时，能迅速找到解决办法，从而帮助城市群快速恢复或进入更先进的路径。

根据系统理论，城市群的经济金融系统包含极端复杂的非线性关系。这种非线性关系的存在，虽然能够保证城市群与外界进行资源交换、资本和信息的流动等活动[20-22]，但同时也因为这种非线性交互关系，使城市群经济金融系统呈现出动态、非稳定、非连续、非可逆等不确定性特征。从非线性系统的角度来看，这种非可逆性、不确定性的存在会使经济系统呈现极端的复杂性[23、24]。例如，通过对分岔理论中非线性微分系统复杂行为分析可知，非线性系统参数的微小改变会引起系统路径的不稳定，甚至会引起路径的跳跃。一般来说，很难确定实际系统的参数和系统的内部结构，因此不可能全部获得或深刻理解该复杂系统的广义拓扑性质。或者是考虑通过某个或某些平衡点附近的动态行为分析，这与经济学中提到的均衡理论有着密切的关系。

经济学中有局部均衡、一般均衡和动态均衡等几种均衡[25-32]。局部均衡是新古典经济学之父——马歇尔（A. Marshall）在 1920 年提出的理论，是指假定其他市场条件不变的情况下，把某个市场或市场的某部分单独拿出来，把供需看作本身价格的函数，其他商品的价格处于稳定不变的条件，则可以得到这个局部市场在供求和价格之间存在某种均衡状态，整个过程没有考虑其他商品价格对这个部分市场的影响。一般均衡理论是法国经济学家瓦尔拉斯（L. Walras）在 1874 年首次提出的，该理论与局部均衡理论不同之处是在承认一种商品的价格不仅取决于本身的价格，还与其他商品的价格有关，即商品的供需是所有价格的函数，在供需相互影响的条件下，存在一种价格系统，能够使所有的消费者和生产者满足各自需求的产品市场、要素市场达到总供给等于总需求的均衡状态。一般均衡理论的研究对象局限于完全竞争市场，即任何生产者和消费者都没有能力影响供需商品的价格，产品价格只能由供求关系来确定；均衡不是指物理中力的均衡，而是指价格有充分的弹性，在没有外在干扰下，市场的供需会逐渐趋于正常状态即平衡状态。动态一般均衡理论属于一般均衡的拓展，是由英国经济学家希克斯（J. R. Hicks）提出的，该理论认为静态一般均衡理论是特指该种状态和满足的条件，而动态一般均衡理论则侧重达到均衡的动态过程，该理论能够理解金融市场中面临的风险和信息不完备带来的市场运作规律等。

后来，随着研究问题与研究方法的扩展与完善，不完善的市场、不充分的信息、供需关系的不平稳等现实经济特征，尤其是在凯恩斯（J. M. Keynes）指出长期以来现实世界中存在的诸多现象都不符合 Walras 一般均衡的基本假设，人们开始放松对一般均衡理论的严苛条件，并关注动态非均衡的思想与应用[33-35]。

非均衡状态是指经济系统中存在的一切不平衡的状态，相关区域研究理论包括区域非均衡增长（发展）理论、区域非均衡协调理论、复杂非均衡理论等。

区域非均衡增长理论是针对无法用静态的区域均衡发展理论来解释不同区域经济发展差距过大的事实，主张通过先发展部分产业或部门来带动其他产业或部门的发展理论[36-39]。该理论认为经济非均衡增长是常态，需要重点区域或产业优先发展，可以通过这些重点区域或重点产业的创新资本、物流设施等在某区域或产业的聚集、经济关联等，带动本地区或优势产业的经济发展，同时通过扩散效应，推动周边地区或非优势产业的经济增长，以增长极的状态带领整个区域或整个产业的经济增长。增长极的存在会带来经济增长的累积，从而使区域发展或产业发展出现与初期差距较大的极化效应和后期经济差距逐渐缩小的涓滴效应。

区域非均衡增长理论包括循环累积因果论、增长极理论、不平衡增长论、梯度转移理论、中心—外围理论。该理论认为，初始阶段不同区域或产业的经济发展不同时也不均匀扩散，而是从某些优势产业或基础较好的区域开始发展，然后通过不断地循环累积，强化了与其他区域或产业的不平衡，由此产生中心区域对非中心区域、优势产业对非优势产业经济要素的虹吸作用（极化作用或回流效应），使差距不断加大。同时也存在因为成本的提升，生产要素从中心区域扩散到非中心区域、从优势产业流转到非优势产业的扩散效应（或涓滴效应）。对应的政策建议是在经济发展初期鼓励优势产业或地区发展，一旦经济发展累积到了一定水平，必须制定针对非中心区域或非优势产业的相关政策，缩小区域差距或产业差距。从空间上来看，区域经济长期的不平衡会形成地理空间上的中心—外围二元空间结构：极化阶段对应单中心结构、涓滴阶段表示多中心结构。随着政策的干预，空间上的中心—外围结构最终会趋于消失。这些过程始终存在不断打破原有均衡的动态过程。随着经济的继续发展，人们又提出了倒U形理论解释不管是截面数据还是时间序列数据都存在的区域间经济发展差异的倒U形关系，但该理论忽视了政府的干预作用。

针对我国多样的地理环境，造就了不同区域独特的耕地资源、水土资源、海外贸易优势等，同时造成了我国区域经济发展在空间上的非均衡特征。经济基础、文化观念的不同造成了我国东部、中部、西部横截面上经济发展的多元性、复杂性。因此，非均衡协调发展理论可以用来指导通过经济发达的东部地区带领中西部发展，最终使整个区域的经济能够协调发展。

区域非均衡协调理论是指既能保持经济的非均衡增长，又能保证各地区社会经济的协调发展、保障人民共同幸福生活[40-42]。具体来说，是通过非均衡增长理论中的重点论与协同论有机结合，促进经济增长、生态保护、城乡之间、不同区域之间、优势产业与重点发展产业之间协调发展，实现整体大于部分之和的整体效益最佳。区域非均衡协调发展必须要有政府的宏观调控和地方政府的相关政策措施，并认为区域经济系统始终处于非均衡状态，只要最终能达到整体效益最优即可，并不需要局限于是否达到区域经济发展差距最小或收敛到同一个最优状态。区域非均衡协调发展的目标是区域间没有地区壁垒，各生产要素可以自由流动；各区域可以产业优势互补；基本公共服务共享；区域差距缩小；区域整体实力增强；生态环境可持续发展。其最佳运行机制需要依赖政府调控、市场调节、法律保障的运行机制，其中的市场调节是指全要素市场能够在不同产业部门和区域间按照效率最大化进行流动，充分发挥各地区的优势；政府调控是指政府在市场调节失灵时，通过转变政府职能，在财政税收体制改革、资源有偿使用、生态补偿机制、优势产业发展、产业互补政策、收入分配、进出口政策等方面打破行政区划的边界，促进各生产要素能够进一步自由流动，缩小区域间的差距；法律保障是指为促进区域协调发展，制定相关的区域法律政策，明确各级政府之间的权利、义务等，使各级政府能连续地、稳定地进行区域经济的协调发展。

复杂非均衡理论是指利用复杂理论、系统理论等分析复杂经济系统的非均衡现象的理论，其中的经济系统是指在有外部干扰或震荡下，因内部存在的不均衡力量，具有过程依赖、不断演化的有机体系，该体系产生的动态行为是非均衡、非线性的复杂行为[43-46]。经济金融系统的复杂性体现在系统具有正反馈现象，这也是与均衡理论最不同的地方。均衡理论认为外部大的干扰会引起极端的反应作为负反馈，从而能够使经济系统收敛到唯一的静态均衡点，即趋于稳定。然而，经济系统面临多个潜在的发展路径，现实经济发展可能并不遵循最有效原则，从而结果具有过程依赖或路径依赖，尤其是空间上的不同或时间上对应区域系统间微小的差距，可能会带来无法预测的最终格局。这些与非线性科学中的正反馈概念极为相似。均衡理论无法解决类似多个均衡点、正反馈效应即递增汇报等问题，而复杂理论和系统理论则可以通过把递增汇报看作随机事件与自然正反馈产生的非线性随机过程，从而转变为动态研究。

目前并没有关于复杂经济金融系统的统一研究框架与理论。当前的研究结果显示，可以通过不同的指标来刻画系统的复杂度。例如，对于经济金融系统展现的高频时间序列等，可以定义系统的转变过程以及转变时间，并根据观察到的最终唯一稳定或不稳定状态，计算这些不同状态的信息 Shannon 熵来刻画经济金融系统的复杂度[47、48]。另外，根据混沌控制学理论，当一个经济金融系统处于稳定状态，并存在均衡路径时，在一定范围内，外界干扰只会在发展初期影响系统发展路径偏离均衡路径，但随着时间的推移，最终一定会回到均衡路径上来。当存在多个均衡路径时，也能通过控制或调控手段，帮助系统回到某个均衡路径，或从一个发展初期的均衡路径跳跃到发展更高级的均衡路径。当经济金融系统处于不稳定状态，则系统发展路径会进入不稳定的周期、拟周期或混沌发展路径[49-51]。

复杂系统理论应用到经济学问题则为复杂经济学，研究侧重于结构形成的过程而不是重点分析它的理想状态。传统经济学默认经济系统存在一个理想状态，但实际经济系统面临的环境是复杂的，人们既不可能提前知道所有的信息，也不可能知道理想状态，所以复杂经济学的研究思路是先提出假设，根据研究的问题，进行局部推理，再通过环境的反馈，不断修改假设，并进行归纳推理。

复杂系统理论中的混沌理论于20世纪80年代被应用到经济学问题研究中成为混沌经济学。该研究方向由经济学家斯图则（M. J. Stutzer）第一次揭示了经济系统的混沌现象，并随之认识到外部干扰、不确定性可能是金融危机的源头。因此，人们开始研究经济金融系统的复杂动态行为[52、53]。例如，关注如何用复杂系统理论来理解非周期的微观经济涨落、商业周期的循环、非规则扩张、结构转变等问题。同时研究外在干扰下，内生变量的动态演化过程，是趋于唯一稳定的均衡状态，还是在两个或多个均衡状态下周期循环，亦或是处于无法预测状态等。在研究外在干扰对经济系统的影响时，一般把外在冲击认定为外生变量，并假设该冲击满足某随机分布，但当把外在干扰看作内生时，经济系统的时间序列会出现复杂的特征。

混沌理论在经济金融复杂系统中的研究更多的侧重时间序列的仿真、不确定冲击的影响分析等，而分形理论作为复杂系统研究中的重要分支，更多地成为分析经济金融系统空间结构、规模和功能复杂性的利器[54-59]。例如，计算城市群人口规模展现的Hausdorff分形维数，可以发现城市群人口规模是分散趋势还是集聚趋势；分析不同发育程度城市群对应人口规模的差距，揭示城市群系统的复杂性。

多重分形理论可以解释城市群的空间结构、功能结构呈现的多分形特征。例如，利用夜间灯光的遥感数据等，可以借助夜间灯光的强度、面积等，与GDP、人口、就业、建设用地等数据结合分析对应研究变量的空间相关性；测算街道布局、土地价格、建设用地、水系特征等多重分形谱，更好的揭示城市群街道布局动态变化、城市形态变化、地区差异、空间分布异质性特征、空间结构演化特征等。这里提到的分形维数如果是单一分维，可以认为城市群发展整体呈均衡状态；如果为多重分维，则认为城市群发育不完善，处于整体不均衡状态。从理论的角度看，城市群空间、功能结构的分形特征体现了一种统计意义上的自相似；多重分形特征不是固定不变的，会随着时间的变化而改变，说明城市群要素流动在空间形成结构和功能的复杂性。也可以用复杂网络理论来研究经济金融系统的复杂行为。该复杂特征来源于经济金融系统要素、产业、功能之间的相互作用形成的空间结构和功能变化的复杂性。从控制理论的研究结果来看，通过识别、调控经济金融系统的复杂网络中心节点，达成促进经济金融系统发展的目标。因此，目前大多数的研究局限于识别城市群经济网络、金融网络、创新合作网络、高铁网络、府际合作网络、耦合协调网络、专利服务网络、协同治理网络、投资网络等的空间结构特征、演化过程及影响机制[60-69]。然而，即使是对只有两种相互关系的常规网络，某一部分的节点对整个网络的影响也是复杂的，并且缺乏更深入的理解。例如，假设两个链和环之间存在两种相互关系，用 Laplace 矩阵和邻接矩阵进行分析，结果显示在不同位置处发送控制信号，对整体的影响有显著不同，呈现出复杂性。当系统的相互关系呈现更高维时，更是缺乏关于复杂网络非线性调控的深刻理解。

除此之外，混沌理论、分形理论与分数阶微分方程结合起来构建的经济金融系统模型，可以通过仿真生成具有记忆性质的时间序列；利用 Lyapunov 指数刻画两个经济金融系统在发展初期存在微小差距的情况下，长期而言发展路径的分离程度；能有效地处理、分析具有长时间记忆效应的股市价格等金融市场复杂性问题[70-78]。同时，根据区域经济学中要素流动相关的经典推拉理论、新经济地理学的经典理论，要素流动的原因是不同区域对人口、资本、技术等要素具有某种集聚（推力）与分散（拉力）的相对差距。因此，区域的集聚正向边际收益大于区域分散负向边际收益，则要素集聚，否则扩散，其中集聚的正向收益包括更好的就业机会、更好的生活条件、更公平的教育和医疗水平等；扩散的负向收益是指高昂的土地价格、超长的通勤时间、环境污染加剧等。从数学模型的角度看，这种要素的集聚与扩散反映在偏微分方程中即表示在三维空间上空间曲面的变化，二维空间表示地理区域上人口、资本或技术等要素分布的不均衡；时间维度上则可以看到这些要素随着时间变换而发生的动态演变过程。从这个角度来看，分数阶偏微分方程可以借助随机理论、混沌理论、分形理论等，模拟不确定冲击下城市群要素流动的非均衡动态现象行为。

第二节　复杂性

除了多重分形维数等体现的城市群空间结构和功能的复杂性，在不同领域还存在其他的复杂性特征。因此，根据不同领域的研究特点，有不同的复杂性定义、量化指标及影响机制分析。

例如，计算机领域中的复杂性程度与遇到的不规则性有正相关关系[79、80]；非线性动力系统领域，会通过改变外在干扰的范围、参数空间等进行测度、分析非线性系统的动态行为呈现的分叉、混沌吸引子分形维数、信息熵、近似熵、非负功率谱密度等复杂度变化[81-87]。在信号系统研究中，分析外在干扰的不同改变对动态系统从不均衡变为均衡状态的影响作用；通过出现的非偏随机行走、混沌现象来判断和量化影响[88、89]。

从统计物理学的研究结果来看，外在干扰对非线性动态系统的影响可谓多变，既有耦合行为，又有混沌吸引子、极限环等状态的出现，同时整体上的稳定均衡并不一定意味着局部单个的均衡[90-95]。非线性系统内部的过度耦合也会带来内生的干扰，只有系统的要素耦合限定在一定范围内，才能保证观察到某一个非均衡状态[96]。系统中的非线性交互关系也会破坏系统形成的耦合关系，从而对该系统的空间动态行为产生大的影响，尤其是当涉及研究对象多、维数多时，非线性系统的行为变得不可预测：系统结构的微小改变或外在干扰的冲击都会造成系统由稳定状态变为非均衡状态等，在空间结构和动态上呈现大的变化[97、98]。

在生态环境领域，复杂性是指因为种群数量、气候、交互关系等的变化引起的不确定性；相关研究大多数涉及小尺度或单一尺度，并考虑的同质性研究多于异质性研究，而不同尺度、异质性分析会带来空间的尺度依赖复杂、交互关系的复杂、空间分布结构的复杂、分布结构动态转变的复杂等[99-102]。凝聚态物理学研究结果表明，系统在失去转变能力时，复杂度为零[103、104]；组织科学认可的复杂性来自要素间、要素与环境之间的交互影响[105]。金融系统的复杂性来自信息不对称、人们对市场预期的异质性，因此人们定义金融市场的复杂性一般以近似熵、Shannon 熵来刻画市场数据是否出现随机特征、分形或混沌特征等[106-108]。关于城市群的复杂性则来自生产要素之间的非线性交互关系，利用统计意义的自相似指数，刻画城市群最终呈现的空间结构分形特征等[109-111]。

因此，系统的复杂性主要来自不同要素间的非线性交互过程。针对复杂系统，Santa Fe 研究所的霍兰（J. Holland）教授在 1994 年提出了复杂自适应系统[112]。复杂自适应系统（CAS）的研究思路是自下而上的方式，即如果把城市群看作具有适应能力的有机体，政府决策部门则为城市群复杂系统的调控中枢，负责存在环境干扰或刺激时，通过动态地调控城市群有限资源或要素分配，不断地进行局部和全局的循环正反馈和校正适应，从而使城市群在不同尺度上、不同功能和空间结构上呈现异质性、非均衡性、多样性等复杂特征。

CAS 理论中提到的适应性主体是指能够具有主动性，能够与其他主体、环境进行交互，同时能根据外界刺激主动做出正反馈的调整，以争取最大利益的主体。在这一过程中，不同主体间也同时进行适应与演化，最终走向并非单个或多个均衡状态，而是一种特殊的平衡状态，即混沌的边缘，即系统中各要素既不会静止或收敛到某一个状态，又不会动荡到失稳，也不是完全有序与完全无序的边界线，而是进入自我发展的特殊区域，会产生涌现特征。涌现的出现来源于不同主体的相互作用、耦合关联等非线性作用，最终在整体上涌现更为复杂、不能根据部分的加总进行预测的结构和模式[113-116]。

第三节 韧　性

韧性，是指系统的某种产出值在干扰下迅速恢复到或超过原某种均衡态的能力，该能力的刻画可以由某种随机过程或某个非线性确定性方程来量化。韧性会对系统的结构产生不同的反馈，从而会改变系统的结构：有时间上的不同，也有空间上的不同[117-119]。有时与鲁棒性类似，即参数在变化时系统结构保持不变的能力，是一种稳定性刻画。从韧性理论在经济中的应用发展来看：对于区域经济的韧性研究，目前从单一的均衡机制变化到多重均衡，从均衡韧性转变到演化韧性等[120-123]。其中的演化韧性不再秉承传统均衡论的思想，而是强调系统具有动态非均衡特征，具有适应学习能力。因城市群系统具备内部要素交互关系的复杂性、时空特征的异质性、外部环境的非线性干扰、冲击的多样性与复杂性等，学者们关于城市群的经济金融系统具备怎样的韧性空间动态特征，至今没有达成广泛的共识，仍然在探索城市群韧性的定义、韧性演化路径等理论问题。

目前，关于韧性的研究大多集中到生态环境系统、城市工程、基础建设系统、社会系统等[124-130]。例如，研究暴风雨等外界干扰对水生植物的生长频率、密度、丰富度、繁殖力等的韧性影响，结果发现：有的显示外界干扰能提高水生植物的生长韧性，有的则影响不大或影响不同。

在城市工程风险研究中，在水资源系统结构不被破坏的情况下，认为干扰可以被水资源系统的韧性吸收，从而得到发展；量化方法为假设韧性满足某种概率分布，干扰也可能带来高度不确定性，引起系统的复杂依赖，从而带来连锁破坏效应。基础设施系统的韧性分析方法有容错树分析、系统动力学、拓扑和流的网络模型。实际上，这些基础设施枢纽本身也是复杂系统，也有自己的子系统；恢复时间被看作是核心的韧性维数；韧性评估方法可用来模拟相互依存的基础设施系统的动态行为。在环境科学中，韧性生态系统是指能吸收干扰并根据改变进行重新组织的系统。在社会科学领域，韧性是指系统能恢复到原来状态的能力。因此在使用的过程中，并没有形成统一的韧性定义。

值得注意的是，基于复杂系统的理论与分析结果可知，不能通过复杂系统在小尺度的局部行为，预测全局的动态变化。例如，在社会生态系统中，人类行为作为生态机制转变的驱动者，通过对掠夺生物的栖息地、碳排放造成气候变化等，改变周围环境、土地使用形态，从而影响整个生态系统。因此，韧性研究需要深刻理解不同尺度下系统的动态行为[131、132]。这种动态行为是由系统内部节点之间的复杂相互关系决定的，需要新的方法来模拟系统之间的行为，并做出合适的韧性评估。

不同地理位置上局部环境的改变，会引起更广范围、更大空间尺度上的空间韧性的动态变化，这种局部韧性如何影响全局韧性、空间韧性与动态韧性的相关研究还不够完善[133-136]。引申到城市群韧性研究上，则城市群韧性的空间变化，是因为城市群系统的生产要素在各种内因、外因影响下，产生各种交互关系从而引起要素的集聚、扩散过程，继而造成城市群空间结构和功能上的韧性演化。

目前需要对以下几方面做更深入的理论探索。

（1）如果把韧性看作系统能克服外界干扰对系统负反馈带来风险的能力，那么正反馈能否帮助系统回到原来稳定状态或跳跃到新的稳定状态？

（2）关于空间韧性的研究：

①复杂系统韧性的空间演化和干扰造成的正、负反馈问题；

②系统节点和重要节点的位置及相互关系对局部范围和大尺度或全局范围韧性的影响机制分析；

③当城市群的土地使用形态发生改变时，城市群系统作为有记忆性的系统，其韧性特征如何演化以及这种演化对城市群系统的空间结构和功能结构造成的变化问题；

④如何识别系统空间韧性变化时，从原来均衡状态与新均衡状态转换的时间和空间临界值问题；

⑤复杂系统要素集聚与扩散过程引起的空间结构、功能结构的多维空间、多尺度变化的刻画问题；

⑥如何界定系统的边界、区分外界干扰和不确定性的线性与非线性变化、量化外在干扰对系统多个要素在不同尺度的交互、反馈过程的影响；

⑦复杂系统对应空间韧性的动态和静态特征；

⑧考虑在短暂压力、长久冲击对复杂系统路径依赖的影响问题；

⑨具有反馈手段时，社会生态系统中涉及多重产业链、异质产业链的韧性评价问题等。

以上问题可以从控制理论的角度来研究：控制理论模型可以通过找到合适的正反馈，保证系统趋于某个稳定状态或从原来的稳定状态跳跃到新的稳定状态。但对于城市群系统来说，它的韧性在空间上、时间上会发生怎样的空间演化及非线性变化尚未可知。后面章节会以黄河流域城市群的经济韧性为主，进行详细的分析。

本章参考文献

[1] 杜运周，刘秋辰，陈凯薇，等．营商环境生态、全要素生产率与城市高质量发展的多元模式——基于复杂系统观的组态分析 [J]．管理世界，2022，38 (09)：127 - 145. DOI：10. 19744/j. cnki. 11 - 1235/f. 2022. 0123.

[2] 宋刚，唐蔷．现代城市及其管理——一类开放的复杂巨系统 [J]．城市发展研究，2007 (02)：66 - 70.

[3] 周干峙．城市及其区域——一个典型的开放的复杂巨系统 [J]．城市规划，2002 (02)：7 - 8 + 18.

[4] McPhearson T, Haase D, Kabisch N, et al. Advancing understanding of the complex nature of urban systems [J]. Ecological indicators: Integrating, monitoring, assessment and management, 2016, 70 (Nov.): 566 - 573.

[5] Isinkaralar O, Varol C. A cellular automata - based approach for spatio - temporal modeling of the city center as a complex system: The case of Kastamonu, Türkiye [J]. Cities, 2023. DOI: 10. 1016/j. cities. 2022. 104073.

[6] 张威涛，韩林飞．从"韧性"向"复杂适应系统"：城市空间适灾的新"视界" [J]．城市发展研究，2022，29 (11)：106 - 111.

[7] 刘海猛，方创琳，黄解军，等．京津冀城市群大气污染的时空特征与影响因素解析 [J]．地理学报，2018，73 (01)：177 - 191.

[8] 何利杰，杜梦晴，韦晶，等．长江中游城市群土地利用变化对 PM2. 5 污染的影响及空间溢出效应 [J]．长江流域资源与环境，2023，32 (05)：1018 - 1029.

[9] 贾卓，杨永春，赵锦瑶，等．黄河流域兰西城市群工业集聚与污染集聚的空间交互影响 [J]．地理研究，2021，40 (10)：2897 - 2913.

[10] 柯新利，苏超，谢显壮，等．高铁网络对城市群空间结构的影响机理——基于要素转移与共享的视角 [J]．地理科学，2024，44 (03)：369 - 378. DOI：10. 13249/j. cnki. sgs. 20220676.

[11] 时超，孙海燕，魏统锋，等．碳达峰时点下渤海通道对区际城市群公路物流碳排放及减排潜力的影响 [J]．地理科学，2024，44 (03)：391 - 399. DOI：10. 13249/j. cnki. sgs. 20220617.

[12] 王韧，宋爽爽，段义诚，等．金融集聚与城市经济效率：基于城市群视角

的实证［J］. 统计与决策，2024，40（07）：150－155. DOI：10.13546/j. cnki. tjyjc. 2024.07.026.

［13］毛艳华，张超，李松. 数字经济对制造业产业结构升级的影响研究——以我国三大城市群为例［J］. 城市问题，2024（01）：4－15. DOI：10.13239/j. bjsshkxy. cswt.240101.

［14］郝智娟，文琦，施琳娜，等. 黄河流域城市群社会经济与生态环境耦合协调空间网络分析［J］. 经济地理，2023，43（12）：181－191. DOI：10.15957/j. cnki. jjdl. 2023.12.018.

［15］肖周燕，张亚飞，李慧慧. 中国三大城市群高质量发展及影响因素研究——基于人口、经济与环境耦合协调视角［J］. 经济问题探索，2023（09）：94－109.

［16］张国俊，梁真源，吴宗书. 中国城市群数字普惠金融演化特征及其对高质量发展的效应分析［J］. 地理研究，2024，43（03）：621－639.

［17］李江龙，彭千芸，杜克锐. 区域一体化与城市碳效率——基于城市群政策的实证考察［J］. 财经科学，2024（03）：89－102.

［18］史梦昱，沈坤荣. 人才引进政策的经济增长及空间外溢效应——基于长三角城市群的研究［J］. 经济问题探索，2022（01）：32－49.

［19］刘冰冰，刘戒骄. 区位导向型产业政策的创新驱动效应——基于“中国制造2025”国家级示范区政策的准自然实验［J］. 产业经济研究，2023（05）：1－14. DOI：10.13269/j. cnki. ier. 2023.05.006.

［20］Germán T，Siepmann P，Kendall G，et al. An Evolutionary methodology for the automated design of cellular automaton－based complex systems［J］. Journal of Cellular Automata，2007，2（1）：77－102. DOI：10.1080/17415970701200526.

［21］Cordeiro T A A，Ferreira F A F，Spahr R W，et al. Enhanced planning capacity in urban renewal：Addressing complex challenges using neutrosophic logic and dematel［J］. Cities，2024，150. DOI：10.1016/j. cities. 2024.105006.

［22］Janota L，Vavrova K，Weger J，et al. Complex methodology for optimizing local energy supply and overall resilience of rural areas：A case study of agrovoltaic system with miscanthus xgiganteus plantation within the energy community in the Czech Republic［J］. Renewable energy，2023，212：738－750.

［23］Auyang S Y. Foundations of Complex－System Theories in Economics，Evolutionary Biology，and Statistical Physics［M］. Cambridge University Press，2001.

[24] Gouais A L. How to create healthier places: a multi - disciplinary qualitative study exploring the complex system of urban development decision - making [J]. Journal of epidemiology and community health, 2024, 78 (30): 204.

[25] 冯金华. 一般均衡理论的价值基础 [J]. 经济研究, 2012, 47 (01): 31 - 41.

[26] 吴福象, 朱蕾. 可计算一般均衡理论模型的演化脉络与应用前景展望——一个文献综述 [J]. 审计与经济研究, 2014, 29 (02): 95 - 103.

[27] 孙翊, 王铮, 朱艳鑫, 等. 基于一般均衡理论的区域差距控制 [J]. 管理学报, 2009, 6 (09): 1163 - 1168.

[28] 王廷惠. 一般均衡理论的有限扩展与边际修正——新制度经济学与信息经济学批评 [J]. 财经研究, 2004 (10): 70 - 83. DOI: 10.16538/j.cnki.jfe.2004.10.008.

[29] Bridel P. General Equilibrium Analysis [M]. Taylor and Francis, 2011.

[30] Castellanos K, Feltenstein A, Sedrakyan G. Computable General Equilibrium Modeling: Theory and Applications [M]. Taylor and Francis, 2023. DOI: 10.4324/9780429295485.

[31] Takashi H. General Equilibrium Foundation of Partial Equilibrium Analysis [M]. Palgrave Macmillan, Cham, 2017. DOI: 10.1007/978 - 3 - 319 - 56696 - 2.

[32] Diebold F X, Ohanian L E, Berkowitz J, et al. Dynamic equilibrium economies: a framework for comparing models and data [J]. Review of Economic Studies, 1998, 65 (3): 433 - 451. DOI: 10.1111/1467 - 937X.00052.

[33] 宋小川. 非均衡的经济动态模型 [J]. 经济研究, 2003 (07): 27 - 34 + 90.

[34] 张金顺. 当前经济非均衡困境之理论探讨与政策求解 [J]. 中国人民大学学报, 1999 (01): 16 - 19.

[35] 叶祥松. 马克思的经济均衡和非均衡理论是宏观调控的理论基础 [J]. 中州学刊, 1999 (04): 24 - 27.

[36] 陈秀山, 石碧华. 区域经济均衡与非均衡发展理论 [J]. 教学与研究, 2000 (10): 12 - 18.

[37] 仉建涛. 区域经济非均衡增长论略 [J]. 河南师范大学学报 (哲学社会科学版), 1998 (01): 10 - 13. DOI: 10.16366/j.cnki.1000 - 2359.1998.01.003.

[38] 洪尚群, 叶文虎, 陈国谦, 等. 区域非均衡增长与协调发展的新思考 [J]. 生态经济, 2001 (04): 9 - 12.

[39] 白义霞. 区域经济非均衡发展理论的演变与创新研究——从增长极理论到产业集群 [J]. 经济问题探索, 2008 (04): 22-24.

[40] 茶洪旺. 区域经济发展的第三种理论: 非均衡协调发展 [J]. 学术月刊, 2008, 40 (10): 71-77. DOI: 10.19862/j.cnki.xsyk.2008.10.010.

[41] 李国平, 何晶彦. 中国区域协调发展: 经验事实、理论阐释及机制创新 [J]. 广东社会科学, 2023 (06): 48-57.

[42] 杨培祥, 吴文新. 新时代促进区域协调发展实现共同富裕研究 [J]. 山东社会科学, 2023 (10): 133-140. DOI: 10.14112/j.cnki.37-1053/c.2023.10.015.

[43] 朱少醒, 吴冲锋. 有关复杂经济系统的动态非均衡经济理论评述 [J]. 外国经济与管理, 2000 (01): 20-24. DOI: 10.16538/j.cnki.fem.2000.01.004.

[44] 安同良, 魏婕. 中国经济学走向何处: 复杂经济学视域下新经济发展对中国经济学的重构 [J]. 中国工业经济, 2023 (12): 5-23. DOI: 10.19581/j.cnki.ciejournal.2023.12.001.

[45] 徐国松. 西方正统经济学: 时间规划与复杂问题 [J]. 学术界, 2021 (11): 180-189. 区域非均衡增长发展

[46] Bruun C. Advances in Artificial Economics: The Economy as a Complex Dynamic System [M]. Springer-Verlag New York, Inc. 2006.

[47] Caudillo-Cos C A, Montejano-Escamilla J A, Tapia-Mcclung R, et al. Defining urban boundaries through dbscan and Shannon's entropy: The case of the Mexican national urban system [J]. Cities, 2024, 149. DOI: 10.1016/j.cities.2024.104969.

[48] Nyakurukwa K, Seetharam Y. Stock market integration in Africa: further evidence from an information-theoretic framework [J]. International finance, 2023.

[49] Abd E, Salah M. Chaos control of a fractional-order financial system. [J]. Mathematical Problems in Engineering, 2010. DOI: 10.1155/2010/270646.

[50] Shinbrot T, Grebogi C, Yorke J A, et al. Using small perturbations to control chaos [J]. Nature, 1993, 363 (6428): 411-417. DOI: 10.1038/363411a0.

[51] Greenlaw R, Kantabutra S. On the parallel complexity of hierarchical clustering and CC-complete problems [J]. Complexity, 2008. DOI: 10.1002/cplx.20238.

[52] George D A R. Chans and complexity in economics [J]. Journal of Economic Surveys, 2010, 4 (4): 397-404. DOI: 10.1111/j.1467-6419.1990.tb00094.x.

[53] Fox J, Kten G. Brownian path generation and polynomial chaos [J]. SIAM Journal on Financial Mathematics, 2021, 12 (2): 724-743. DOI: 10.1137/20M1343154.

［54］童玉芬，和明杰．中国城市群人口规模结构形成机制及影响因素研究——基于中国 19 个城市群的理论与实证分析［J］．经济问题探索，2024（01）：105－120.

［55］郑文升，杜南乔，杨瑶，等．长江中游城市群空间结构的多分形特征［J］．地理学报，2022，77（04）：947－959.

［56］陈晔，钱勇生，曾俊伟，等．高速铁路网络协同发展对城市群空间重构的分形研究［J］．铁道运输与经济，2024，46（04）：119－127＋171. DOI：10.16668/j.cnki.issn.1003－1421.2024.04.15.

［57］Farina G，Le C P，Neverre N. Multi－objective optimization of rainwater infiltration infrastructures along an urban－Rural gradient［J］. Landscape and Urban Planning，2024：242.

［58］Cheng Q. Multifractality and spatial statistics［J］. Computers & Geosciences，1999，25（9）：949－961. DOI：10.1016/S0098－3004（99）00060－6.

［59］Khurshid A，Khan K，Cifuentes－Faura J，et al. Asymmetric multifractality：Comparative efficiency analysis of global technological and renewable energy prices using MFDFA and A－MFDFA approaches［J］. Energy，2024（Feb. 15）：289.

［60］Jia N，Pi Z，Zuo M，et al. Structural evolution and the influence mechanism of the global embedded tungsten value flow networks：The perspective of value chain and technological progress［J］. Resources Policy，2024，91. DOI：10.1016/j.resourpol.2024.104876.

［61］Gu X，Tang X，Chen T，et al. Predicting the network shift of large urban agglomerations in China using the deep－learning gravity model：A perspective of population migration［J］. Cities，2024（Feb.）：145.

［62］李飞，陈岩，金红．数字经济下内外网络均衡对中国海外并购质量的影响——复杂知识缺口弥合效果的视角［J］．科研管理，2019，40（12）：73－84. DOI：10.19571/j.cnki.1000－2995.2019.12.008.

［63］杨华磊．经济地理空间上的毗邻性分析——基于 GIS 和复杂网络的视角［J］．中国经济问题，2013（05）：49－58. DOI：10.19365/j.issn1000－4181.2013.05.006.

［64］侯兰功，孙继平．复杂网络视角下的成渝城市群网络结构韧性演变［J］．世界地理研究，2022，31（03）：561－571.

［65］陈旭，纪展鹏，邢孝兵．城市价值链功能分工与企业创新：来自企业专利

的证据［J/OL］．世界经济，2024(03)：94－123［2024－05－08］．https：//doi. org/10. 19985/j. cnki. cassjwe. 2024. 03. 007.

［66］冯婉怡，张珊，舒伯阳，等．旅游合作对区域旅游一体化共生的影响——以长三角城市群为例［J］．经济地理，2024，44（02）：208－218. DOI：10. 15957/j. cnki. jjdl. 2024. 02. 021.

［67］赵一航，李想，王晟昱．“意愿—执行”视角下府际嵌套合作网络生成的驱动因素研究——以长三角、京津冀城市群公共服务合作为例［J］．宏观经济研究，2024（01）：101－113＋127. DOI：10. 16304/j. cnki. 11－3952/f. 2024. 01. 008.

［68］郝智娟，文琦，施琳娜，等．黄河流域城市群社会经济与生态环境耦合协调空间网络分析［J］．经济地理，2023，43（12）：181－191. DOI：10. 15957/j. cnki. jjdl. 2023. 12. 018.

［69］程雯雯，杜雅优，郑曼欣，等．城市网络特征对吸引国内投资的影响——以长江中游城市群为例［J］．世界地理研究，2023，32（11）：119－129.

［70］Rahimkhani P，Ordokhani Y，Sabermahani S. Hahn hybrid functions for solving distributed order fractional Black－Scholes European option pricing problem arising in financial market［J］．Mathematical Methods in the Applied Sciences，2023，46（6）：6558－6577. DOI：10. 1002/mma. 8924.

［71］Bellomo N，Brezzi F. Surveys and essays towards research perspectives on complex systems［J］．Mathematical Models and Methods in Applied Sciences，2024，34(01)：1－5. DOI：10. 1142/S0218202524020019.

［72］Krishna B T. Studies on fractional order differentiators and integrators：a survey［J］．Signal Processing，2011，91（3）：386－426. DOI：10. 1016/j. sigpro. 2010. 06. 022.

［73］Shariyat M. A novel refined Caputo kernel and constitutive concepts for semi－exact nonlinear dynamic and creep analyses of suddenly pressurized hollow fractional－order visco－hyperelastic cylinders［J］．International Journal of Pressure Vessels and Piping，2024：207：105115－1－105115－13.

［74］Zhang T，Lu Z R，Liu J K，et al. Sparse identification of fractional chaotic systems based on the time－domain data［J］．Chinese Journal of Physics，2024，89：160－174.

［75］Ma L，Wu B. On the fractional Lyapunov exponent for Hadamard－type fractional differential system［J］．Chaos，2023，33：013177.

［76］Bekiros S D，Laarem G，Mou J，et al. Heterogeneous agent－based modeling of endogenous boom－bust cycles in financial markets with adaptive expectations and dynamically switching fractions between contrarian and fundamental market entry strategies [J]. Chaos, Solitons & Fractals, 2023, 170. DOI: 10. 1016/j. chaos. 2023. 113330.

[77] Frank M, Stengos T. The stability of Canadian macroeconomic data as measured by the largest Lyapunov exponent [J]. Economics Letters, 1988, 27 (1): 11 - 14. DOI: 10. 1016/0165 - 1765 (88) 90211 - X.

[78] Tsakonas S, Hanias M, Magafas L, et al. Application of the moving Lyapunov exponent to the S&P 500 index to predict major declines [J]. Journal of Risk, 2022. DOI: 10. 21314/jor. 2022. 033.

[79] Grohe M, Schwandtner G. The complexity of datalog on linear orders [J]. Logical Methods in Computer Science, 2009, 5 (1): 281 - 288. DOI: 10. 2168/LMCS - 5 (1: 4) 2009.

[80] Gelle K, Ivan S. Descriptive complexity of reversible languages having finitely many reduced automata [J]. International Journal of Foundations of Computer Science, 2022 (3/4): 33. DOI: 10. 1142/S0129054122410040.

[81] Wang L, Xing Y, Zhang B. Existence and bifurcation of positive solutions for fractional p - Kirchhoff problems [J]. Mathematical Methods in the Applied Sciences, 2023. DOI: 10. 1002/mma. 8652.

[82] Poore A B, Tiahrt C A. Bifurcation problems in nonlinear parametric programming [J]. Mathematical Programming, 1987, 39 (2): 189 - 205. DOI: 10. 1007/BF02592952.

[83] Adelakun A O, Ogunjo S T. Active control and electronic simulation of a novel fractional order chaotic jerk system [J]. Communications in nonlinear science and numerical simulation, 2024 (Mar.): 130.

[84] Boscaggin A, Feltrin G, Sovrano E. High multiplicity and chaos for an indefinite problem arising from genetic models [J]. Advanced Nonlinear Studies, 2020, 20 (3): 675 - 699. DOI: 10. 1515/ans - 2020 - 2094.

[85] Yan X, Shi Z, Li P, et al. IDCF: information distribution composite feature for multi - modal image registration [J]. International journal of remote sensing, 2023 (5/6): 44.

[86] Kreuzer M, Paprotny S, Jordan D, et al. Influence of electrode position on nonlinear EEG analysis: an example with approximate and cross approximate entropy [J]. European Journal of Anaesthesiology, 2010, 27: 50 - 51. DOI: 10. 1097/00003643 -

201006121 - 00158.

[87] Saito S, Takada M, Taruya A. Nonlinear power spectrum in the presence of massive neutrinos: perturbation theory approach, galaxy bias and parameter forecasts [J]. Physical Review D, 2009, 80 (8): -. DOI: 10.1103/PhysRevD.80.083528.

[88] Lin P, Jiang W, Tu P, et al. Self - disciplined large signal stabilizer design for hybrid energy storage system in renewable DC power systems [J]. IEEE Transactions on Sustainable Energy, 2019, PP (99): 1 - 1. DOI: 10.1109/TSTE.2019.2954996.

[89] Yu F, Zhang Z, Liu L, et al. Secure communication scheme based on a new 5D multistable four - wing memristive hyperchaotic system with disturbance inputs [J]. Complexity, 2020, 2020 (10): 1 - 16. DOI: 10.1155/2020/5859273.

[90] Dong B, Zhao R, Yu K. Nonlinear combined harmonic resonances of composite cylindrical shells operating in hygro - thermo - electro - magneto - mechanical fields [J]. Composite structures, 2024 (Mar.): 331.

[91] Lukά N, Sharma H, Shields M D. Physics - informed polynomial chaos expansions [J]. Journal of Computational Physics, 2024, 506. DOI: 10.1016/j.jcp.2024.112926.

[92] Rehmus P, Ross J. Analysis of periodic perturbations of limit cycles [J]. Journal of Chemical Physics, 1983, 78 (6): 3747 - 3755. DOI: 10.1063/1.445150.

[93] Feigenbaum M J. Quantitative universality for a class of nonlinear transformations [J]. Journal of Statistical Physics, 1978, 19 (1): 25 - 52. DOI: 10.1007/bf01020332.

[94] Martin D F, Colella P, Anghel M, et al. Adaptive mesh refinement for multiscale nonequilibrium physics [J]. Computing in Science & Engineering, 2005, 7 (3): 24 - 31. DOI: 10.1109/MCSE.2005.45.

[95] Kizaki K, Saito T, Takahashi A. Equilibrium multi - agent model with heterogeneous views on fundamental risks [J]. Automatica, 2024: 160.

[96] Cheng T, Cao C. Kalman filter based on intermediate transition state for radar target tracking with nonlinear measurements [J]. Digital Signal Processing, 2023: 143.

[97] Patre P M, Mackunis W, Makkar C, et al. Asymptotic tracking for systems with structured and unstructured uncertainties [J]. IEEE Transactions on Control Systems Technology, 2008, 16 (2): 373 - 379. DOI: 10.1109/TCST.2007.908227.

[98] Behera S K, Ranjan R A, Sarangi S, et al. Nonlinear dynamics and chaos control of circular dielectric energy generator [J]. Communications in Nonlinear Science and Numerical Simulation, 2024, 128. DOI: 10.1016/j.cnsns.2023.107608.

[99] Vernon I, Liu J, Goldstein M, et al. Bayesian uncertainty analysis for complex systems biology models: emulation, global parameter searches and evaluation of gene functions [J]. Bmc Systems Biology, 2018, 12 (1): 1. DOI: 10. 1186/s12918 -017 -0484 -3.

[100] Qu Z, Garfinkel A, Weiss J N, et al. Multi - scale modeling in biology: how to bridge the gaps between scales? [J]. Progress in Biophysics & Molecular Biology, 2011, 107 (1): 21 -31. DOI: 10. 1016/j. pbiomolbio. 2011. 06. 004.

[101] Gomes A V, Young G W, Wang Y, et al. Contrasting proteome biology and functional heterogeneity of the 20s proteasome complexes in mammalian tissues [J]. Molecular & Cellular Proteomics, 2008. DOI: 10. 1074/mcp. m800058 - mcp200.

[102] Huch B J, Rech B K, Guido L. The contribution of asymmetric cell division to phenotypic heterogeneity in cancer [J]. Journal of Cell Science, 2024 (5): 5. DOI: 10. 1242/jcs. 261400.

[103] Gell - Mann M. The Quark and the Jaguar: adventures in the simple and the complex [J]. Physics Today, 1997, 65 (2): 164 -165. DOI: 10. 1063/1. 2808634.

[104] Giese T J, York D. Estimation of frequency factors for the calculation of kinetic isotope effects from classical and path integral free energy simulations [J]. The Journal of Chemical Physics, 2023, 158 (17).

[105] Roozee E, Sohns A, Hickey G M , et al. Managing inter - organizational trust and risk perceptions in transboundary fisheries governance networks [J]. Marine policy, 2024 (Jan.): 159.

[106] Khurshid A, Khan K, Cifuentes - Faura J, et al. Asymmetric multifractality: comparative efficiency analysis of global technological and renewable energy prices using MFDFA and A - MFDFA approaches [J]. Energy, 2024 (Feb. 15): 289.

[107] Fox J, Kten G. Brownian path generation and polynomial chaos [J]. SIAM Journal on Financial Mathematics, 2021, 12 (2): 724 -743. DOI: 10. 1137/20M1343154.

[108] Hsieh D A. Chaos and nonlinear dynamics: application to financial markets [J]. Journal of Finance, 1999, 46. DOI: 10. 1111/j. 1540 -6261. 1991. tb04646. x.

[109] Gu X, Tan J, Liu Y, et al. Spatial nonlinear forces and consumer behavior on community pharmacies: a study after the Guangzhou COVID - 19 lift lockdown [J]. Journal of urban planning and development, 2024 (1): 150.

[110] Gu X, Tang X, Chen T, et al. Predicting the network shift of large urban agglomerations in China using the deep - learning gravity model: a perspective of population

migration [J]. Cities, 2024 (Feb.): 145.

[111] Dempsey N, Bramley G, Sinéad P, et al. The social dimension of sustainable development: defining urban social sustainability [J]. Sustainable Development, 2011, 19 (5): 289 - 300. DOI: 10.1002/sd.417.

[112] Holland J H. Studying complex adaptive systems [J]. Journal of Systems Science and Complexity, 2006, 19 (1): p. 1 - 8. DOI: 1009 - 6124 (2006) 19: 1 < 1: SCAS > 2.0. TX; 2 - G.

[113] 王文龙，席酉民，刘鹏．复杂适应系统理论下数字化领导力的内涵、构成及涌现机制 [J]. 管理学报，2024，21 (04)：475 - 483 + 526.

[114] Thomas J, Zaytseva A. Mapping complexity/human knowledge as a complex adaptive system [J]. Complexity, 2016. DOI: 10.1002/cplx.21799.

[115] Dewey W, Arns S M T. The strategic decision - making as a complex adaptive system: a conceptual scientific model [J]. Complexity, 2017, 2017: 1 - 13. DOI: 10.1155/2017/7954289.

[116] Yang Z, Yin M, Xu J, et al. Spatial evolution model of tourist destinations based on complex adaptive system theory: a case study of southern Anhui, China [J]. Journal of Geographical Sciences, 2019, 29 (8): 1411 - 1434. DOI: 10.1007/s11442 - 019 - 1669 - z.

[117] Allen C R, Gunderson L, Johnson A R. The use of discontinuities and functional groups to assess relative resilience in complex systems [J]. Ecosystems, 2005, 8 (8): 958 - 966. DOI: 10.1007/s10021 - 005 - 0147 - x.

[118] Wu Z, Cheng S, Xu K, et al. Ecological network resilience evaluation and ecological strategic space identification based on complex network theory: a case study of Nanjing city [J]. Ecological Indicators, 2024, 158. DOI: 10.1016/j.ecolind.2024.111604.

[119] Nyström M, Folke C. Spatial resilience of coral reefs [J]. Ecosystems, 2001. DOI: 10.1007/s10021 - 001 - 0019 - y.

[120] 贺灿飞，盛涵天．区域经济韧性：研究综述与展望 [J]. 人文地理，2023，38 (01)：1 - 10. DOI：10.13959/j.issn.1003 - 2398.2023.01.001.

[121] 田光辉，苗长虹，胡志强，等．区域经济韧性研究进展：概念内涵、测度方法及影响因素 [J]. 人文地理，2023，38 (05)：1 - 8. DOI：10.13959/j.issn.1003 - 2398.2023.05.001.

[122] 宋关东，唐承丽，周国华．演化经济地理学视角下区域经济韧性研究进

展与展望［J］. 经济体制改革，2023（04）：52－60.

［123］陈梦远．国际区域经济韧性研究进展——基于演化论的理论分析框架介绍［J］. 地理科学进展，2017，36（11）：1435－1444.

［124］Li W, Megan P, Neil S. Landscape position strongly affects the resistance and resilience to water deficit anomaly of floodplain vegetation community［J］. Ecohydrology, 2018：e2027－. DOI：10. 1002/eco. 2027.

［125］Koppel J, Wal D, Bakker J, et al. Self－organisation and vegetation collapse in salt marsh ecosystems［J］. American Naturalist, 2005, 165（1）：E1－E12. DOI：10. 1086/426602.

［126］Rezende O M, Miranda F M, Haddad A N, et al. A framework to evaluate urban flood resilience of design alternatives for flood defence considering future adverse scenarios［J］. Water, 2019, 11（7）：1485. DOI：10. 3390/w11071485.

［127］Li W, Mazumder R K, Bastidas－Arteaga E, et al. Seismic performance evaluation of corroded water distribution systems considering firefighting［J］. Journal of Water Resources Planning and Management, 2024（2）：150.

［128］Welsh M. Resilience and responsibility：governing uncertainty in a complex world［J］. The Geographical Journal, 2014. DOI：10. 1111/geoj. 12012.

［129］Carver C S. Resilience and thriving：issues, models, and linkages［J］. Journal of Social Issues, 1998, 54（2）：245－266. DOI：10. 1111/j. 1540－4560. 1998. tb01217. x.

［130］Wieland A, Stevenson M, Melnyk S A, et al. Thinking differently about supply chain resilience：what we can learn from social－ecological systems thinking［J］. International journal of operations & production management, 2023. DOI：10. 1108/IJOPM－10－2022－0645.

［131］Poulus D R, Sargeant J, Zarate D, et al. Burnout, resilience, and coping among esports players：a network analysis approach［J］. Computers in human behavior, 2024（Apr.）：153.

［132］Keane R E, Loehman R A, Holsinger L M, et al. Use of landscape simulation modeling to quantify resilience for ecological applications［J］. Ecosphere, 2018, 9（9）. DOI：10. 1002/ecs2.

［133］Yang E, Smith J W. The spatial and temporal resilience of the tourism and outdoor recreation industries in the United States throughout the COVID－19 pandemic［J］.

Tourism management, 2023.

[134] Magnus N, Carl F. Spatial resilience of coral reefs [J]. Ecosystems, 2001. DOI: 10.1007/s10021-001-0019-y.

[135] Ma X, Chen X, Du Y, et al. Evaluation of urban spatial resilience and its influencing factors: case study of the Harbin-Changchun urban agglomeration in China [J]. Sustainability, 2022, 14.

[136] Oliveira-Lima L, Costa N C, Lima J P D, et al. Dynamical resilience to disorder: the dilute Hubbard model on the Lieb lattice [J]. American Physical Society, 2020 (16). DOI: 10.1103/PHYSREVB.101.165109.

第三章

相关数据来源与指标

第一节 黄河流域城市群的界定与基础数据的来源

在黄河流域生态环境和高质量发展这个战略大框架下，借由亚欧大陆桥发展轴，连通黄河中上游的三大城市群：中原城市群、关中平原城市群、兰西城市群。沿线城市有西宁、临夏、兰州、定西、白银、天水、平凉、宝鸡、西安、咸阳、铜川、运城、三门峡、郑州、洛阳和焦作等城市。其中，郑州、兰州、西安和西宁具有科技创新的辐射引领作用，对带动沿线城市的产业转型升级、发展新质生产力至关重要，是重要的中心城市；宝鸡、天水和洛阳作为重要的节点城市，对促进区域经济协调发展起到了重要的支撑作用。青银发展轴起于青岛，终于银川，连通了山东半岛、京津冀、山西中部、呼包鄂榆和宁夏沿黄五大城市群，跨越东部、中部、西部三大经济区，其中的济南和青岛具有最高的产业优势、创新优势，对于整个区域的发展具有龙头作用，能够立足本身所处的地理优势、产业优势和科技优势，加强与太原、石家庄和银川等中心城市的分工与协作。若以郑州和济南为战略支点，则郑州和济南两个中心城市在交通、产业和生态环境方面的合作，能极大地促进河南和山东两个省份的协同发展。包头、榆林、鄂尔多斯、铜川等城市为资源型城市，具有较大的产业升级压力，而西安作为中心城市，可以发挥自己的科技创新影响力，帮助这些资源型城市加快产业升级的速度。

基于以上城市的重要性以及数据的可获得性，本书所涉及的黄河流域城市群相关数据来源城市包括69个城市，其中属于宁夏沿黄城市群的城市有宁夏的银川、石嘴山、吴忠、中卫；兰西城市群包括甘肃的兰州、定西、白银，青海的西宁；呼包鄂榆城市群包括内蒙古的呼和浩特、鄂尔多斯、包头和陕西的榆林；属于山西中部城市群的城市有太原、阳泉、忻州、吕梁、晋中；关中平原城市群包括陕西的西安、宝鸡、铜川、咸阳、商洛、渭南，甘肃的庆阳、平凉、天水和山西的临汾、运城；中原城市群包括河南的郑州、洛阳、开封、平顶山、鹤壁、安阳、新乡、濮阳、焦作、许昌、漯河、南阳、商丘、三门峡、信阳、驻马店、周口，山西的晋城、长治，河北的邢台、邯郸，山东的菏泽、聊城，安徽的淮北、阜阳、蚌埠、宿州；山东半岛城市群有济南、青岛、东营、淄博、烟台、威海、潍坊、日照。

关于城市群经济金融系统发展状态在空间上是否均衡？动态上是否稳定？哪些发生了巨大的变化？哪些具有空间相关性？哪些因素影响到了经济发展，特别是影响到了经济韧性的发展？绿色金融发展的韧性如何变化？与高质量发展的耦合协调关系如何发展变化等这些实证的结果并不统一，也没有唯一的解释，这些解释都需要相关基础数据的统计分析与不同韧性的精确刻画。另外，经济韧性、金融韧性等韧性指标的构造需要基于城市群的面板数据；同时，根据1999—2022年黄河流域各省市的统计年鉴、统计公报可知，目前能搜集到的数据有1997—2022年各地级市的碳排放数据、2002—2022年的实际工业节约用水量等数据。

因此，根据数据的可获得性，黄河流域城市群涉及的城市数据来自2005—2022年统计年鉴，具体数据来源有：年末户籍人口（单位：万人）、建成区绿化覆盖率（单位：百分比）、地区生产总值（单位：亿元）、第二产业占地区生产总值的比重、第三产业占地区生产总值的比重，规模以上工业企业利税总额（单位：万元）、社会消费品零售总额（单位：万元）、地方一般公共预算收入（单位：万元）、地方一般公共预算支出（单位：万元）、科学技术支出（单位：万元）、教育支出（单位：万元），居民消费价格指数、固定资产投资价格指数、万人拥有医院、卫生院床位数、万人拥有藏书量、万人拥有公共汽车数，货物进口额（单位：万元）、货物出口额（单位：万元）、人均地区生产总值（单位：元/人）、可吸入细颗粒物年平均浓度（单位：微克每立方米）、绿地面积（单位：公顷）、排水管道长度（单位：千米）、污水处理厂集中处理率（单位：百分比）、水资源总量（单位：万立方米）、年末金融存贷款余额（单位：万元）等来自《中国城市统计年鉴》；申请专利件数、绿色发明占地区年度申请的专利数等来自中国研究数据服务平台CNRDS。

第二节　基础理论

城市群作为复杂巨系统，它的组成可以分成不同的系统。从组成部分来看，可以分为土地、水、空气等组成的自然系统，个体、企业、县、市、省等各级政府组成的人类社会系统，两者之间形成错综复杂的关系；从均衡的角度来看，自然环境和人类社会系统之间也存在能量交换，构成动态非均衡状态，会从不同的均衡状态连续地跳跃到另一个均衡状态，或者处于远离平衡态等不同过程；从宏观经济学、中观经济学、微观经济学来看，区域政府具有准微观和准宏观的特点，是处于国家和个体之间的尺度；从复杂经济学来看，城市群的经济系统、金融系统、社会系统等会在微观尺度和宏观尺度出现不同的特征，并不能根据微观特征外推或预测中观或宏观特征。随着研究尺度的不同，会有某些特征出现“涌现”现象，而这些“涌现”现象成为复杂经济学研究者关注的重点问题。其中，幂律是常见“涌现”模式之一。

一、幂律

幂律（Power Law）是一种定律或法则，表示两个变量之间满足一种幂律函数关系，这种幂律关系的最重要特征为尺度不变性，即线性扩大幂函数自变量的参数为常数倍，则对应的因变量与原来的因变量成比例缩放关系。因此，做双对数变换后，幂律关系即表现为线性关系。幂律分布是指其概率密度函数属于幂函数的形式，具有无标度性、重尾性特征，可以描述地震规模分布特征、物种灭绝、企业规模、期货交易中最大价格变动幅度、城市人口规模、音乐访问量、社交网络、线路长度等现象。一般来说，如果相关数据对呈现如下拟合表达式：

$$\ln Y = \ln k + \alpha \ln X \tag{3-1}$$

则称 X 和 Y 存在幂律关系，或符合幂律分布，其中 Y，X 是要考察的两个变量，k 称为幂律指数，k 是常数。这一标度关系属于社会科学问题中最令人瞩目的实证规则之一[1-4]。但因为其概率密度函数的定义，幂律分布无法描述极端大或极端小的现象，同时如果研究数据存在少量噪声数据，也会影响拟合结果。如何解释这些规则则成为研究热点，也要求人们以新的方法看待经济问题。

经济、社会研究中常用的 Zipf 法则、Pareto 分布、Gibrat 法则等都是幂律的特殊情况[5-7]。

意大利经济学家帕累托（V. Pareto）通过分析意大利的经济收入数据，在 1897 年提出了累积收入 S 大于某个数值 x 的人数占比的上尾部与 $1/x^{\zeta}$ 成比例，其中 $\zeta>0$，也就是满足如下累计概率分布，即 Pareto 分布：

$$P(S>x)=k/x^{\zeta} \tag{3-2}$$

这个累计概率分布对应的密度函数是：

$$f(x)=-k\zeta x^{-(\zeta+1)} \tag{3-3}$$

有时 $1+\zeta$ 也被称为幂律指数。幂律指数越小，表示更厚的尾部、更大的不均衡性。重要的是，幂律指数 $1+\zeta$ 与测量单位无关。Zipf 法则是哈佛大学的 G. K. 齐普夫（G. K. Zipf）在 1935 年研究单词出现频率和其排名的关系时发现的实验定律，在地理学、信息科学、经济学等中有广泛的应用。Zipf 法则解释单词出现的频率和它的排名成反比，后来人们在研究国家中城市的数量、收入排名、城市规模等问题中也发现了类似的法则。Gibrat 法则是吉尔伯特（R. Gibrat）研究法国制造业的企业规模时发现的。Gibrat 假设企业的增长属于随机增长，则该法则显示企业预期的增长率与该企业的规模和其他特征没有关系。人们在服务业、规模大的制造业公司、短期连续生存的制造业、矿业、电力等企业对数据进行了验证，但实证结果并不一致。

另外，如果一个变量存在幂律指数，则表示存在有限尺度效应。同时，如果数据出现有限个幂律指数特征，则能看到最小的幂律指数代表的厚尾占据主要地位。例如，对如下具备幂律指数的 n 个独立随机变量 x_1，x_2，…，x_n 和正常数 α 来说，有如下性质：

$$
\begin{aligned}
&\zeta_{x_1+x_2+\cdots,x_n} = \min(\zeta_{x_1},\zeta_{x_2},\cdots,\zeta_{x_n}) \\
&\zeta_{x_1\times x_2\times\cdots\times x_n} = \min(\zeta_{x_1},\zeta_{x_2},\cdots,\zeta_{x_n}) \\
&\zeta_{\max(x_1,x_2,\cdots,x_n)} = \min(\zeta_{x_1},\zeta_{x_2},\cdots,\zeta_{x_n}) \\
&\zeta_{\min(x_1,x_2,\cdots,x_n)} = \zeta_{x_1}+\zeta_{x_2}+\cdots+\zeta_{x_n} \\
&\zeta_{x^\alpha} = \frac{\zeta_x}{\alpha}
\end{aligned}
\tag{3-4}
$$

则幂律有传递性，即当 $\zeta_y \geqslant \zeta_x$ 时，$x+y$，xy，$\max(x, y)$ 等都具有同样的幂律指数 ζ_x。当 $\zeta_x=\infty$ 时，对满足正态分布、对数正态分布或指数分布的变量 y 仍然保持此性质。因此，乘以正态变量，或加上非厚尾的噪声，或对独立同分布求和，变量保持幂律指数 ζ_x 不变。

以上的性质说明幂律特征保持稳健性。

二、多中心理论

城市空间结构的演化有中心化与去中心化两种不同趋势，也就是集聚与扩散的变化。截至目前，并没有统一的关于单中心与多中心结构哪个更有优势的结论，也不能得到关于促进城市空间多中心化驱动因素的一致性结果，所得结果主要是根据通勤成本、聚集经济状态等有关的因素探讨[8-11]。

日本东京从20世纪中期开始发展单中心，到1987年发生规划多中心和中心圈的改变；伦敦、巴黎、荷兰、新加坡、美国等也都制订了多中心城市发展规划；欧洲的多中心主要是地理临近的中小城市的功能联系，而美国更多的是大都市区就业从核心到郊区的扩散趋势。其中，芝加哥曾经历人口膨胀、工业过度发展、生态环境恶化等问题，经过从制造业转为运输业、第二产业到第三产业的转型、服务业向高端服务业升级等产业升级过程，促进了芝加哥多中心结构的形成。

根据目前国外城市群多中心的实证结果，可以得出：城市群建设的空间结构具备异质性，并不是所有城市都会往多中心空间转变，形态的多中心与功能上的多中心发展并不一致，出现人口、经济的不断分散，与需要更高经济水平和更大聚集的文化功能之间的对立。信息密集型产业并不总是促进多中心的持续发展，也无法有效地促进城市群多中心的效率，有时多中心城市区域的集聚效应反而不如同等规模的单中心城市，城市群协同作用在加强的同时也会带来经济互补性的减弱。

基于我国和发达国家国情的不同，我国城市群多中心的形成发展特征也不同。

我国多中心结构研究多数是集中到识别城市群中心大城市的人口、就业中心的演化趋势。随着我国产业升级、结构优化的转变，生产性服务业已经逐步成为我国城市发展的驱动力。我国的北京、上海、广州、深圳都已经在提速建设城市的多中心空间格局，北京、上海、广州出现了中心制造业向周边扩散的演变；深圳市经济规模、人口密度经历了从2000年的无中心、以特区为中心的单中心格局到2011年的多中心潜力的显现变化。如果以地租理论为基础，深圳出现了2005年之前的无中心、2005年的单中心、2011年的多中心格局的不同。集中程度较高的主要是传统服务业和生产型服务业，集中程度相对较低的是公共服务产业，第二产业的制造业出现转移扩散，第一产业集聚程度较高，但比重几乎为零。一个明显的不同是深圳市的主中心已经转型升级，以金融、技术服务、信息传输、高新技术、高端服务业等的服务化、研发化等产业集聚度高为主，而副中心主要是制造业和传统服务业的集中程度更高。目前的多中心发展还远没有达到预期，当前的增长动能仍然集中在老中心地区，比如广州的增长动能在地理位置上看仍然集中到越秀区、天河区等。

城市群经济集聚度、人口集聚与经济增长之间的关系并不一致，有的是城市规模较小时，单中心结构能更好的促进全要素生产率，而大城市和特大城市的多中心结构对经济绩效起到了积极作用。我国12个城市群内部网络发展不完善，长三角、珠三角、京津冀、海峡西岸、山东半岛城市群具有比较紧密的内部网络，已经初步形成一体化特征，其他城市群呈现向心式的联系。区位优势与行政优势提升了城市群内部网络拓扑结构的集聚优势，同时提高城市群服务等级、培育城市集聚规模、集聚与疏散功能关联的产业，能增强中心城市的借用规模、弥补欠发达城市的发展动力不足、缓解其他区域公共设施投入不足、提升企业的邻近性优势等。

关于多中心的城市空间发展模型有多个理论基础，以下为最经典的三个基础理论。

（一）区域增长极理论

区域增长极理论，又称极化理论，是由法国经济学家佩鲁（F. Perroux）在1950年首次提出[12、13]。关于增长极有狭义和广义的不同划分，其中狭义的定义是产业、城市、潜在的经济增长极，而广义的定义则是所有能够促进经济增长的因素，如制度创新点、消费热点、对外开放度等都可以看作经济增长极。

随着以技术革新、创新能力提高等为主要推动力的产业即增长极的推动作用，出现在某个点上的区域经济增长会通过不同渠道向外扩散；某个区域的经济增长可以通过确定增长极达到由局部增长到整体经济增长的目的，所以可以通过定量分析城市区域狭义或广义的经济增长极来确定多中心程度。但区域增长极理论也存在很多缺陷，比如，不能解释核心地区与周边地区的经济发展差距扩大、扩散前的极化时间过于漫长、以创新为特点的产业增长极不能带来很多的就业机会、区位选择及政府支持力度对实施增长极政策影响巨大、单纯依靠外力的自上而下的发展政策容易带来脆弱的国民经济问题等。

（二）中心地理论

中心地理论最早由德国地理学家克里斯塔勒（W. Christaller）于1933年、德国经济学家廖什（A. Lösch）于1940年提出[14、15]。中心度的度量是基于中心地对周围其他地区的中心职能作用的大小。基于分工和专业合作的地理邻近的中小城市的功能联系，是基于区域的空间尺度，中心城市向周边城市提供服务，形成一个向心式的空间结构，具备自上而下的单向联系。随着全球化的发展，城市体系由中心地模式转向多中心模式，多个中心城市之间出现水平多向联系。

（三）地租理论

地租理论[16-18]认为政府决策与土地寻租行为为推动力，能够形成线性多中心结构。以一个中心及一个潜在副中心的土地市场处于完全竞争状态，地租价格与通勤成本分别随着距离中心的距离增大而呈相反的线性递减与递增关系，一般多用来考虑大城市内部的空间结构变化。

多中心发展模式分为城市内的多中心功能区与城市群发展。第一种方式是在城市内部建立新的中心，政府采取鼓励的措施促进新中心的吸引力，而老中心严重的外部不经济则形成对人口和产业较大的外推力，从而促进了多中心的形成；第二种方式是在城市周围建立多个中心，与原有中心城市形成多中心结构，建立不同的职能定位。

不管是城市内还是城市群的中心，都必须满足具备某种或多种功能良好的集聚效应，但这种集聚同时也会带来如下负外部性：主中心同时也会具备较高的生产与拥挤成本，而副中心虽然能够降低生产成本，但又增加了交通成本。在工业化时代、后工业化时代，不同经济水平下城市空间结构的演化也不同。

多中心的出现不是随意的，是系统性的变迁：功能多中心强调多向性联系，基于通勤流、资金流、商品流等流数据来刻画城市网络的紧密程度；多中心还是单中心与行业差别有密切关系，除了物理的临近，还有不同产业之间在功能上的联系。多中心发展可以更好地发挥城市的集中与分散的两大作用，能够解决单中心集聚过度造成的城市交通拥堵、生态环境污染、地价暴涨与住房困难等问题，并可以防止城市发展的无序蔓延与中心区的人口空心化与产业空心化发展。

三、产业集聚理论

空间经济学理论认为，产业集聚等不同企业的区位选择会对区域经济发展带来正、反两方面的效应。产业集聚带来的规模报酬递增的收益、技术外部性、更有利于企业债务融资等会促进全要素生产率的提高，但也会通过资源供给不足、产品输出受阻、竞争更激烈等阻碍全要素生产率的提高[19-22]。目前针对产业集聚与全要素生产率之间的关系研究有两种不同的观点：线性相关或倒 U 形非线性关系；产业集聚形式又可分为产业成熟期具备的专业化集聚（MAR 效应）和产业导入期具备的多样化集聚（Jacobs 效应）。

四、基本模型

（一）生产函数

生产函数是关于所有经济变量组合的基本函数，因此从 19 世纪开始，人们已经在应用经济中对生产函数进行估计[23-26]。然而，这么长的历史并不能表明它的巨大成功，因为至今仍然有很多经济问题没有得到很好的估计。生产函数与资本、劳动力等投入、产出有关系。简单的柯步—道格拉斯（Cobb - Douglas）生产函数可以对数化表示成如下形式：

$$y_{it} = \beta_0 + \beta_k k_{it} + \beta_l l_{it} + \omega_{it} + \varepsilon_{it} \tag{3-5}$$

其中，y_{it}表示产出的对数，k_{it}代表资本投入对数值，l_{it}意味着劳动投入对数，ω_{it}，ε_{it}是不可观测的经济变量，ε_{it}代表公司在时间 t 时刻制定投入决策时对生产的不可观察或预测的冲击，相反，ω_{it}表示可以预测的或能够观测的生产冲击。

Cobb - Douglas 生产函数是目前用得最多的生产函数。通常来说，假设生产函数是非负的、递增的凸函数，并且存在 Inada 条件。从经济学的角度讲，Inada 条件表示投资小数额的资金会很大概率得到无限高的回报。但这是不现实的。如果我们放松 Cobb - Douglas 生产函数的条件，不再是凸生产函数，则小数额金额可能会在短时间内有效果，如果没有其他更多的投入，长时间来看这种效果将会趋近于 0。目前有很多工作集中到研究临界水平的存在性和解释。第一个非凸生产函数模型是 Cobb - Douglas 函数的推广，其参数类可以写成如下形式：

$$F(K,L) = \frac{\alpha_1 K^p L^{1-p}}{1 + \alpha_2 K^p L^{-p}} \tag{3-6}$$

其中，K 和 L 代表资本和劳动力，所有参数都是非负的。该模型体现了当参数 $p \geq 2$ 时，呈现 S 形行为。

索罗模型（Solow Model）是 1956 年提出的里程碑式增长模型[27-29]。尽管此模型相对简单，但是它是第一个对今天宏观经济仍然适用的动态模型。索罗（R. Solow）的目的是发展一个忽略短期涨落效应的模型，来描述经济增长的动态过程和长时间演化过程。结合人口动态变化的空间结构，Solow 模型可以在连续空间结构中得到建立。当假设人口（劳动力）数量与劳动工人数量相一致，则劳动人口满足如下的动态系统：

$$\begin{cases} \dfrac{\partial L}{\partial t}(x,t) = \Delta L(x,t) + L(x,t)g_L(x), & (x,t) \in \Omega \times [0, +\infty), \\ \dfrac{\partial L}{\partial n} = 0, & (x,t) \in \partial\Omega \times [0, +\infty), \\ L(x,0) = L_0(x), & x \in \Omega, \end{cases} \tag{3-7}$$

其中，g_L 代表人口增长率。

当然，这个模型考虑了资金流向一个给定空间或位置区间的情况。当考虑生产函数和人口动态发展如何影响经济发展时，资本 $K(x,t)$ 可以写成如下形式：

$$\frac{\partial K}{\partial t}(x,t) = \Delta K(x,t) + F[K(x,t), L(x,t)] - \delta K(x,t), \quad (x,t) \in \Omega \times [0, +\infty) \tag{3-8}$$

其中，F 是生产函数。

如果生产函数取如下的形式：

$$Y = [\alpha K^{\frac{\sigma-1}{\sigma}} + (1-\alpha)(AL)^{\frac{\sigma-1}{\sigma}}]^{\frac{\sigma}{\sigma-1}}, 0 < \alpha < 1, \sigma > 0 \tag{3-9}$$

其中，α 为常值参数，σ 是资本与劳动力之间的替代弹性，可以考虑人口增长是负值与技术进步率为不同值时，资本产出的动态变化情况。

（二）空间计量模型

空间统计学与传统统计学的不同之处在于：传统统计学没有考虑资料所包含的空间位置信息，而事实是变量的关系或结构会随着地理位置的不同而改变，同时存在空间相关性与变异性。分析变量的空间相关性与变异性，能够对深刻理解数据的本质特性，探索这种特性对城市群结构和功能演化的作用有非常重要的意义。

在空间数据分析中，经常需要确定是否存在可识别的空间形态。变量具备空间自相关性即意味着变量的变化与地理位置相关。因此，空间模型是把相关关系看作是距离的函数，此时自回归时间序列模型会相对简单。时间序列是处理自回归的基础，原因是时间是一维的，而且给出了数据的顺序，早期干扰会影响后期干扰但反之不成立。自回归模型是能够处理时间序列自相关的简单工具，但是自回归模型不能处理交叉数据，因为交叉数据是平面的，需要确定位置变量。因为观察点之间的距离可以表示成类似时间序列函数的函数表达，因此，误差项之间的相关性强弱可以用这种观察形式来表示。

随着观察距离的增加，这种力量会减弱。当观察点之间的距离足够大时，误差应该变得不相关。因此，随着空间数据的丰富和逐渐显现的空间效应，人们开始质疑传统计量经济学中关于变量独立、参数回归可靠性的基本假设与论断。安奈林（L. Anselin）将经济活动的空间相关性和空间异质性引入计量经济学，空间计量经济学因此诞生。空间相关性是指不同位置的各变量之间具有相互影响的一致性，如外溢性、邻近效应等，而空间异质性是指不同位置上的各变量之间存在的独特性。空间计量模型一般可以表示为如下形式：

$$\begin{aligned} \boldsymbol{Y}_i &= \boldsymbol{\rho W}_1 \boldsymbol{Y} + \boldsymbol{X}_i \boldsymbol{b}_i + \boldsymbol{\delta W}_2 \boldsymbol{X} + \boldsymbol{\mu}_i \\ \boldsymbol{\mu}_i &= \boldsymbol{\lambda W}_3 \boldsymbol{\mu} + \boldsymbol{\gamma W}_4 \boldsymbol{\varepsilon} + \boldsymbol{\varepsilon}_i \end{aligned} \tag{3-10}$$

其中，W_1、W_2、W_3、W_4 分别表示被解释变量、解释变量、误差项、随机扰动项的空间权重矩阵，ρ，δ，λ，γ 代表空间回归系数。

目前常用的空间计量模型有如下三种：空间杜宾模型（SDM）、空间误差模型（SEM）、空间滞后模型（SLM）。空间杜宾模型可以用下式表示：

$$\begin{cases} \boldsymbol{Y}_i = \boldsymbol{\rho W}_1 \boldsymbol{Y} + \boldsymbol{X}_i \boldsymbol{b}_i + \boldsymbol{\delta W}_2 \boldsymbol{X} + \boldsymbol{\mu}_i \\ \boldsymbol{\mu}_i = \boldsymbol{\varepsilon}_i \end{cases} \tag{3-11}$$

容易看出，空间杜宾模型可以退化成空间滞后模型、空间误差模型的一般形式，是能够得到无偏系数估计的唯一模型，具备更好的估计空间溢出效应的特征。

随机前沿模型（SFM）主要用来测算生产效率等，该模型假定生产单位由于非价格因素导致生产效率的降低以及满足独立同分布的假设。基于 SFM 没有考虑地理相近性这一空间因素在技术扩散、效率提高方面的重要作用，因此加入空间效应的空间随机前沿模型能够得到更准确的测量结果。

最基本的空间随机前沿模型为基于截面数据的空间随机前沿模型：

$$y = \lambda Wy + XB + \rho Mv + \eta - u \quad (3-12)$$

其中，y，v，η，u 均为 n 维向量，v 为双边随机误差项，代表影响要素的随机因素，u 表示 n 维无效率项，一般假定满足非负、单边随机误差，并与 v 相互独立，y 代表决策产出，一般取对数值，X 表示 N 个决策单元、K 个投入变量（一般取对数值）组成的 $N \times K$ 维矩阵，W，M 表示为 $N \times N$ 的空间权重矩阵，η 是剔除 v 中的空间自相关项后剩余的双边随机扰动项。

空间随机前沿模型主要包括空间滞后随机前沿模型（SARSF）、空间自回归移动平均模型（SARARSF）、空间随机前沿模型（GSSFM），模型估计方法一般用最大似然估计法。

（三）污染模型

目前关于污染气体等污染指标的模型应用较多的有泰勒—西蒙恒等式（Kaya 恒等式）、环境库兹涅茨曲线（EKC）模型、变系数模型等[30-32]。其中 Kaya 恒等式是日本学者 Y. Kaya 在 1989 年提出的恒等式，目的是利用此恒等式量化分析哪些因素影响碳排放总量，并具体分析这些驱动因素的影响所占比例，是目前应用广泛的研究温室气体排放驱动因素的重要研究方法。一般来说，Kaya 恒等式主要是考察污染气体排放指标与社会、经济、排放、能源等不同经济、社会因素之间的关系，其表达式可以用下式表示：

$$A_i = \frac{A_i}{x_1} \cdot \frac{x_1}{x_2} \cdot \cdots \cdot \frac{x_{n-1}}{x_n} \cdot x_n \quad (3-13)$$

其中，A_i 代表污染气体排放指数，x_i，$i=1$，$2\cdots$，n 表示类似能源的消耗总量、总人口等不同的经济、社会数据总量。其中，$\frac{A_i}{x_1}$，$\frac{x_{i-1}}{x_i}$等代表影响碳排放的不同方面，比如代表能源结构的因素、与高新技术有密切关系的因素、代表经济增长的因素、代表人口规模等因素。如果对上面的 Kaya 恒等式两边进行对数变化，则可以考察碳排放的变化与驱动因子之间的变化关系。Kaya 恒等式具有简洁、清晰的原理，能够分解出可观测、可控制、可解释的不同的驱动因子，能够定量地刻画影响碳排放的不同方面，已经成为广泛应用到不同国家、地区碳排放变化方面的经典模型。Kaya 恒等式可以从不同地区、不同气体种类等方面进行不同层级的分解，也可以从不同行业和不同能源种类方面进行分解，同时还可以根据实际需要，加入其他驱动因子。

值得注意的是，Kaya 恒等式没有考虑非能源活动引起的碳排放，所以 Kaya 恒等式只能衡量与能源活动密切相关的排放，如土地利用、工业生产等非能源碳排放则无法用 Kaya 恒等式进行量化。为了解决这一难题，罗帕奇（Raupach）等去掉了初始模型中的能源因素，使简化了的 Kaya 恒等式既可以考虑能源因素，又可以考虑非能源因素。另外，理论上虽然假设常用 GDP 总量来衡量对应人类活动产生的经济总量，但是发展中国家相当多的非商品能源是其重要的能源结构，且家庭活动产生的碳排放等都不能用 GDP 来表示。所以，GDP 逐渐减弱了能够解释这些非能源活动在碳排放中占据的份额。为了解决这一问题，可以把无法用 GDP 解释的部分作为附加值单独计算。根据公式，可以看到 Kaya 恒等式无法解释排放存量的驱动因素，只能揭示相对基年碳排放的驱动因素。当碳排放该变量相对变化不大时，Kaya 恒等式的解释力变弱。

环境库兹涅茨曲线即 EKC（Environmental Kuznets Curves）曲线是由学者们针对许多国家类似二氧化硫排放量与人均收入等经济数据之间的关系进行实证分析后得到的经验性结果[33-35]，该结果显示：污染物排放量与经济数据之间存在倒 U 形曲线。该模型提出后，人们主要从两方面进行研究：一方面是利用该模型解释污染物排放量与经济变化之间的关系；另一方面是根据不同国家、不同地区的污染物排放数据、经济变化数据进行实证检验。根据实证检验的结果，发现发达国家的众多历史数据恰恰反映了该模型的有效性。但是，也有相当多的学者发现类似噪声、二氧化碳排放量等并不满足环境库兹涅茨曲线。

环境库兹涅茨曲线有一个最大的问题是该曲线是利用发展中国家的数据拟合的曲线上升阶段，而下降阶段的曲线则是由发达国家的相关数据拟合而来的。因此，环境库兹涅茨曲线能否刻画普遍的污染与经济之间的关系则缺乏严格的论证。基于以上情况，有学者从环境库兹涅茨曲线的假设方面进行了修正和解释。比如，环境库兹涅茨曲线不一定是典型的倒U形、曲线峰值和收入临界范围可能是变化的。目前的环境库兹涅茨曲线模型一般用多项式函数来表示，比如，用二次函数、三次函数，或者二次对数函数、三次对数函数等，作为不同问题的拟合模型，其表达式可以表示成如下形式：

$$Y_t = c_1 + c_2 x_t + c_3 x_t^2 + c_4 x_t^3 + \varepsilon \tag{3-14}$$

其中，Y_t 代表污染指标，x_t 表示经济增长状况因素，c_1，c_2，c_3，c_4 是系数，ε 是t期标准误差。

变系数模型主要是针对面板数据进行的多方程模型。最简单的模型是确定性变系数模型。变系数模型是由经典的线性回归模型推广而来的，即将线性回归模型中的系数推广到协变量的函数，从而具有更优越的灵活性与适应性。变系数模型的表达式如下：

$$Y = \sum_{i=1}^{p} \alpha_i(U) X_i + \sigma(U,X)\varepsilon \tag{3-15}$$

其中，$(Y, U, X_1, X_2, \cdots, X_p)^T$ 是随机向量，$X = (X_1, X_2, \cdots, X_p)^T$，$\varepsilon$ 是随机误差。然而，随着实际问题的复杂性，也有了针对面板数据的随机系数模型。但是，因为随机系数模型的参数估算非常复杂，在实际问题中不能得到广泛的应用。

第三节　一般指标

城市群作为区域经济发展的重要载体，城市内部与城市之间的人才、资本、技术、信息等要素的流动，能加强中心城市的产业集聚程度，提升非中心城市与中心城市在产业分工与协作方面的水平，有助于区域一体化纵深发展。人才、资本、技术的流动则会带来人口密度、经济发展水平、金融集聚水平、生态环境质量等不同程度的正或负集聚效应。

因此，研究黄河流域城市群高质量发展相关因素的集聚程度对于深刻理解黄河流域城市群各城市经济的发展演变，提升不同类型城市群的产业升级与转型程度、发展异质性产业，从而促进黄河流域城市群协同集聚、增强其经济韧性，促进黄河流域城市群高质量发展和生态保护至关重要，下面将介绍关于集聚的一般性指标。

一、城市首位度

首位度最早是由美国学者杰斐逊（M. Jefferson）于 1939 年提出的，该指标是基于实际数据观察出的某种普遍的规律，体现了首位城市的核心地位，也能看出城市规模中某个发展要素在最大城市中的集中度[36]。如果是最大的城市即首位城市与第二城市的某个要素规模之比，即为两城市指数，如果是首位城市与第二个、第三个、第四个城市要素的和的比即为四城市指数，以此类推可以求出十一城市指数等。作为衡量地区规模结构的常用指标，认为排名第一的“首位城市”相比该区域的第二位城市有显著领先优势，或两者存在巨大差异，或要素的集聚水平更高，在政治、经济、社会和文化等方面占据明显优势。如果计算的城市首位度介于 2 与 4 之间，则称为中度首位分布，大于 4 则为高度首位分布，大于 1 称为具有首位度优势。二城市指数、四城市指数与十一城市指数定义如下：

$$S_2 = \frac{P_1}{P_2}, S_4 = \frac{P_1}{P_2 + P_3 + P_4}, S_{11} = \frac{2P_1}{P_2 + P_3 + \cdots + P_{11}} \quad (3-16)$$

其中，P_1，P_2，…，P_{11}为该区域某个要素规模按照从大到小的顺序排序后的数值。

除了可以计算以人口规模、经济总量为基础的城市首位度，也可以计算交通便利度、创新指数、文化引领、产业活跃度等方面的首位度指数，这些不同的首位度指数体现了首位城市对周边城市在要素集聚、创新引领、产业活跃、开放度和基础设施等方面的辐射引领作用。

一般认为，首位城市对人才、投资方面有更大的吸引力，有最低的通勤成本和最高的劳动生产率，但同时也可能阻碍其他城市的发展，有损于资源的合理利用，对经济增长可能会存在负向作用。至于不同区域的首位度与其经济发展之间存在的是一种线性关系还是非线性关系也没有定论。

当前的一种论点认为首位分布在较低经济发展水平时出现，在较高发展水平时变得更分散化。不同指标计算的首位度指数与城市的经济发展水平排名并不一致，不同区域的首位度指数并不能反映真实的城市发展水平。对于首位度指数低的城市，应明晰城市自身的优势与劣势，借助中心城市在资本、人口、产业结构等方面的辐射作用，提升自身的经济发展水平。

二、基尼系数

基尼系数最早是意大利学者基尼（C. Gini）于 1912 年提出的[37]，该系数一开始是用来衡量财富的不平等程度，计算方法为将人群的财富按照从小到大的顺序排列，通过面积之比求出基尼系数，值越大表示越不平等，则表示越平等。

基尼系数后来被延拓用来刻画某种要素的差异性，例如，人口基尼系数、收入基尼系数、产业基尼系数等，主要刻画人口规模差距、收入差距、产业规模差距等。原始的基尼系数与洛伦兹曲线相关的面积比有关，对于城市群研究，则可以利用如下改进基尼系数的一般性定义：

$$G=\frac{T}{2S(n-1)}$$

$$T=\sum_{i\neq j}\left|x_i-x_j\right| \tag{3-17}$$

$$S=\sum_{i=1}^{n}x_i$$

G 为基尼系数，T 是每个城市某要素规模之差的绝对值总和，n 是城市的个数，S 是 n 个城市的某要素规模总和。G 越接近 1 代表某要素集中在一个城市中，城市规模越集中；G 越接近 0 表示某要素规模一致，城市规模越分散，可以反映某区域内某要素规模的平均集聚程度。

以人口基尼系数为例：人口基尼系数越接近 0，说明该城市人口规模越分散，越接近 1，则说明该城市人口分布越集中。还有一种基尼系数的延伸，称为 Dagum 基尼系数，该系数能够通过区域内差距、区域间差距、超变密度等，识别不同地区数据存在差距的来源。

三、位序规模指数

位序规模指数来自 Zipf 指数，即满足如下的方程：

$$R_j^q M_j = Co, j = 1, 2, \cdots, r \tag{3-18}$$

其中，R_j 是第 j 个城市的人口规模，M_j 代表该城市的规模由大到小的排序，Co 是常数，q 代表位序规模指数，为正数，当此指数为 1 则表示经典的 Zipf 指数。以美国 1993 年人口规模排名前 135 个城市为数据，拟合得到 $q = 1$，所以人们的研究结果显示经济越发达的城市拟合得越好。当 $0 < q < 1$ 时，表示比 Zipf 法则展示的城市规模分布要更均衡、差距更小，而 $q > 1$ 则代表分布差异程度较大。要注意的是小城市的存在会影响这个幂律关系的拟合值，一般是在城市规模差了 2 个数量级时拟合结果最好。

经过多年的实证分析检验，人们总结了如下规律，即将不同城市的人口进行排序后，这些城市的人口数量与这些城市所在位序有如下关系：

$$p_r \propto r^{-D(t)} \tag{3-19}$$

其中，p_r 表示区域内第 r 排序，r 为从大到小排序的城市规模。本书中提到的位序规模指数计算并不仅限制在人口规模上，经济、科技、环境等规模都可以计算。另外，根据城市发展并不是线性的，位序规模指数并不一定是不变的数，所以此处用 $D(t)$ 表示随时间变化的位序规模指数。$D(t)$ 为正数，值小于 1，表明城市间规模差距较小、更均衡，中间位序城市数量较多，但城市群的规模结构质量不够高，服从多中心结构；如果大于 1，表明核心城市突出，规模结构不合理，城市规模分布差异较大，服从单中心分布；如果等于 1，则城市规模服从齐普夫法则，此时认为城市群具有最优的城市规模分布结构。

另外，位序规模指数的变化原因多样，在不同的发展情况下没有一致的某种趋势，须结合具体问题具体分析，对应不同发展阶段的城市群，要从经济发展状态、资源依赖性产业发展、服务业发展方面着重看位序规模指数的影响。

四、异速生长维数

城市群各要素的流动、相互作用促使城市群的要素分布具备某些规律性的空间特征，其中自相似的分形结构即其中典型的空间特征。异速生长模型属于分形理论的重要模型，一般用来研究城市的人口规模与土地面积之间存在的幂律关系[38-40]：

$$A = aP^{b} = aP^{D/dp} \tag{3-20}$$

其中，A 是城市面积，P 是该城市人口，a 是比例常数，b 为标度因子，D 是城市的形态维数，dp 是城市的人口维数。当根据具体数据可以实证得出以上的幂律关系时，说明城市群的人口与土地面积具有不同的增长速率。比较 b 的值与 1 的大小关系，可以得出整体上城市群的土地面积、建成区面积、公共管理面积、居民用地面积、工业用地面积、交通设施面积等是否处于快速扩张的阶段，也可以分析得出这些土地的面积增速是否快于人口的增速。

五、多中心指数（形态的多中心与功能的多中心）[41]

新经济地理学认为，最初的经济要素的空间集聚是以制造业为中心、农业为外围的空间结构，当产业结构进一步升级、区域开放度进一步加深、贸易成本进一步下降时，则呈现出中心城市负责管理和研发，外围城市承担制造和加工的功能分工。因此，多中心、单中心是关于城市群发展中形成的某种稳定空间结构，一般是通过城市群内部不同城市之间的要素流动引起的集聚现象。

从区域经济的增长过程来看：在经济发展初期，生产要素一定程度的集聚能够促进早期经济的增速，表现为单中心特征；从集聚经济理论来看，这种单中心的空间特征具有节约成本、提升效率、扩大经济规模与提升科学技术创新能力的优势，引起了经济的增长。同时，要素集聚也会带来交通拥挤、空气污染等负外部性。到了后期，基于城市间交通基础设施的完备与城市群协同治理的政策倾向，随着产业的转型和升级，要素在单中心城市中集聚的成本变高，企业和劳动力等会在城市群中进行重新的区位选择，因此要素出现重新的流动分配，可能出现多中心空间特征。

从“借用规模”假说与“城市网络外部性”概念来看，这种多中心结构使地理距离远的城市之间也可以通过交通、网络等实现合作与共享，体现了紧密的功能联系。次中心城市也能享受周边首位城市的集聚益处，同时免于集聚带来的负外部性，从而显著改善城市群内部整体的经济效率。随着中心城市的产业、人才、资本等要素流向非中心城市，缓解了中心城市的拥堵和生态环境压力，使非中心城市获得了较低的进入成本和更多的就业机会，提高了城市群的产业协作和总体经济效率。因此，对于多中心和单中心这种空间结构的研究，一般从形态和功能两个角度入手。其中的形态多中心还是单中心一般通过人口规模来测度，而功能的空间结构则通过不同功能“流”的空间分布来描述。出现多中心的原因有很多，经济发展水平的提高、人口规模的增加、市场驱动、政策引导等都是促使城市群出现多中心的原因。多中心的空间结构也带来了很多的优势，如显著促进全要素生产率、有效提升城市群的经济效率与促进城市群的协同发展等，但多中心结构、单中心结构对于碳排放等环境的影响并没有一致的结论。

目前关于城市群空间结构的研究大多数都是基于人口规模、夜间灯光数据、就业与经济数据等，以位序规模法则计算城市群的形态单中心、多中心指数。其中以位序规模法则构建的实证数据结果显示，位序规模指数越大，表示越服从单中心分布，越小则倾向于以多中心空间结构为主。例如，对于单中心模型，则可以根据人口密度与距离单中心的地理距离实证分析两者之间存在的线性关系、对数关系、指数关系、幂律关系等，这些关系式中的拟合参数即为单中心指数，单中心模型有如下的几种：

$$P(r) \propto \ln r;$$

$$\ln P(r) \propto r;$$

$$\ln P(r) \propto \ln r;$$

$$\ln P(r) \propto br + cr^2。$$

当以指数关系计算得到的单中心指数值越大，则表明人口密度随着与单中心的距离增大而出现指数衰减，以幂律关系实证求出的单中心指数值越低，说明人口密度从中心向外扩散。

多中心指数也可以通过模型得到下式：

$$P(r) = \sum_{i=1}^{n} a_n e^{b_n r_{mn}} \tag{3-21}$$

N 为城市群中心城市的个数，m 为城市群中城市的个数，r_{mn} 代表集聚程度。人口多中心指数也可以通过计算求得下式：

$$p = 1 - \frac{\sigma_{obs}}{\sigma_{\max}} \tag{3-22}$$

其中，p 代表多中心指数，σ_{obs} 是区域内韧性的标准差，$\sigma_{\max}$ 代表双核城市区县人口密度标准差。$p=0$ 表示仅有一个人口中心，1 代表多个人口中心。

计算城市群的功能中心性则可以由功能多中心计算得出下式：

$$P_m = \left(1 - \frac{\sigma_r}{\sigma_{r\max}}\right) \times \Delta \tag{3-23}$$

Δ 表示城市间某种网络密度。

六、全局空间自相关

全局空间自相关指数用来描述某一区域在总体中的空间关联和差异，而局部自相关指数可以通过量化地区与周边地区的关联程度和空间差异情况，反映局部空间的变化。空间 Moran's I 指数是描述空间自相关程度的有效指标。空间 Moran's I 指数越大，说明空间集聚性越强，为 0 表明是独立随机分布，差异较小。

空间自相关可以用来分析某变量观测值是否与相邻空间点观测值有显著相关性，常用统计量包括 Moran's I 指数，局部 Moran's I 指数等。

空间自相关 Moran's I 指数如下式：

$$I = \frac{n}{\sum_i \sum_j w_{ij}} \times \frac{\sum_i \sum_j w_{ij}(x - \bar{x})(x_j - \bar{x})}{\sum_i (x_i - \bar{x})^2} \tag{3-24}$$

其中，n 是研究对象的数量，$\bar{x}$ 是 x 的平均值，$x_{i,} x_j$ 是在空间单元 i

和 j 上的属性特征，w_{ij}为空间权重矩阵，它的定义是基于要素之间空间关系的概念化，比如有临界距离、最近邻、边界共享等定义方式。I 数值的绝对值越大，表明两要素之间的空间自相关性越强，正负号说明是正相关与负相关，数值绝对值越接近 0，越说明观测值呈独立的随机分布。

局部 Moran's I 指数：

$$I_i = \frac{(x_i - \bar{x})}{S^2} \sum_j w_{ij}(x_j - \bar{x}) = \frac{nz_i \sum_j w_{ij} z_j}{z^T z} = z'_i \sum_j w_{ij} z'_j \quad (3-25)$$

其中，z'_i，z'_j是标准化后的观测值，其他与空间自相关 Moran's I 指数中的定义相同。为了客观而全面地说明黄河流域城市群经济差异的时空分布特征，本部分运用库兹涅茨系数来描述黄河流域城市群区域不平衡性的经济现状。

七、引力公式

基于牛顿万有引力定律以及城市对区域内城镇有辐射、吸引作用同时又受到更发达城市的辐射与吸引的特征，1858 年，卡利（H. C. Carey）提出了地理学中城市间的引力公式[42]：

$$I_{ij} = kP_iP_j/D_{ij}^2 \quad (3-26)$$

其中，I_{ij}是两城市之间的引力，P_i、P_j 是两城市的人口数量（规模）、旅游规模、人才规模、经济规模等，D_{ij}代表两城市之间的距离，k 为经验常数。

引力模型可以描述城市之间的某种相互作用随着距离的增大而衰减的效应，引力值的大小代表两城市之间某种联系强度的大小。因为每个城市的经济发展、人口规模、科技水平、金融集聚等水平的不均衡，城市与其他城市之间的某种引力值并不相等。另外，引力模型也可以通过扩展空间距离为经济距离。如果在引力模型中，中心城市对其他周围城市的吸引为与距离有关的幂律关系，则表明辐射能力呈现分形特征，如中心城市对周边城市的吸引力 I：

$$I_i = \frac{PP_i}{r_i^2} \quad (3-27)$$

P_i 为第 i 个城市的人口，r_i 为第 i 个城市到中心城市的直线距离，平均吸引力为：

$$S = \frac{\sum_{i=1}^{N_R} I_i}{N_R} \tag{3-28}$$

N 为落入半径为 R 的城市数目。若有 $S \propto R^{-D}$，D 为分形维数，小于 2 表示中心城市对周边城市的吸引力从中心到四周逐渐减少，非线性、不均匀变化；等于 2 表示均匀变化；大于 2 表示从中心向四周逐渐增大，表明结构发育不正常。

本章参考文献

[1] Ghiglino C. Random walk to innovation: why productivity follows a power law [J]. Journal of Economic Theory, 2012, 147 (2): 713 - 737. DOI: 10.1016/j.jet.2011.02.004.

[2] Newman M E J. Power laws, Pareto distributions and Zipf's law [J]. Contemporary Physics, 2005, 46 (5): 323 - 351. DOI: 10.1080/00107510500052444.

[3] Ghosh B, Kenourgios D, Francis A, et al. How well the log periodic power law works in an emerging stock market? [J]. Applied Economics Letters, 2020 (39): 1 - 7. DOI: 10.1080/13504851.2020.1803484.

[4] Takaishi T. Power - law return - volatility cross - correlations of Bitcoin [J]. EPL (Europhysics Letters), 2020 (2). DOI: 10.1209/0295 - 5075/129/28001.

[5] Gabaix X. Zipf's law for cities: an explanation [J]. Quarterly Journal of Economics, 1999, 114 (3): 739 - 767. DOI: 10.1162/003355399556133.

[6] Kondo I O, Lewis L T, Stella A. Heavy tailed but not Zipf: firm and establishment size in the United States [J]. Journal of applied econometrics, 2023. DOI: 10.1002/jae.2976.

[7] Khan A, Muhammad P, Đilda P, et al. Bounds for Shannon and Zipf - Mandelbrot entropies [J]. Mathematical Methods in the Applied Sciences, 2017. DOI: 10.1002/mma.4531.

[8] Andersson K P, Ostrom E. Analyzing decentralized resource regimes from a polycentric perspective [J]. Policy Sciences, 2008, 41 (1): 71 - 93. DOI: 10.1007/s11077 - 007 - 9055 - 6.

[9] Gong W, Li V J. The territorial impact of high - speed rail on urban land development [J]. Cities, 2022 (Jun.): 125.

[10] Liu K, Murayama Y, Ichinose T. Exploring the relationship between functional urban polycentricity and the regional characteristics of human mobility: A multi - view analysis in the Tokyo metropolitan area [J]. Cities, 2021, 111 (6): 103109. DOI: 10. 1016/j. cities. 2021. 103109.

[11] Marshall G R. Polycentricity, reciprocity, and farmer adoption of conservation practices under community - based governance [J]. Ecological Economics, 2009, 68 (5): 1507 - 1520. DOI: 10. 1016/j. ecolecon. 2008. 10. 008.

[12] Richardson H W. Growth pole spillovers: the dynamics of backwash and spread [J]. Regional Studies, 1976, 10 (1): 1 - 9. DOI: 10. 1080/09595237600185011.

[13] Antohi V M, Zlati M L, Ionescu R V. Visegrad economies' active implication in a "new" EU: a new regional economic approach [J]. The World Economy, 2019, 42. DOI: 10. 1111/twec. 12823.

[14] Barton B. The creation of centrality [J]. Annals of the Association of American Geographers, 1978, 68 (1): 34 - 44. DOI: 10. 1111/j. 1467 - 8306. 1978. tb01178. x.

[15] Tammiksaar E, Jauhiainen J S, Pae T, et al. Edgar kant, estonian geography and the reception of Walter Christaller's central place theory, 1933 - 1960 [J]. Journal of Historical Geography, 2018, 60 (apr.): 77 - 88. DOI: 10. 1016/j. jhg. 2018. 02. 001.

[16] Walker R A. Contentious issues in marxian value and rent theory: a second and longer look [J]. Antipode, 2010, 7. DOI: 10. 1111/j. 1467 - 8330. 1975. tb00677. x.

[17] Mcchesney F S. Rent extraction and rent creation in the economic theory of regulation [J]. The Journal of Legal Studies, 1987, 16 (1): 101 - 118. DOI: 10. 1086/467825.

[18] Jiao Q, Ke C, Liu Y. When to disclose the number of contestants: theory and experimental evidence [J]. Journal of Economic Behavior & Organization, 2022, 193.

[19] Elhorst J P. Spatial econometrics [J]. Springerbriefs in Regional Science, 2014, 1 (1): 310 - 330. DOI: 10. 1002/9780470996249. ch15.

[20] Pouliot G A. Spatial econometrics for misaligned data [J]. Journal of Econometrics, 2023, 232. DOI: 10. 1016/j. jeconom. 2021. 04. 011.

[21] Anselin L, Rey S J. Spatial econometrics in an age of cyber GIScience [J]. International Journal of Geographical Information Science, 2012, 26 (12): 2211 -

2226. DOI: 10. 1080/13658816. 2012. 664276.

[22] Zhao C, Qu X. Social networks and internal migration in China: a spatial autoregressive model [J]. Review of Development Economics, 2021. DOI: 10. 1111/rode. 12843.

[23] Brian P. A production function examination of the aggregate effects of nutrition [J]. Journal of Macroeconomics, 2014, 40: 293 - 307. DOI: 10. 1016/j. jmacro. 2014. 01. 007.

[24] Doraszelski U, Jaumandreu J. R&D and productivity: estimating endogenous productivity [J]. Review of Economic Studies, 2013. DOI: 10. 1093/restud/rdt011.

[25] James L, Amil P. Estimating production functions using inputs to control for unobservables [J]. Review of Economic Studies, 2010 (2): 317 - 341. DOI: 10. 1111/1467 - 937X. 00246.

[26] Wang E Z, Lee C C. The impact of clean energy consumption on economic growth in China: is environmental regulation a curse or a blessing? [J]. International Review of Economics & Finance, 2022, 77.

[27] Walter N, Patrick V. A further augmentation of the Solow model and the empirics of economic growth for OECD countries [J]. Quarterly Journal of Economics, 1996 (3): 943 - 953. DOI: 10. 2307/2946677.

[28] Solow R M. A contribution to the theory of economic growth [J]. Quarterly Journal of Economics, 1956 (1): 65 - 94. DOI: 10. 2307/1884513.

[29] Hao J, Gregg H, Yao Y. COVID - 19 and long - term economic growth [J]. Australian Economic Review, 2023, 56 (2): 221 - 237.

[30] Nye D E. The United States and alternative energies since 1980: technological fix or regime change? [J]. Theory, Culture & Society, 2014 (5). DOI: 10. 1177/0263276414537314.

[31] Albrecht J, Francois D, Schoors K. A shapley decomposition of carbon emissions without residuals [J]. Energy Policy, 2002, 30 (9): 727 - 736. DOI: 10. 1016/S0301 - 4215 (01) 00131 - 8.

[32] Su W, Wang Y, Streimikiene D, et al. Carbon dioxide emission decomposition along the gradient of economic development: the case of energy sustainability in the G7 and Brazil, Russia, India, China and South Africa [J]. Sustainable Development, 2020, 28 (4). DOI: 10. 1002/sd. 2016.

[33] Dinda S. Environmental Kuznets curve hypothesis: a survey [J]. Ecological Economics, 2004, 49 (4): 431 - 455. DOI: 10. 1016/j. ecolecon. 2004. 02. 011.

[34] Stern D I. The rise and fall of the environmental Kuznets curve [J]. World De-

velopment, 2004, 32 (8): 1419 - 1439. DOI: 10.1016/j.worlddev.2004.03.004.

[35] Moriwaki S, Shimizu M. A simultaneous investigation of the environmental Kuznets curve for the agricultural and industrial sectors in China [J]. Journal of the Asia Pacific Economy, 2021 (4): 1 - 23. DOI: 10.1080/13547860.2020.1870068.

[36] Rosen K T, Resnick M. The size distribution of cities: an examination of the Pareto law and primacy [J]. Journal of Urban Economics, 1980, 8 (2): 165 - 186. DOI: 10.1016/0094 - 1190 (80) 90043 - 1.

[37] Chotikapanich D, Griffiths W E. Applications: posterior distributions for the gini coefficient using grouped data [J]. Australian & New Zealand Journal of Statistics, 2000, 42. DOI: 10.1111/1467 - 842X.00136.

[38] Jun - Tao Z, Wen - Bao M I, Jing - Wei H, et al. Regional differences and spatial pattern since reform and opening up in Ningxia——based on the evolutionary character and the coupling relationship of gravity center of population, economic and grain [J]. Economic Geography, 2014.

[39] Shi - Guo J. An allometric analysis of the Hohehot urban system: using the industrial and agricultural output data [J]. Economic Geography, 2004.

[40] Yan - Guang C, Yi - Xing Z. Logistic process of urbanization falls into four successive phases: revising Northams curve with new spatial interpretation [J]. Economic Geography, 2005.

[41] Josep D. Direct medical costs of non - alcoholic fatty liver disease in Catalonia at the hospital level: a retrospective multicenter study [J]. Expert review of pharmacoeconomics & outcomes research, 2022, 22 (2): 341 - 349. DOI: 10.1080/14737167.2021.1890586.

[42] Miller F P, Vandome A F, Mcbrewster J. Gravity model of trade [J]. Alphascript Publishing, 2010.

velopment, 2004, 32 (8): 1419-1439. DOI: 10.1016/j.worlddev.2004.03.004.

[35] Mohapatra S, Simmons M. A simultaneous investigation of the environmental Kuznets curves for the agricultural and industrial sectors in China [J]. Journal of the Asia Pacific Economy, 2020, [illegible]: 1-23. DOI: 10.1080/13547860.2020.1780065.

[36] Rosen K T, Resnick M. The size distribution of cities: an examination of the Pareto law and primacy [J]. Journal of Urban Economics, 1980, 8 (2): 165-186. DOI: 10.1016/0094-1190(80)90043-1.

[37] Chotikapanich D, Griffiths W E. [illegible] posterior distributions for the [illegible] coefficient using grouped data [J]. Australian & New Zealand Journal of Statistics, 2000, 42 [illegible]. DOI: 10.1111/1467-842X.00116.

[38] [illegible] Z, Wang [illegible], [illegible]. Regional differences and spatial pattern [illegible] and coupling coordination [illegible] of population, economy and [illegible] [J]. [illegible], 2014.

[39] Shi [illegible], Qing J. Econometric analysis of [illegible] urban system [illegible] [J]. [illegible], 2004.

[40] Yang [illegible], Ding C, [illegible] Xing M. [illegible] spatial [illegible] [J]. [illegible].

[41] Joseph G. [illegible] cost of [illegible] [J]. [illegible]. DOI: [illegible].

[42] Miller [illegible], Montoyo A [illegible]. [illegible] gravity model [illegible] [J]. [illegible], 2010.

第四章

韧　性

第一节 韧性的定义

韧性的概念来源于物理学，主要描述的是研究主体面对外界冲击表现的抗压、恢复与持续发展等能力，有时也与弹性、恢复力、抗逆力、反弹、复原力等类似，但目前仍然没有统一的理论框架。和政策制定者在遇到政策落地目标背离初衷、发现社会系统在面临不确定冲击时，让这个冲击带来的影响最小化的过程与韧性概念类似，因此韧性成为城市规划、组织管理、危机管理等领域中的重要概念。不管是欧盟的韧性行动计划、经合组织开发的韧性工具箱、英国的国家韧性能力方案、美国的联邦网络韧性机构的建立，还是联合国领导的以韧性为核心理念的城市灾害治理倡议等，都希望看到制定的政策能够使城市或区域经济体在不确定冲击下，保持稳定。

在经济领域、金融领域的定义，取决于研究问题的不同背景。

一、经济韧性

经济韧性是指经济系统在发展中面临各种不确定冲击时，能够回到原来增长路径或发展出新的增长路径的能力，包括发展经济韧性、区域经济韧性与宏观经济韧性三个领域[1-4]。其中，发展经济韧性关注摆脱贫困、走向富裕的视角；区域经济韧性侧重区域经济的发展；宏观经济韧性是以国家为研究尺度，分析其经济韧性及影响因素，强调宏观经济政策的作用。

以区域经济韧性为例，产业结构的多样化，在冲击下能分散风险、增强区域经济的稳定性时，能够提升区域经济的韧性。同时产业结构专业化，能够保证在经济上行周期，产业在纵向与横向的联动增长与下行时期的连锁反应是相对应的；在遭遇冲击时，产业结构专业化更高的区域，更有可能获得较低的区域经济韧性。在冲击下，如果短期内，区域经济系统的增长路径没有发生变化，可以认为具有较强的韧性；反之，则认为其不具备较强的韧性。长期来看，如果经济增长恢复到原来状态或发展出新的增长路径，则具有更强的韧性。因此，区域经济系统的韧性可以从短期和长期来看。不同的产业增长方式对经济韧性的影响具有动态空间异质性，其中以科技创新为主的产业体系要比以重工业技术为主的产业体系能更好地提升区域经济的韧性。影响经济韧性的因素与基础设施建设、政府服务、产业结构、创新能力、风险投资等有关。

二、金融韧性

对于金融韧性，如果研究对象为金融资本市场，则应重点考察金融市场在冲击下，能反映金融稳定、受冲击后的适应过程、恢复到冲击前状态的能力及发展能力，等同于低风险或高稳定，涉及金融风险的防控能力、金融服务经济实体的效率、金融体系的自我革新等问题，对形成国内大循环、国内国际双循环新发展格局具有重要意义[5-7]。

另外，在我国经济发展由高速增长转向高质量发展阶段，科技创新驱动成为这种转变的重要动力，难点在于是否有匹配的金融制度与结构来平衡资本对技术创新的投资风险。目前我国的资本市场已经初步形成了主要以创业板、主板市场、区域性股权交易市场、证券公司、科创板、中小板、新三板构成的多层次资本市场体系，但金融结构仍以银行主导型为主，缺乏适配性，尚未形成高效率的金融服务水平，对于提升企业的创新能力、帮助高附加值企业的成长、对高新技术企业的包容性、承受创新研发失败的抗风险能力等还有很大的进步空间。对于城市群相关的金融韧性，一般以存贷款比、地方财政一般预算收入、保险深度、保险业务保费等指标来刻画。

基于金融与实体经济的紧密关系，金融的目的是通过融通社会资金、提供类似清算、支付结算、集中资本与分割股份等服务，为实体经济的融资提供便利、降低实体经济的融资成本、保障可控的风险，服务社会经济的发展。伴随着目前过度的工业化、实体企业金融化逐渐严重等问题，在我国经济发展模式的转变过程中，往往会面临更多的金融风险，其中，资本市场最常见的重大风险是股票价格的大幅暴跌。因此，金融韧性一般指金融系统的某种稳定性。资本市场的韧性描述的是资本市场在面对不确定性冲击时，能够具有不断适应新问题的革新能力、对极端条件的永久适应能力，从而保持自身结构和功能的连续性。资本市场可以看作经济的“晴雨表”，经济系统受到冲击时，金融系统也会发生必然的波动。

随着金融与区域经济越发紧密地联系，区域金融中心的发展具有路径依赖、信息不对称等特征，具有高金融集聚性，高附加值产业、金融发展程度越高、金融效率高的区域更可能有更高的经济韧性。这里的金融集聚是指类似银行与金融中介等金融机构在空间上的集聚，能够增强企业融资的便利性，满足产业多样化、产业转型升级的资金需求，这对摆脱原有主导产业的路径依赖有巨大的帮助，尤其是能有效降低中小企业的融资成本、信息成本、交易成本。因此，提升区域金融的集聚能力，能有效提升区域对本地和周边区域的网络效应、规模效应与空间辐射能力，进而提升区域经济的韧性。

经济韧性和金融韧性都体现了过程性的不同维度：遭遇冲击初期的防御抵抗能力、遭遇冲击后的适应恢复能力和为化解冲击进行的转换学习能力三个维度。

其中，防御抵抗能力是指遭遇冲击时系统能保持结构稳定。适应恢复能力是指在遭遇冲击后，系统能够结合自身的独特资源优势和空间结构特征，对资源、要素进行重新整合，通过不断学习、适应新的外部环境，同时能够保证系统具有维持经济或金融稳定增长的能力，这一过程可以通过系统恢复的速度或恢复程度来衡量。转换学习能力是指遭受冲击后，自我革新创新增长路径的能力。经济韧性的差异一般来源于不同的产业结构、区域政策与制度环境、文化基础等。以数字金融为例，能够为实体经济提供更快的资金融通速度、更好的风险管理、更全面的支付结算服务、更多样的金融服务模式等，能够缓解金融资源错配问题，发挥数字金融的空间网络效应，打破地域限制，减少信息的不对称程度，降低了企业的市场风险，提升资金配置效率，对小微企业具有更好的帮助，从而提升经济韧性。

三、城市群的作用

在城市群这一复杂系统中，韧性的定义从某一单一维度的韧性到多维韧性，从工程韧性、生态韧性，再到演化韧性。这些韧性的认知，有基于均衡论视角的工程韧性与生态韧性，也有基于演化论的演化韧性。其中，基于均衡论的工程韧性是指某城市群系统受到外部干扰后，会恢复到原来初始状态的能力，强调系统只有唯一的平衡状态，而其发展是线性的。生态韧性则是把城市群系统的单一均衡扩展到具有多平衡态的复杂状态，这种韧性仍然认为城市群系统在冲击后会回到初始稳定状态，但同时也强调，冲击在超出阈值后，会对系统本身的结构和演化路径产生深远影响。对于演化韧性来说，强调城市群系统、外部环境之间不断互动的动态变化，强调城市群系统可能会在不断地适应、学习中趋于更好的某个稳定状态。

本书中提到的韧性是指演化韧性，即韧性的发展并不是固定的，而是动态的、非均衡的、多主体互动、多尺度的复杂特征，同时具有空间异质性。外部冲击可能是风险，也可能是新的机遇。例如，从均衡论的角度来看，路径依赖是指基于区域体自身的地理环境、经济基础等资源禀赋，具有特定的区域产业与经济发展路径，一般具有路径依赖和路径锁定现象。这种路径锁定现象在一定历史时期内的一定程度上，具有强的区域经济韧性，但长期下去，则会带来经济结构的僵化、规模报酬递增带来的发展路径的锁定效应，从而导致区域经济发展的落后。

城市群借助地理空间、自然要素，通过社会要素、经济要素的交互等组成的有机体，具有有力的区域经济竞争力，在促进产业升级、构建现代产业体系、引领技术变革等方面具有举足轻重的作用。正因为城市群的重要地位，其内部人才流动、经济的紧密联系、与全球价值链的深度介入等，均会在面临外部冲击时，出现连锁效应和放大效应。区域经济韧性是指以区域经济系统为研究对象的韧性，因此城市群的经济韧性是指城市群这一区域系统能够根据外部冲击维持原来的稳定状态或趋于更好的稳定状态。当面临不确定的冲击时，城市群作为不同于单个城市的城镇空间体系，具有一定的抵御冲击的合力。如果城市群内部的产业结构合理、具有较高的科技创新水平，则可以更有效地构建产业共同体、助力新基建、提升城市间协同联动响应能力，达到增强城市群韧性的目的。另外，不同城市群具有空间异质性和空间外部性等特征，不同产业集聚与城市群优势产业密切结合，会形成辐射效应。

目前的实证研究发现，加强产业竞争力是提升城市群经济韧性的关键，即经济实力越强的城市群对周边城市的空间溢出效应越明显；中心城市的空间溢出效应能更好的促进城市群的整体发展。

本书是以城市群复杂系统作为出发点，以演化论的视角，研究尺度有黄河流域城市群的韧性、黄河流域城市群内部更小范围城市群的韧性、内部城市群中心城市与周边城市韧性这三种不同的空间尺度。研究的维度涉及与自然资源有关的生态韧性、与经济发展有关的经济韧性、与金融发展有关的金融韧性、与基础建设有关的工程韧性这四个维度。

从系统论来看，城市群作为一个黑箱系统，内部因素之间的关系异常复杂，但如果把人类社会与自然环境看作两个独立系统，则可以把一直存在的人力资本、社会资本、技术创新、自然禀赋作为人类社会系统的输入，环境污染、碳排放等作为人类社会系统的输出，对自然环境产生影响。其中生态韧性越高，说明系统自身的自然资源具备抗干扰能力越强；经济韧性越高说明经济系统具有化解干扰的能力越强；金融韧性越高说明金融系统能更有效地支持和保护城市群系统的结构；工程韧性越高说明城市群系统越能抵抗外界干扰对基础建设设施的影响。

城市群并不只是多个城市在空间上的孤立聚集，而是与城市群内、外区域都有不同要素之间的连接与交换。不同城市具有不同的规模、差异性的产业结构，这些城市的组合能更有效地提升中心城市的经济实力，但也可能带来更多的环境污染、土地浪费等问题。当面临不同的冲击时，城市群作为整体能够根据构建的空间网络、经济网络等形成网络协同效应；处于核心产业链的产业决定了产业所处区域的增长态势；技术创新的转换会带来周边区域的分工转换，具有空间溢出效应。

四、“流空间”的内容

“流空间”是指把信息、人力、资本、技术等经济要素看作流，以流空间为载体，与城市产生联系。

从流空间理论来看，城市群与外部、内部城市之间存在人力资本、社会资本、科学技术、信息等要素的流动，这些要素的“流”会呈现空间上的不同聚集与扩散特征。把城市看作节点，城市之间的某种关系看作节点之间的连边，则构成一个网络。网络韧性包括如下的不同内容。例如，关于城市群网络的结构韧性是指经济网络、知识网络、基础设施网络、社会网络、组织网络等网络的结构，能够面对冲击保持稳定，即该网络结构能够保证网络或改善网络原来的稳定特征、关键功能的能力。相关研究方法包括模拟算法，研究不同冲击下常见复杂网络模型的结构是否发生改变等，也有关于生产性服务业、数字经济产业等不同产业的网络研究。

研究结果发现，不同拓扑结构的网络具有不同的韧性。因此，城市群的网络韧性是指面临不同冲击下，城市网络以城市间的社会、生态、经济、金融、工程等领域的协同互助与互补关系，恢复到原来的能力或发展出更好的发展路径的能力。系统论认为，结构决定功能，因此复杂网络理论认为网络拓扑结构参数对韧性至关重要。例如，网络连接数越少，韧性越低；核心边缘结构可能会降低网络韧性。同时，增强中心城市对脆弱城市的联系，能够改善各节点的联系。从复杂网络的角度来看，韧性对应着系统的稳定性分析，即在外在干扰下，系统是否稳定、系统是否会从不同的稳定状态跳跃到其他稳定状态等。从目前复杂网络在城市群的应用研究中来看，区域韧性除了经济韧性、环境韧性、工程韧性等不同维度的韧性外，还有一种韧性即城市群要素网络的韧性。

不同区域的网络结构与该区域自身不同维度的韧性之间具有较大的相关性，不同区域的网络结构应对不同干扰的响应结果也不同。如果区域经济体具有某种不变的网络结构，则网络参数的变化会引起该区域经济体不同维度韧性、对应复杂网络韧性的变化。目前的实证研究发现网络效率越高可能带来更大的脆弱性，如果出现核心边缘结构则会具有更弱的韧性。

这种网络的结构是否稳定、与韧性存在什么关系，目前还没有形成一般性的结论。

国家区域发展政策对城市群的经济韧性提升具有政策效应。例如，税收作为地方政府的激励措施，对经济发展、技术创新、产业结构升级的影响是不确定的，既有可能因为有利优化产业结构、提升技术创新能力而提升经济韧性，又有可能通过该措施带来地方的重复性建设、要素单向流动加剧、地方财政支出扭曲、产业结构趋同严重、阻碍绿色经济发展等而降低经济韧性。政府治理和政府干预可以通过构建服务型协同政府，以加强政府应急能力、提供有效的公共财政支持、创新地方官员的晋升激励等方式，促进区域经济韧性的提升。

根据韧性的不同定义，有不同的量化方法。例如，经济韧性可以用GDP、就业指标、人均储蓄余额、人均GDP、三产占比等单一指标来度量，或从不同维度构建指标体系。

第二节　量化方法

根据韧性的定义，以及党的十九届五中全会、党的二十大报告中均提到了智慧城市、提高城市群的韧性、以中心城市带动城市群发展、城市群引领区域发展等目标，量化韧性是实现这些目标的理论前提之一。目前的主流方法一般是通过基本构成要素入手，结合韧性特征等进行综合指标的构建，并通过熵值法、专家咨询法（Delphi 法）、层次分析法等方法确定权重，最终形成韧性的评价指标，或者从动态的角度，以函数模型法构建韧性。但韧性构成要素之间的相互作用并没有明确、统一的关系，该方法实施过程中存在不小的困难。也有从P（压力）S（状态）R（响应）的分析框架入手，分析扰动前、扰动中、扰动后系统的响应变化。因为关于黄河流域城市群在2004—2021年遇到的冲击及其影响具有明显的空间异质性，是否具有动态稳定性也并不确定，所以本书的韧性定义着重全方面地反映黄河流域城市群的经济韧性，从综合评价的角度进行构建，并从时间与空间两个维度关注经济韧性、金融韧性、复合韧性的空间动态变化情况。

一、与韧性相关的量化方法

（一）复合生态韧性、金融韧性和经济韧性

复合生态韧性 R 是把不同维度的韧性进行加总而成的下式：

$$R = \sum_{k=1}^{K} R_k \tag{4-1}$$

K 为有限值，$K=3$ 为三维韧性，$K=4$ 为四维韧性，以此类推。经济韧性、金融韧性、生态韧性、工程韧性等均可通过如下式计算而成：

$$\mathrm{R_i} = \sum_{k=1}^{K} R_{ki} \tag{4-2}$$

其中，

$$R_{ki} = \sum_{j=1}^{m} W_j \left[\frac{A_{ij}}{\sum_{j=1}^{m} A_{ij}} \ln \left(\frac{A_{ij}}{\sum_{j=1}^{m} A_{ij}} \right) \right] \tag{4-3}$$

权重 W 为熵值法计算得来下式：

$$W_j = \frac{1}{\sum_{j=1}^{m} d_j} d_j \tag{4-4}$$

信息熵冗余度 d 定义如下式：

$$d_j = 1 + \frac{\sum_{i=1}^{n} \left[\frac{A_{ij}}{\sum_{j=1}^{m} A_{ij}} \ln \left(\frac{A_{ij}}{\sum_{j=1}^{m} A_{ij}} \right) \right]}{\ln n} \tag{4-5}$$

矩阵 A 经过如下的极差标准化：

$$A_{ij} = \begin{cases} \dfrac{a_{ij} - \min(a_{ij})}{\max(a_{ij}) - \min(a_{ij})} (a_j \text{ 代表的因素为正向指标}) \\ \dfrac{\max(a_{ij}) - a_{ij}}{\max(a_{ij}) - \min(a_{ij})} (a_j \text{ 代表的因素为负向指标}) \end{cases} \tag{4-6}$$

(a_{ij}) 表示 n 行 m 列的矩阵，其中 m 为某一维韧性相关的变量个数，n 是所有城市的个数或所有时间的长度，i 表示第 i 个城市。

当 R_i 中的矩阵 A_{ij} 由经济稳定的 GDP、第二产业比重、第三产业比重等，能够反映经济系统风险与发展基础的财政支出占比等，以及能够帮助城市群提高经济增长能力、实现产业升级与转型的财政支持力度、科技发展水平等要素构成时，R_i 即为经济韧性。

如果 R_i 中的矩阵 A_{ij} 由影响金融发展的金融存贷款、税收等要素组成，则 R_i 为金融韧性。

如果 R_i 中的矩阵 A_{ij} 由城市群的节约用水量、二氧化碳排放量、建成区绿化覆盖率、空气污染指数等组成，则 R_i 为生态韧性。

如果 R_i 中的矩阵 A_{ij} 由公共汽电车数量、公路公里数、绿化面积、万人医师数等构成，则 R_i 为基础韧性，以此类推可以获得其他相关的韧性指标。

有一种刻画韧性指标的方法为敏感系数法，与这种计算复合韧性的方法类似。比如把经济韧性分为抵抗力、恢复和适应力、转型力三个部分的线性组合，其中的系数是对应权重，满足三部分权重之和为 1 的条件。

（二）耦合协调能力

耦合协调能力一般是指区域经济、生态环境承载力之间的耦合协调关系，可以反映区域经济的高质量发展程度。对于城市群来说，高质量发展与经济发展方式、经济结构优化、经济社会协同发展、更好的居住环境与自然环境等有关。因此，基于以上的韧性值，可以计算多个子系统的耦合协调度。

耦合协调度 D 定义如下：

$$D = \sqrt{CT} \tag{4-7}$$

其中，耦合度 C 可以由下式计算得出：

$$C = \frac{K}{\sum_{k=1}^{K} R_k} \sqrt[K]{R_1 R_2 \cdots R_K} \tag{4-8}$$

综合协调指数 T 则由下式计算得出：

$$T = \sum_{k=1}^{K} a_k R_k \tag{4-9}$$

其中，a_k 为权重系数。耦合协调度 D 的值越高，说明各子系统间的耦合协调度越好。

二、复杂网络的韧性

复杂网络的研究起点为 18 世纪欧拉的哥尼斯堡七桥问题，该问题开创了用节点表示事物，节点之间的关系用连线表示的图表示方法[8]。直到 20 世纪 60 年代才出现了开创性的复杂网络研究起点——随机图理论，该理论也是公认的数学研究起点。随机图理论假设网络的任意节点之间具有均等的连接概率 p，并发现当某个图具有某一性质时，可以证明其他图几乎也具有该性质或者几乎都不具有该性质。

后来，人们在研究各种小世界实验的过程中发现，很多社会网络的任意节点之间的平均距离为 6，即小世界特征，而社会网络中的强连接的节点并不一定比弱连接的节点具有更大的强度。因此，随机图理论中的基本假设即复杂网络结构总是随机的并不一定成立。在 20 世纪末，出现了复杂网络研究的新篇章。自然杂志上发表了一篇关于小世界网络的研究论文，该论文发现，很多现实的社会关系网络具有如下特征：短的平均路径长度、高的聚类系数。随之美国圣母（Notre Dame）大学的巴拉巴西（Barabási）教授和他的学生 Albert 在科学杂志上出版了关于随机网络与 WWW 的研究文章，发现 WWW 并不是随机网络，而是具有弱者越弱，强者越强的幂律形式，即无标度网络[9,10]。

当前人们关注的复杂网络问题主要集中到以下几个方面：不同网络结构的统计特征、网络的拓扑结构、网络的形成机制与影响机制、单个节点与整个复杂网络结构之间的关系、如何控制复杂网络结构的稳定性、网络演化动力学机制等[11-13]。

对于城市群的复杂网络研究，则主要是基于百度指数、航空客流、银行网点等数据，获得城市间人流、信息流、资金流等；或者以专利合作数据、中国 A 股上市公司、高端服务业公司数据等，构建合作创新网络、总部—分支网络、供需关联网络等。随着城市群的迅速发展，城市群网络的空间组织发生了深刻的变化：从引力模型、中心—边缘理论、复杂网络理论结合的角度建模，主要从该网络的中心性、网络效率、空间可达性、联系强度、等级结构等方面，解释城市间在交通、人才、物流、经济等方面构成的空间组织特征。

目前的实证结果发现，城市群的网络特征已经代替了原来的等级结构特征，逐渐具有开放性，从空间集聚状态向空间扩散效应转变。例如，城市群的每个城市看作网络中最基本的单位为点，当点与点之间存在某种关系时，则两点之间有一条连线，表示辐射关系。如果以距离、信息流动强度等建立网络关系，则可以通过该关系矩阵构造复杂网络。从整体上看，城市群复杂网络的网络密度、网络等级度、网络关联度等整体特征具备系统的稳健性，其中网络密度与城市间存在的某种关系紧密程度成正相关：关联性越高，表明该城市更多地依赖这种关系。个体则更多地用各节点的点度中心度、接近中心度、中间中心度来刻画等级性，其中点度中心度越高，说明该城市的中心地位越高，与其他城市的联系越多；中间中心度越高，则越能控制其他城市的这种关系；接近中心度越高，说明越不受其他城市的控制；结构洞的凝聚性则可以用来发现城市之间是否已经形成真正的联盟。

城市群网络的复杂性来源于节点数目巨大、节点多样性、空间关联关系的多样化、节点或连接关系的出现或消失的动态变化或多重复杂性交互影响，使城市群网络的空间结构呈现动态、非线性、开放性、非均衡等特征：呈现的复杂性特征在整体上呈现小世界、无标度、自相似、自组织、吸引子等特征；存在多核心、网络高度聚类性，具有更强的关联与凝聚力。当定义的网络空间扩散方式不唯一时，可以出现周边式、点轴式、等级式、发展极式、跳跃式等扩散方式，不同簇群之间相互促进。单个节点可能具有混沌或分岔等复杂行为，某个节点的变化或某个子网络的变化都有可能对其他节点、其他网络或网络整体带来巨大的改变。

复杂网络的图 G 数学表达可以用一个二元组来表示，即 $G=(V,\ E)$，其中 V 表示节点的集合，E 是节点之间某种联系代表的边的集合。V 中节点的个数称为阶数，E 中边的个数称为边数。如果 E 中的边与两个节点的顺序无关，则称为无向网络，否则为有向网络。如果节点间的联系强度不同，则称为有权重的网络。一般的统计指标有平均路径长度、聚类系数、度分布的幂指数等。

应用复杂网络到区域经济研究中时，常用如下的指标。

（一）度分布

度分布是根据构建的网络，计算每个节点的频率，画出频率分布情况、计算节点的平均度数或求出节点的最大度数等，可以揭示网络节点度分布的某种规律，从而描述网络的结构特性。例如，对于区域高质量发展的网络结构韧性进行评价，可以分析如下的度分布来测度网络的层级性：

$$k_i = C\ (k_i^*)^{\alpha} \tag{4-10}$$

其中，k_i 是节点 i 的度，k_i^* 是节点 i 的度位序排名，α 代表度分布曲线对应的斜率，C 是常数。相邻节点的度平均值 k_α 则可以识别网络的同配性或异配性：

$$k_\alpha = \frac{1}{k_i} \sum_{j \in V_i} k_j \tag{4-11}$$

其中，k_j 是节点 i 相邻节点的度，V_i 是节点 i 相邻节点的集合。通过线性拟合 k_α 与 k_i 之间的关系，可以求出其拟合线性关系的斜率为度关联系数：其值大于零表示具有同配性，反之则为异配性。

（二）聚类系数

聚类系数是指网络节点的连接密度，可以揭示节点间的集聚程度或参与性质。根据聚类系数的取值，可以划分为密度接近 0 的稀疏网络，网络常用指标有局部聚类系数、平均聚类系数、全局聚类系数等。其中平均聚类系数和局部聚类系数可以刻画网络的集聚程度。例如，平均聚类系数 C 计算公式如下：

$$C = \frac{1}{n} \sum_{i=1}^{n} C_i \tag{4-12}$$

$$C_i = \frac{2M_i}{k_i(k_i - 1)} \tag{4-13}$$

其中，M_i 为节点 i 与邻居产生的实际边数。

全局效率传输性指标 E 可以刻画网络中要素应对外界干扰的相应能力，定义如下：

$$E = \frac{\sum_{i \neq j \in G} \frac{1}{d_{ij}}}{N(N-1)} \tag{4-14}$$

其中，N 为网络节点数，d_{ij}是城市 i 与城市 j 之间的最短路径，G 为网络中节点的集合。

（三）多样性指数

多样性指数 V 与网络的路径与节点个数有关，可以刻画网络的稳定性，V 的定义如下：

$$V = \frac{\sum_{i \neq j \in G} n_{ij}}{N(N-1)} \tag{4-15}$$

其中，n_{ij}是城市 i 与城市 j 之间独立路径数量。

第三节 相关韧性的统计结果

根据其他城市群韧性研究的结果发现：城市群韧性的刻画、特征具有空间异质性。能够通过交通韧性、信息韧性分析城市群空间结构的中心性变化、耦合度和均衡性变化，不同成长期的城市群空间均衡性和异质性均不同（详见表 4－1）。

表 4－1 其他城市群韧性研究

城市群名称	涉及省份	韧性	测量
成渝城市群[14]	重庆市、四川省等 15 个省市	2014 年与 2018 年数据相比，交通网络结构韧性提升、逐渐均衡稳定；但信息结构韧性减少；空间特征出现由单核心到双核心变化，但分布不均衡；核心区域辐射性不足，为圈层状放射结构，属于成长期城市群	用户百度指数关注信息网络；交通联系网络

续表

城市群名称	涉及省份	韧性	测量
长江中游城市群[15]	武汉、长沙、南昌、株洲、衡阳等	交通网络为多核心—边缘结构；信息网络为多核心均衡结构；企业网络以武汉、长沙、南昌的三角放射结构。不同网络结构韧性差异明显	信息网络；交通网络；企业年度报告的企业关联矩阵
粤港澳大湾区城市群[16]	香港、澳门特别行政区，广东省广州市，深圳市等	单核心到多核心动态演化；结构上属于早期扁平到后期立体、韧性波动变化	专利创新合作网络
长三角[17]		东中高、南北边缘低，波动上升的圈层式空间布局；城市韧性与创新水平的耦合协调度上升，是东高西低格局；上海为中级协调，其他城市没有明显改变	四维度韧性指标
哈长城市群县域[18]	2000—2020 年市级数据	韧性上升但县域水平为低水平；“盆地式”结构分布，空间差距明显；集聚性减弱；对环境管制具有时滞性	空间韧性
珠三角[19]	2010—2020 年市级数据	中高、东西边缘低结构，差异显著；广州、深圳圈层式结构；城际“中心—外围”圈层结构	四维度韧性
京津冀城市群[20]	2001—2020 年	波动上升同时阶梯性失衡的动态结构；北京—天津双核；中北强南弱空间结构；区域间不均衡显著，区域内较为均衡	PSR 框架

本章参考文献

[1] 曾冰，张艳．区域经济韧性概念内涵及其研究进展评述［J］．经济问题探索，2018（01）：176 - 182.

[2] 李连刚，张平宇，谭俊涛，等．韧性概念演变与区域经济韧性研究进展［J］．人文地理，2019，34（02）：1 - 7 + 151. DOI：10.13959/j.issn.1003 - 2398.2019.02.001.

［3］张振，赵儒煜．区域经济韧性的理论探讨［J］．经济体制改革，2021（03）：47－52.

［4］贺灿飞，盛涵天．区域经济韧性：研究综述与展望［J］．人文地理，2023，38（01）：1－10. DOI：10. 13959/j. issn. 1003－2398. 2023. 01. 001.

［5］朱太辉，李彤玥．金融韧性的理论渊源、国际实践和政策启示［J］．金融博览，2019（09）：35－37.

［6］田时中，陈浩鹏．税收竞争对地区经济韧性的影响与机制研究——来自14城市群183城市的经验证据［J］．西部论坛，2023，33（04）：92－108.

［7］石岿然，李匡义，孙溢．长三角城市群金融集聚对贸易韧性的影响研究［J］．工业技术经济，2023，42（08）：3－11.

［8］陈关荣，汪小帆，李翔．Introduction to complex network：models，structures and dynamics［M］．高等教育出版社，2012.

［9］Newman M E J，Watts D J. Scaling and percolation in the small－world network model［J］．Physical Review E Statal Physics Plasmas Fluids & Related Interdiplinary Topics，1999，60（6 Pt B）：7332－42. DOI：10. 1103/PhysRevE. 60. 7332.

［10］Albert R，Barabasi A L. Statistical mechanics of complex networks［J］．Reviews of Modern Physics，2002，26（1）：xii. DOI：doi：10. 1007/b12331.

［11］Mitchell M. Field review complex systems：network thinking www. elsevier. com/locate/artint［J］．Artificial Intelligence，2006，170（18）：1194－1212. DOI：10. 1016/j. artint. 2006. 10. 002.

［12］Newman M E J. The structure and function of complex networks［J］．Siam Review，2003. DOI：10. 1137/S003614450342480.

［13］Mumali F. Artificial neural network－based decision support systems in manufacturing processes：A systematic literature review［J］．Computers & Industrial Engineering，2022，165：107964. DOI：10. 1016/j. cie. 2022. 107964.

［14］侯兰功，孙继平．复杂网络视角下的成渝城市群网络结构韧性演变［J］．世界地理研究，2022，31（3）：561－571. DOI：10. 3969/j. issn. 1004－9479. 2022. 03. 2020538.

［15］钟业喜，吴思雨，吴青青．多要素网络结构韧性分析——以长江中游城市群为例［J］．江西师范大学学报：哲学社会科学版，2022，55（5）：99－109.

［16］林卓玲，方远平，张经度，等．粤港澳大湾区城市群低碳技术创新网络结构韧性演化研究［J］．城市观察，2023（3）：21－35.

[17] 邹蔚，王兴宇，万凤娇，武亚丽．城市韧性与科技创新水平耦合…研究——以长三角城市群为例［J］．生态经济，2024（1）：78－87.

[18] 陈晓红，马雪菲，王颖，等．建成环境视角下县域空间韧性动态变化及响应机制研究［J］．地理科学，2023，43（12）：2119－2129. DOI：10. 13249/j. cnki. sgs. 2023. 12. 006.

[19] 赵晓玉，王亚红．科技创新与城市韧性耦合协调…研究——以珠三角城市群为例［J］．上海国土资源，2023（44）：97－103.

[20] 周霞，王佳．京津冀城市群城市韧性时空演变特征及空间差异研究——基于改进的 PSR 框架［J］．资源开发与市场，2023（12）：https：//link. cnki. net/urlid/51. 1448. N. 20231227. 1442. 007.

第五章

相关政策

第一节　国家政策

基于黄河流域的特殊地理位置与经济发展水平相对滞后的现状，要想改变黄河流域城市群依赖土地、煤炭、能源等农牧业和能源产业为主的产业布局，都不得不直面水资源极度短缺的现状。黄河流域的水资源主要靠降水，全年的降水量所处时间范围分布不均衡：大多数时间范围为每年的7～10月，并多以暴雨形式出现，造成了径流年内分配不均的现象。2022年，黄河流域水资源总量占全国总水量的2.6%，人均水资源总量仅占全国人均量的1/3。水资源总量的空间分布处于不均匀状态：兰州以上流域的水资源总量占全流域的47.3%，而兰州至河口镇的水资源总量仅是全流域水资源总量的5%。

在水资源短缺的最大刚性约束下，黄河流域包括的五座国家级城市群还有其他两座城市群之间、城市群内部之间面临供需用水冲突问题、产业同质化严重带来的生态脆弱问题等。

基于黄河流域独特的水资源短缺背景与生态脆弱等问题，国家陆续出台相关规章制度与法律法规，通过政策支持，鼓励黄河流域上游、中游城市群利用自身独特的水土资源，进行资源互补与经济合作，发展节水、环保、高新技术产业；下游城市群能利用自身经济发展相对发达、自然条件良好、人口密度高、经济聚合程度高等优势，注重产业从资源消耗类型为主升级为高新技术产业与战略性新兴产业格局。

为了解决黄河流域的水污染问题，生态环境部早在2010年3月便颁布了《黄河重大水污染事件报告办法（试行）》。在该报告办法中，明确指出了什么是黄河重大水污染事件，提出了发现水污染事件后，应立即报告、应急监测、通报有关省（区）主管部门，提出了给予单位或个人突出贡献奖励或给予行政处分的奖惩办法。

出于激发参与黄河流域生态保护的积极性、落实权责、促进区域协调发展等目标，2012年12月，财政部、国家发展和改革委员会、水利部印发《黄河下游滩区运用财政补偿资金管理办法》，明确了对洪灾造成的农作物损失、住房损失等进行资金补偿的适用范围与标准，涉及河南省、山东省15个市43个县（区）1928个村庄。随后，2014年1月，财政部联合中国人民银行、国家发展和改革委员会和水利部，印发《水土保持补偿费征收使用管理办法》，指出全国各地需要征收水土保持补偿费的活动、就地缴库的方式、补偿资金的专项用途等。同年12月，生态环境部颁布了《黄河水利工程建设项目环境保护管理办法（试行）》。在该管理办法中，明确了环境监理、监测单位需要具备的具体资质。

在经过黄河下游财政补贴政策实施4年后，2016年12月，财政部颁布《关于加快建立流域上下游横向生态保护补偿机制的指导意见》，提出根据其他流域横向生态补偿试点的阶段性成果，明确了以“成本共担、效益共享、合作共治”的总体指导思想以及从部分试点逐渐扩大的动态补偿机制范围，提出了以签订协议前的3~5年的平均值为补偿基准，自主协商明确资金补偿、协作补偿、产业转移补偿、人才培养补偿或共建园区补偿等多种方式；鼓励开展排污权、水权交易；中央对达成补偿协议的跨省流域、尽早完成补偿协议的流域进行财政奖励。2020年4月，财政部、生态环境部、水利部、国家林草局印发《支持引导黄河全流域建立横向生态补偿机制试点实施方案》。与2016年的补偿机制指导意见不同的是，该方案不再是试点范围的动态扩展，而是全面覆盖的全流域横向生态补偿模式；统一生态补偿机制，包括省份为沿黄9省区，试点范围为2020—2022年；以生态质量持续向好与节约集约利用水资源为两个核心；从水资源涵养、水资源贡献、水质改善、用水效率四大方面按照一定的权重，通过因素法确定补偿资金；鼓励各地探索排污权、碳排放权、水权等补偿方式，对早建地区进行早补偿与多补偿，对推进不力的省（区）进行逐步扣减的方式进行约束等，目标是生态优先、绿色发展、全局推进、协同治理，突出流域整体性、系统性、结果导向性等。

2021年10月，中共中央、国务院公布《黄河流域生态保护和高质量发展规划纲要》（以下简称《纲要》）。《纲要》中明确了黄河流域在我国发展大局与现代化建设中的重要战略地位，短期规划是从2021—2030年，中期规划到2035年，远期规划至21世纪中叶。《纲要》中指出，黄河流域在长达三千多年的历史中，始终处于全国的政治、文化和经济中心，也是塑造中华民族伟大品格的重要沃土。同时黄河本身存在泥沙含量世界最高、治理难度极其困难、水害严重的问题，新中国成立后，明确了黄河治理的生态建设思路，实现了黄河治理改善与黄河流域发展的巨大进展。

另外，黄河流域跨越我国四大地貌单元和三大台阶，生态类型多样；分布有多个主要农产品主产区，农牧业基础好、能源资源富集；拥有河湟文化、齐鲁文化、河洛文化、关中文化等地域文化，文化根基深厚；流域国土绿化水平、水土流失治理等均卓有成效；经济发展水平不断提升，人民生活得到显著提升。当前面临的挑战是在水资源短缺、生态脆弱、各省区经济联系不高、区域协作意识不强、协同发展机制不够完善等现状下，如何在保护生态环境的同时，促进黄河流域经济高质量发展，从而补足民生的发展问题。其中识别不同城市群、不同产业的经济重要增长极，激发、扩大核心城市或重要节点城市对欠发达地区的辐射能力，是促进黄河流域高质量发展的重要方向。根据国家规划，黄河流域的发展动力格局以“一轴两区五极”展开：一轴是指作为新亚欧大陆桥、上中下游、新型城市群的轴心，以创新的先进制造业为主导；两区是指粮食主产区和能源富集区；五极是指山东半岛、中原、关中平原、黄河“几字湾”都市群、兰西城市群等，作为五个经济发展、人口增长、先进生产力的极点；目标是通过破除人口、资金、土地等要素的跨地区流动障碍，推动沿黄中下游的产业带动上中游产业体系的创新性升级，打造战略性新兴产业和先进制造业为主的产业集群，发挥不同城市群的强势产业，落实防污染的要求。

为了实现黄河流域高质量发展和生态保护的目标，2022 年 8 月 24 日，财政部印发《中央财政关于推动黄河流域生态保护和高质量发展的财税支持方案》，强调创新驱动、高质量发展、水资源为最大刚性约束；提出设立黄河流域相关奖补资金；建立以推广政府和社会资本合作 PPP 等方式进行多元化投入，通过积极利用欧洲投资银行、世界银行等外国贷款及国际金融组织，统借统还外贷资金推进黄河流域的生态保护建设工程、帮助农业高质量发展等；以“四水四定”为原则，把资金分配到水资源管理较好的地区；对具有保护环境、节约用水技术创新的企业进行“三免三减半”税费优惠；对污染严重的地区、保护独特生态系统的地区、发展特色绿色农业的地区、进行资源型产业升级与转移的地区、攻关现代农业与现代制造业等关键技术的地区等，进行转移支付。

除了配套的财税支持外，根据长江保护法实施后，长江干流水质接连两年持续达到Ⅱ类标准、经济总量提升的实施战绩，2022年10月，人大常委会通过了《中华人民共和国黄河保护法》，通过立法来明确黄河流域重大国家战略的思路目标和重点举措。该保护法立足于黄河流域独特的自然环境、经济发展现状、上中下游“水土沙”的特殊性等，基本覆盖了黄河治理、保护中的难点和焦点问题；以新发展理念，提出了要生态优先、节水为重、分类施策、协同推进等原则，并建立黄河流域统筹协调机制进行跨地区与跨部门的重大事项的督促与检查工作。同时，该保护法指出，以水资源刚性为约束制度，构建现代产业体系，并严格管制黄河流域的国土空间的使用，支持高耗水企业的节水技术改造，发展低碳能源和特色现代产业，引导社会资金参与科技创新等。在黄河保护法中，明确提出了安排专用的资金，实行绿色信贷、绿色保险金、绿色债券等金融服务；提供有利于黄河流域生态保护的税收政策；对能源依赖性企业实行限制性价格政策；采用资金补偿等方式进行横向生态保护补偿；支持水权市场化交易；对各级政府明确提出了直接负责人等需要承担的法律后果、具体的罚款金额等。

为进一步支持黄河上游对水源涵养能力的建设、中游对水土保持工作和污染治理工作、下游保护和修复生态工程，同时提升黄河治理能力、推进节水型社会的建设与发展、推动特色产业转型升级、区域城乡协调发展、弘扬黄河文化、提升公共服务水平等，从而加快全流域生态系统的整体性发展与高质量发展，财政部于2022年12月印发《黄河流域生态保护和高质量发展奖补资金管理办法》。该管理办法规定，奖补资金补助期限为2022—2025年；补助范围为沿黄9省区；奖补资金涉及上游的水源保护、中游的水土保持与污染治理、下游的生态保护、关于黄河长治久安的水利工程等；还支持节水型产业发展、社会发展、黄河文化产业发展等。奖补资金的分配以因素法进行测算，其中的计算权重均为25%，考虑因素有以水土流失面积、优良空气天数、地表水Ⅰ~Ⅲ类水质断面数、湿地面积等生态保护因素；以黄河流域面积、水资源贡献量、水库数等的生态功能因素；水资源节约集约利用指标、高质量发展指标等构成的转型发展因素；以及常住人口数与标准收支缺口等指标构成的补齐公共服务短板共四大因素，还要考虑各地区的财政困难系数、增幅控制系数等方面。

第二节　省（自治区）相关政策

根据国家关于黄河流域的建设规划，以及重要节点城市与核心城市在其他国家重大战略中的重要地位，黄河流域各城市群所在省（自治区）也分别在生态保护、财政支持方面推出相关的政策。

以下为本书研究城市群所在的省（自治区）相关政策。

一、宁夏回族自治区

生态保护方面，宁夏回族自治区早在2002年就提出了关于自然保护区的管理办法，并分别于2006年、2017年做了两次修正。该管理办法明确了国家级、自治区级、市（地）级、县级、跨行政区域等自然保护区范围，以及保护范围为自然保护区的核心区、缓冲区、外围2公里以内地带等。为了吸引高层次人才，提升科学创新能力，宁夏回族自治区于2005年提出《科学技术奖励办法》，并分别在2016年、2022年做出两次修正。该奖励办法支持原创、效益、成效、创新和合作性。为了降低能源消耗，宁夏回族自治区于2010年公布民用建筑节能的相关办法，并在2022年进行了第二次修正。该节能办法明确了新增民用建筑的节能强制功能，对使用太阳能、地热能或其他可再生能源的民用建筑企业推行税收优惠。出于节约用水的目的，宁夏回族自治区在2010年推出实施水文条例的决定办法，并分别于2016年、2022年进行两次修正。2011年，宁夏回族自治区发布关于危险废物的管理办法，规定违反相关行为给予不同金额的罚款。同年，宁夏回族自治区公布了节能监察办法，对具有不同能源消耗量的用能单位进行监察，从节能技术、淘汰落后产能、节能设备改造、节能调度执行情况等方面进行监察，并明确了具体金额的罚则。2012 年，宁夏回族自治区推出公共机构的节能办法，并在 2019 年做了修正。该修正提出公共机构要以最小能耗得到最大收益为目标，分解节能目标和责任；开始室内空调温度控制、选择节能照明灯具、计算机等办公用品的低能耗状态、智能化电梯控制、科学灌溉、公交车选择节能型、无纸化办公、减少会议数量和时间等活动；进行定期定量分析；开展节能宣传活动，增强节能意识；并以节能指标考核考评问责。2011 年，又推出关于节水型社会建设的管理办法，并于 2022 年进行了修正。该管理办法对做出节水型建设有重要贡献的对象进行资金或项目方面的支持，并把节约用水纳入公务员培训、中小学教育等内容，增强全民节约用水意识。同时建立健全关于水资源的管理网站；确定黄河水耗用指标，设定本区域内各用水单位的用水总量控制、用水效率控制、用水功能限制界限，严控高耗水产业、高耗水农业、服务业等相关项目；实行阶梯型水价制度；鼓励对再生水、矿井排水等常规水的开发和利用；引导工业企业调整产业布局，淘汰水污染严重、高耗水的产业；推出粮食种植区的高效灌溉节水技术；建立水权交易市场。

为了积累黄河流域治理经验，2022 年 4 月，国家发改委批复同意了《宁夏回族自治区关于建设先行区的实施方案》（以下简称《方案》）。该《方案》针对宁夏身为唯一全境属于黄河流域的独特省份，在生态保护方面面临水资源短缺严重、水资源利用率低、生态极度脆弱、生态修复难度大等难题，宁夏回族自治区始终以系统的观念把握生态保护和经济发展的关系，以水资源约束作为最大的约束，走好绿色低碳发展的道路，打好环境整治、节水控水等攻坚战。该目标设定 2025 年要在单位 GDP 用水量下降、森林覆盖率、草原植被盖度、能耗强度下降、可再生能源占比等方面达到的数值，并把节约用水贯穿整个宁夏建设的各个方面。具体实施通过市县对各行业、各领域设定节水定额标准，实施节水目标责任制；核发取水许可证；实施水资源税收；创新节水合同和水权交易模式；通过在火电、冶金、石化、有色等行业进行重点工业节水改造，严控高耗水产能，鼓励工业循环用水，建立用水激励约束机制。同时发展、创新卫星遥感、物联网等技术、应用与服务，建设“宁夏黄河云”，打造数字治水样板，开展数字化示范区建设。

另外，加强河道基础设施建设、强化城市防灾体系建设、科学造林育林等；并鼓励符合“双碳”目标战略的重点行业、公共服务领域进行绿色、节能、减排的技术创新活动和生活方式；管控黄河岸线近距离工业园区等行业的工业污染问题。为了宁夏回族自治区能顺利融入西部陆海新通道，《方案》提出了构建“一字形”“几字形”“十字形”现代化交通主骨架，完善铁路、机场等交通网络建设。出于增强生态保护和高质量发展整体合力的目的，《方案》提出，探索跨省区横向生态补偿的创新合作机制、统筹规划重点领域与重点产业的跨区域发展与产业协同发展平台，并加强污染联防联控、环境信息共享，建立环境信息的信用评价等制度。

除了在生态保护方面制定相关政策与出台方案之外，宁夏回族自治区人民政府在金融财政支持方面也做了很多工作。2016 年 2 月，宁夏回族自治区推出《关于建设区域股权市场的相关意见》，鼓励非上市公司、重点支持新创企业挂牌。在 2016 年 10 月，宁夏建立首家全国性法人保险机构——建信财险，创建全国首个以省为单位的金融扶贫示范区，有“盐池模式”“蔡川模式”、金融扶贫十七条等；推出融资性担保业务“5221”风险分担机制；清除金融领域扫黑除恶专项等现象；修订与完善融资担保公司、小额贷款公司、区域性股权市场、融资租赁公司、典当行、地方资产管理公司、商业保险公司等地方金融组织监管制度，规范地方金融监管行为；推动“7 +4 +N”类地方金融组织智能化全覆盖，构建智能化科技支撑体系；构建金融监察一体化的全国全区联动互通的智能化科技支撑体系，形成“三大平台”互联互通。2022 年 1 月，宁夏银保监局制定了《关于银行业、保险业如何支持黄河流域生态保护和高质量发展的意见》，从政府、银行、保险企业联动角度，精准融资和保险；对清洁能源产业发展提供新增绿色金融贷款的财政奖励；出台关于支持九大重点产业的通知，对枸杞、奶牛等绿色食品产业提供金融支持，推出“枸杞尊信贷”“小微易贷”“农权贷”“农户创业贷”“奶牛尊信贷”“青贮贷”“滩羊贷”“养牛贷”“排污权抵押贷款”“水权质押贷款”“土地权贷款”“山林权贷款”，加快发展政策性森林保险业务。例如，“宁科贷”是政府为主要风险分担者，帮助科技型企业申请低利率、免抵押的信用贷款；宁夏回族自治区的兴业银行分行，以碳减排量与贷款利率挂钩，激励企业产业升级与科技创新；以“供水+水权交易”进行融资；“铁杆庄稼保”为农村转移就业提供保障；“宁惠保”“宁康保”有效补充自付医疗费用，完善了宁夏回族自治区的医疗保障体系；“商户云贷”借助大数据，为个体工商户提供线上信用贷款服务。

2022 年 4 月，宁夏回族自治区推出高层次人才认定启动资金，以赠予、租售、免费入住、住房补贴等方式提供住房保障；对满足一定服务合同的人才给予 20 万～220 万元安家费；对技术类高层次人才的安家费上浮 30%，提供 100 平方米～200 平方米的周转房；对博士、双重点毕业硕士给予 5000 元、3000 元补助，连续补助 5 年；高层次人才配偶可按原单位性质进行考核聘用；高层次人才的子女义务教育免试就近入读优质学校，高中的入读示范性高中；为人才开通绿色医疗通道服务，在科技馆、博物馆等游玩，免收或减半收取费用，免费乘公交车；每 5 年可公费休假疗养；对评选上杰出人才、塞上英才等分别奖励每人 100 万元、50 万元等；为高层次人才、高层次人才配偶及其子女配备累积额度不低于 300 万元的高额专属人身保险。2022 年 5 月，宁夏工商银行分行构建“智慧政务”“智慧金融”，推出“我的宁夏”APP、“云上工行”、数字人民币服务、“兴农通”“数字乡村”等新型金融服务；2022 年 7 月，宁夏回族自治区推动融资规模扩大、融资结构优化等，并积极探索排污权、碳排放权、用能权等，扩大供应链金融，加快数字化金融监管。宁夏回族自治区推出高层次青年人才队伍培养计划，对战略性新兴产业、高新技术产业、重点产业研发人员，新材料、新工业等突出业绩人员进行重金奖励。2022 年 11 月，宁夏回族自治区有“才聚宁夏 1134 行动”对在读博士、硕士给予经费资助，每人每年 3 万元、2 万元标准，可持续资助 1～3 年。2023 年 4 月，宁夏回族自治区建立金融信用制度体系；并于 2023 年 12 月，宁夏中卫市财政局筹措 7529 万元支持黄河流域工业园区水循环利用项目建设；2024 年 3 月，宁夏回族自治区通过“宁科贷”融资产品，为初创期、成长期的科技中小微企业提供信贷支持；出台关于科技成果转化、金融支持科技创新、科技金融资金、科技金融补助等规范性方法，加大科技企业融资数据共享服务力度。

除了在生态保护、财政金融方面制定相关政策与出台方案之外，宁夏回族自治区还通过其他的国家战略与重要规划进行高质量发展。例如，宁夏在 2019 年 8 月被列入西部陆海新通道总体规划，并以此为契机，发挥以中卫铁路、银川国际公铁、惠农陆港铁路节点等优势，增加了和东盟、欧洲、中亚国家的贸易往来，同时也促进了与西部各省市之间的联系。从 1999 年 9 月持续至今的西部大开发是我国的重大战略之一，2020 年 5 月国务院正式印发西部大开发的新格局指导意见。该指导意见中着重对铁路、高铁、机场、重点水源工程等基础建设进行规划；重点完善交通路网和解决资源型缺水相关的水利工程问题，同时拓展宁夏沿黄城市群等城市群间的进一步互动发展；并通过深化要素市场改革，构建电力现货交易、天然气弹性价格、生态补偿、自然资源收益配置、绿色融资等机制与平台；同时配套科技人员的薪酬制度、股权激励分红等改革；加快共建诚信共享平台、营造服务型政府等。该意见通过加大中央和地方转移支付中的分配系数、对西部地区的财政倾斜力度等，以及对相关产业实行企业所得税优惠政策，引导商业金融、合作金融等金融机构对小微企业、扶贫产业等进行金融支持，并明确优先支持西部地区产业转移、调整和优化。宁夏沿黄城市群的中心城市为银川市，次中心城市为吴忠市，是西安、包头和兰州城市的引力平衡点，也是西部大开发政策覆盖城市；通过区域金融商贸中心、科创中心、文化交流中心等核心功能的发展与建设，在壮大优势产业、加速新旧动能转换、发展高新技术产业方面，为宁夏沿黄城市群的绿色和谐高质量发展起到了引领作用。

二、陕西省

陕西省在生态保护和高质量发展方面制定了如下的相关政策。

早在 1998 年 5 月，陕西政府就已经开始出台关于环保产业发展的规定，内容包括针对产业结构不合理、产品开发薄弱等问题，提出走科技进步、低成本、内涵式的发展道路；以龙头环保产品带动、发展环保产业群；鼓励多种投资方式；鼓励有偿转让知识产权；进行产学研合作；淘汰高耗能技术与产品；积极利用外资、省外先进技术等；重点面向污染防治领域，发展重点环保产品、提升关键环保技术；并通过贯彻环境保护，征收超标准排污费，对环保高新企业进行免税优惠等。后续又在1999年至今不断推出水资源保护、农业技术发展、信息产业发展等方面的相关规定与政策。

例如，1999年6月，陕政办颁布了关于工业污染排放的工作方案，在工业污染、大气和水环境质量方面对排污单位、省或重点城市的落后产业与工程提出了明确的考核要求以及质量标准。2000年4月，陕政办发出了《落实环境保护法律部门具体职责的通知》，指出要引导低耗、无污染产业发展，积极开放、推广清洁能源与技术，设置专门的财政预算来保护环境等。2000年12月，陕政办推出《西部大开发加强协作的意见》，提出要在修建公路、铁路、机场、节水灌溉工程等基础设施建设方面，积极向国家争取支持；建立水资源统一管理、水量调度体系，尽快解决水资源有偿使用问题；并通过“西气东输”重大项目，加快建设以油气资源为主的项目；通过“西电东送”工程，加快构建火电群基地；鼓励沿黄省区矿产企业跨区域重组，形成规模效应；吸引东部沿海和外商投资，共同开发矿产资源；依法建立矿产品市场；发挥农业资源优势，培育龙头企业，加快产业一体化进程；通过区域联合开发为新的机制，以项目为龙头，市场为导向，形成多种资源、多种形式的合作与联合；通过跨区合作鼓励整体产业的协调发展；开放矿产资源市场。2004年1月，陕政办印发《21世纪初的可持续行动纲要》，重点提出继续走强农业、新工业、现代服务业的路子；加快农业经济结构调整、绿色能源化工生产；支持创建、发扬陕西苹果的品牌；建立县域经济发展格局；大力发展高新技术产业；实现集约型产业增长方式；提高科技创新能力；突出六大特色产业的发展；建立“数字陕西”；根据陕西所处交通信息网络的独特位置，构建高速公路主骨架，发挥在铁路大动脉、机场的运输能力。2019年8月，陕环办印发《关于生态助力高质量发展的若干措施》，明确了环评审批权限，提高了审批效率；通过对保护生态环境、高质量发展的产业进行优化审批，建立“第三方治理”模式；按照污染排放量进行环境保护征税，由市级负责排污权交易审核；建立以“二级市场”为主导的污染物总量交易市场，强化服务意识；帮助企业进行整改，对生态保护有利的单位或项目授予资金奖励或转移资金支持，并加大对生态保护的宣传力度等。2022 年 3 月，陕西省政府印发《关于碧水保卫战的工作方案》，提出以 PM2.5 污染、臭氧污染、农业源氨排放高造成的水污染为持续攻坚目标，通过淘汰高能耗、高污染设备等方式，促进产业结构升级与布局调整、优化能源供给结构，并通过强化区域协同协作机制来实现这一攻坚目标。

为了改变资源依赖型的产业结构，陕西省在 2022 年 3 月，建立陕西引资平台，进行企业改组、优势产业深度升级，吸引科技人才、资金、企业西移。陕西更是作为中西结合部的特殊省份，以西安市为核心，构建在商贸、金融、教育科技等方面具有强大辐射能力的省份。陕西省具有优势明显的科技教育，具有国防军工、石油、旅游等资源与产业优势，丝绸之路的政策也对陕西的产业发展、高新技术发展、特色经济有巨大的作用。2023 年 2 月，陕西省政府印发《陕西省推进营商环境突破年实施意见》。在该《意见》中，提出优化企业开办和注销流程、提升政企协同共享，推动税企直连等电子税务功能；加强跨境贸易便利度；推动“互联网 +”审判工作；优化企业破产机制；推行“一链一行”产业链金融服务体系；支持民营企业发展壮大；加快数字政府建设；加强知识产权保护等。2023 年 2 月，陕西税务对先进制造业、现代能源产业、战略性新兴产业等进行税收支持；对基础设施建设工程进行税收减免政策；扩大农产品增值税进项税额核定扣除试点范围；全国首个陆路启运港退税试点；支持数字经济、平台经济、共享经济新业态发展的税收政策；实施资源税法和环境保护税法、新能源汽车购置税优惠；推进跨省通办和区域服务一体化。2023 年 4 月，陕西省地方金融监管局发布“融畅工程”，以提升企业融资能力为最终目标，以政府、金融机构、企业三方联动方式，对中小微企业进行免费培训；以“秦信融”、陕西金服云、“银税互动”等平台与产品服务，提高首贷款获贷率，提升信用贷款占比，为中小微企业建立应急转贷基金，提供短期资金过桥服务。2023 年 12 月，陕西省政府印发

《关于推动数字经济高质量发展的政策措施》，提出推动能源化工产业数字化转型、制造业数字化转型、专业园区数字化转型；发展智能终端产业链，推动数字物流发展；发展数字文化创意产业，提升智慧旅游服务能力、智慧农村发展；优先支持集成电路重大产业集群、大数据与人工智能产业集群、光子产业集群、卫星产业集群发展；支持重点领域人才培养、职称评定、购房、子女入学等保障；对试点示范项目入选项目、数字企业首次入选瞪羚企业、龙头企业建设数字经济示范园等进行不超过50万元、30万元、100万元的奖补。

除此之外，陕西省作为古丝绸之路的起点，还属于“一带一路”的核心区域，陕西省的省会西安市更是与亚欧合作频繁的国际化大都市。2015年至今，陕西省在执行“一带一路”倡议时，通过不同年份的行动计划指导工作，加强“一站式作业”、加快口岸建设、出台跨境电商工作方案；加快对西安港的建设等互联互通建设；并鼓励节水灌溉、旱作农业等农业领域的技术创新，完善政企银信融资担保服务机制；建立与中亚各国的合作基金，设立西安金融聚集区建设等，为企业融资提供服务；同时在中欧班列、上合组织农业基地、丝绸之路大学联盟、中亚联合考古、秦医秦药等绿色企业发展方面成绩斐然，成为“一带一路”倡议中发挥作用突出的省份。

三、甘肃省

甘肃省在生态保护方面也做了很多卓有成效的工作。例如，2018年8月，甘肃省政府发布关于损害生态环境的相关赔偿方案，规定对大气、地表水、地下水、草原、土壤、地表景观、森林等环境要素，对动植物和微生物等生物要素，引发不利改变或功能退化的行为，进行生态环境损害赔偿。2024年4月，甘肃省为了进一步改善供水结构、减少水污染、增加水资源供给等，发布《关于进一步利用再生水的实施意见》，提出政府主导、社会参与融资建设再生水生产，鼓励高能耗企业优先用再生水，支持再生水的循环利用，完善节水型工业布局，并规划完善统一调配再生水源、批准取水许可、完善再生水计量体系等。

在财政支持政策方面，甘肃省为了完成生态保护对应的基础设施建设和改造以及加快产业转型升级，在 2019 年 7 月出台《关于政府性融资担保体系支持小微企业和“三农”发展的意见》。该《意见》以甘肃金控融资担保集团（甘肃省省级唯一与国家融资担保基金合作的政府性担保机构）为主；聚焦小微企业、“三农”主体，支持战略性新兴产业的发展；通过在费率水平、担保费率、再担保业务收费等方面降费让利，鼓励各级政府设立风险补偿金，广泛吸引政府、企业、金融机构和个人的广泛参与，建立多元化的资金补充机制，推出奖补支持体系。2021 年 3 月，甘肃省政府印发《关于人才引进与培育营商环境的相关通知》，明确鼓励高校科研院所人员与企业深度合作，并鼓励以股权、技术入股、期权等不同方式进行奖励；鼓励引进国外高端专家、攻破关键技术的高层次人才，促进产学研一体化发展；落实进站博士后每年 8 万元的经费补助，支持 1 万名毕业生到民营企业、中小微企业进行就业。2022 年 6 月，甘肃省地方金融监管局印发《关于金融服务实体经济的若干措施的通知》。2022 年 9 月，甘肃省人民政府印发《关于金融支持中小微企业发展的通知》，以普惠金融为主，借助政策性银行、大型银行和股份制银行、地方法人银行各自的优势，通过创新信贷产品、创新债券、开发信用保险等，推出“政府 + 银行 + 保险”风险分担的模式、“保险 + 期货”等方式，增加对中小微企业的信贷支持；通过贷款市场报价利率作为中小微企业的贷款利率定价机制的基础，以降低利率、减免罚息、贴息补偿、延期还本付息等方式降低中小微企业的融资成本。2022 年 9 月，甘肃省地方金融监管局印发《关于融资担保行业的发展规划》；2022 年 12 月，甘肃省政府印发《关于金融四大工程激发市场活力的意见》，该《意见》中的四大工程是：金融供给扩大工程，是指通过创新开放性金融政策工具，增加信贷投放量，降低融资成本，深耕银行的存量客户，挖掘银行的信贷潜力；支持创新支农支小金融产品，优化金融要素环境；对于普惠金融、科技金融等专营机构以及保险、信托等非银行金融机构，开展金融租赁、消费金融、汽车金融、第三方支付等金融服务。产业金融发展工程，是指创新涉农金融业务产品，推出对于“三农”主体的“应贷尽贷”服务，推广“保险+期货”模式；对于传统优势产业、战略性新兴产业、高新技术产业进行重点支持；扩大银行的中长期贷款、信用贷款规模等，搭建一站式综合金融服务平台；对上下游中小微企业供应链提供融资；加快绿色金融等金融产品的创新，为专精特新企业推出专属信贷产品；对中小微企业给予专利权质抵押贷款、贴息补助、推动科技金融创新。服务质效提升工程，是指对小微企业进行普惠小微贷款、支小支农的贷款贴息等，发挥政府性融资担保和风险补偿等长效机制；发挥大数据功能，以“陇信通”“信易贷”等平台，对于企业的不同困难造成的贷款问题，进行延期还本付息、免收罚息、鼓励设立企业信贷应急周转金。融资渠道拓宽工程，是指完善债券发行担保机制，建立省级的债券融资后备资源库、市县的政府融资平台；创新债券品种，支持上市公司创新扩大直接融资规模的不同方式；通过政府性融资担保与银行金融机构的“见贷即担”“见担即贷”等业务模式，支持政府性融资担保减费让利活动，吸引各类资本支持中小微企业的创新发展，吸引信托资金支持新兴产业、基础设施、重大项目等重点领域；引导典当行和小额贷款公司发展错位经营优势。

2023年2月，甘肃省政府印发《关于政府性融资担保机构的相关工作通知》。该《通知》以小微企业和“三农”等主体为服务对象。2023年3月，甘肃省教育厅、甘肃省银保监局等联合印发《关于进一步加快推动甘肃省责任保险发展的意见》，提出了金融工作要做好对重点行业、重点项目、重点领域的保险需求；同时以有为政府和有效市场的有机融合思想，对社会影响力强、风险大等特征的企业进行保险服务创新；聚焦责任保险服务产品为实体经济提供风险管理服务；并鼓励金融主管部门加大科技投入，运用大数据、人工智能等新技术，提供个性化风险管理服务；加大对普惠金融产品的研发；并注意平衡政府保费补贴与企业承担份额的关系；鼓励金融服务部门以大数法则的竞争机制，来不断创新金融产品。2023年8月，甘肃省政府印发《甘肃省企业挂牌上市的行动方案（2023—2025年）》。该《方案》指出，对于具有新技术、高科技背景的战略性新兴产业、独角兽企业、瞪羚企业、知识产权优势企业、制造业单项冠军企业等进行跟踪培育；鼓励企业引进战略投资并进行股份改制；鼓励境内境外上市并举，重点推出符合国家产业政策的龙头企业在主板上市，推动科技型企业在科创板上市，“一企一策”帮助企业简化行政审批流程；加强专精特新板建设，形成企业上市、融资一体化服务体系；对后备企业进行融资支持，引导银行业金融机构在授信额度、利率与期限等方面给予支持，加大信贷力度；推出绿色债券等金融创新产品，引导省内外私募基金的投资支持；对于上市公司给予落户优惠、帮扶等支持。2024 年 1 月，甘肃省提出“玉如意计划”，推进“验资入甘”。2024 年 3 月，甘肃省政府出台关于六税两费的税费减免相关政策：对于小微企业、个体户等减半征收资源税，不含水资源税、城市维护建设税等；对月销售额低于 10 万元的纳税人免征增值税等措施；对于制造业中长期贷款采取贴息政策，先进制造业可抵减增值税税额；对于购买新能源汽车的个体免征车辆购置税；对于“三高”企业的相关高端人才进行每人不低于 200 万元的资金支持。甘肃金融机构推出“固定资产投资 + 流动资金贷款”的金融服务，为民营经济提供更多的信贷投放；人民银行甘肃分行推出“个人助业贷”“首户快贷”“兴陇创业贷”等多种针对中小微企业的信贷产品；下调经营性贷款利率，降低支付手续费等措施；利用大数据和云计算等创新推出“经营 e 贷”“兴陇 e 贷”等线上产品，从而使经营性信用贷款大幅提升，信用贷款比例增加。

甘肃省作为“一带一路”倡议的国际物流中心、战略大通道和内陆开放高地，占据黄金区位优势，帮助甘肃省的冶金有色产业深度融入国际产能合作网络中。同时借助“东数西算”“西气东输”“西电东送”三大国家战略的工程枢纽优势，抢占大数据产业发展先机、布局绿色产业、开辟新能源优势产业赛道，并借助西部陆海新通道战略的东风，增加了甘肃省的枢纽辐射能力。

四、青海省

青海省作为我国占据重要地位的生态安全防护屏障，具有高寒生物多样性、气候敏感性等特点，在黄河流域生态保护战略中占据重要一环。

因此，青海省政府下发很多相关的政策。例如，2004年6月，青海省积极响应西部大开发国家战略，并印发相关推进措施意见。该“意见”明确了要抓好生态保护问题；解决突出“三农”问题；优化以科技创新为支撑的产业结构；走少污染、效益好的发展道路；并在改善投资环境、扩大开放、完善人才政策体系、培育经济增长极等方面，做好工资性资金、教育资金、人才补助资金、资源开发资金、生态环境补贴等工作。2011年9月，青海省政府印发《关于草原生态补助奖励的实施办法》。到了2021年8月，青海省推出关于打造青藏高原为生态文明高地的具体执行方案，提出以保护生态为先，发展低碳产业；实现生态保护和修复全覆盖，建立最严格的环境保护制度；稳步推进世界级盐湖产业发展；推动国家清洁能源产业具有规模效应；稳固三江源的生态保护工作，筑牢祁连山的南麓生态屏障。2022年7月，青海省政府发布《关于黄河青海流域的生态保护与高质量发展规划》：针对青海生态脆弱、易退化、难恢复问题；因局部生态板块没有专项资金支持，从而使局部环境污染仍然存在问题；因高海拔垃圾污水处理技术不成熟，引起局部水体生活污水严重、缺水严重问题；因基础设施建设欠账较多、产业发展协同性弱、高新技术产业和劳动企业占比偏少、科学技术力量不足、尚未建立流域生态补偿机制与省间流域协同机制等问题；规划严格取水许可；强化农业节水型灌溉体系；提升工业用水循环，倒逼高耗水产业有序退出；推进城乡节水改造；搭建“智慧黄河”，融通产学研创新联合体，加快青海重大科创平台建设，重点攻关特色农业与战略性新兴产业的关键技术；打造牦牛、青稞、油菜等农牧业产业链；发展水电、锂电池、光伏等新能源产业基地，形成光电新材料、新型合金材料、非金属材料、新能源汽车、现代服务业等现代产业集群；加快5G建设，创建“网上丝绸之路”，推动企业的工业互联网、物联网的创新应用；并建设复合型铁路网、多层次公路网、高效航空网、特色水运局域网等。

为了实现青海省生态保护的相关目标，青海省政府逐步推进相关的财政政策。例如，2013年8月，青海省政府转发金融办关于绿色金融发展的相关意见。该意见指出：绿色金融应以环境资源的可持续发展为中心；按照“四区两带一线”战略布局，以青海省独特的盐湖化工、石油天然气、能源化工、有色金属冶炼及精深加工、水电资源、装备制造、太阳能、特色生物资源加工等绿色产业为禀赋优势；培育壮大盐湖化工基地、氯碱化工产业基地、钾肥生产基地；促进能源化工循环产业链等；大力支持藏药、藏毯、肉类、绒毛、乳制品等特色产业；扶持少数民族手工艺品生产企业、太阳能光伏发电、新能源等新兴产业；推进高原生态旅游业发展；加快构建高原物流基地；深化银行金融机构对中小企业的贷款支持，对农业生态重点建设项目进行贷款支持；积极引入外资银行、证券、股份制银行、期货、信托、保险、金融租赁、基金等金融组织，吸引国际援助贷款、异地绿色信贷、环保类企业上市的再融资与直接融资来支持绿色环保企业的发展，创新开发适合“三农”、预防企业污染的绿色金融服务产品；通过信贷政策，引导企业降低能耗、增加产品附加值、减少环境污染。

2013 年 8 月，青海省人民政府给出关于金融业发展的相关意见，提出优化金融生态环境、改革创新、强化监管、优化服务、壮大金融机构等总体要求：对金融业增加值、银行业金融机构的存贷款、多种融资工具、保险业收入与保险密度和深度、融资性担保机构担保余额等提出了具体数值目标；实现方式为加大省外股份银行、期货公司、证券公司、保险公司、基金公司、信托公司、金融租赁公司等金融机构的引进力度；鼓励政策性银行、股份制银行、国有商业银行、地方银行等金融机构的机制创新、产品服务创新、组织模式创新、技术手段创新等；加强政府、金融机构的长效合作；利用基金、担保、贴息等方式对柴达木试验区、三江源保护区、热贡生态保护区进行金融支持；对支柱产业、新兴产业、特色产业、现代服务业进行金融支持；增加对中小企业信贷资金规模，对支农、惠农、助农金融服务进行创新；鼓励不同规模的企业通过在主板、创业板上市等方式进行融资；通过增发、配股等进行再融资；鼓励上市公司的并购重组；发行可转换债券、公司债券等进行债券融资；鼓励中小企业通过集合债券进行融资；鼓励企业发行中期票据、短期融资等方法进行债务融资；大力发展养老保险、农业保险、责任保险和健康保险等险种；对“三农”产业通过政策扶持、保费补贴等手段进行农业保险发展模式的探索，创新保险产品，完善融资担保体系，提升融资担保体系对中小企业、个体工商户和种养殖加工户等的融资担保能力；对战略性新兴产业提供政策性投资，设立产业投资基金，引导社会资金参与创新金融产品和工具；利用“金融超市”为企业提供多元化的服务；支持青海银行的增资扩股步伐；加快农信社的深化改革；加快再担保公司的担保能力与担保质量；对小额贷款公司进行试点，探索地方保险公司、基金管理公司、金融租赁公司、财务公司、地方法人保险机构等多种地方金融机构；按照“信用青海”的建设要求，完善企业、个人的信用评价制度；对不良贷款、不讲信用的企业、个人进行严惩；对逃废金融债务、骗保骗赔、非法外汇、地下保单、非法发行股票、非法集资等非法金融活动进行严厉打击；建立健全金融创新监管制度；增加与公检法及司法、新闻单位等之间的合作交流；加速地方金融立法步伐；设立青海省金融发展专项资金，对银行、保险、证券等金融机构设立奖励机制，进行奖补措施；对金融机构给予一次性补贴，对租房、购房等进行费用补贴；对银行普惠贷款增长进行奖励；对上市公司融资、再融资进行奖励；对“三农”进行保费补贴；对金融人才进行专项奖励；对上市公司的地方所得税进行返还；对符合条件的金融机构在营业税、企业所得税、房地产交易税、契税等方面进行不同程度的减免税费与地方贴费；对金融高级人才给予补贴与奖励，免征或暂缓金融机构的贷款合同印花税。

2022 年 2 月，青海省财政厅与地方金融监管局发布关于企业直接融资的奖补办法，奖励标准为：如果在沪深交易所首发上市，则根据不同阶段分别给予 50 万元、150 万元、200 万元、400 万元的奖励；如果企业在境外首发上市则直接奖励 1000 万元；对于能在新三板挂牌的企业分阶段奖励共 200 万元；如果在北京交易所首发上市则一次性给予奖励 300 万元；如果通过区域性股权市场进行融资，则奖励不超过 50 万元；对企业在直接融资过程中发生的财务顾问费用、审计费用等中介费用，给予最高 200 万元的补贴。

五、内蒙古自治区

内蒙古自治区作为横跨“三北”、具有北方种类最全生态功能区的自治区，风能资源占据全国第一、太阳能资源位于全国第二，新能源发电、外送电、外运煤、稀土储量、风能储量、公路口岸货运量、牛奶产量等均居全国第一；同时也带来实现“双碳”目标、构建新型能源体系、保护生态环境方面的很多难题。为了解决这些难题，内蒙古自治区早在1997年3月就印发了“环境保护条例”，指出保护农牧业、野生动植物自然区域、水源涵养区域；对可能会污染的工业规定污染排放标准，征收排污费；对工业污水、有毒气体、烟粉尘等进行净化、回收处理等。

在2001年7月推出9个相关生态环境项目的管理办法中，主要规定了中央和地方安排的专项资金、国债投资、地方配套资金、社会保障费、银行专项贷款等，必须用到天然林保护、退耕还林、沙源治理、水土保持等项目上。后来，在金融监管方面，内蒙古自治区地方金融监管局于2021年1月印发《关于小额贷款公司的控制指引通知》，是相关内部控制指引的大体思想。2021年8月，印发《关于对于行政处罚的程序规定》；2021年9月，内蒙古自治区人民政府印发《关于金融发展的“十四五”规划》。在规划中，肯定了内蒙古自治区金融服务实体经济的能力，金融总体实力与处置地方金融风险的能力都在增强等，但同时也指出：对农村牧区、产业薄弱部分尤其是民营与小微企业还缺乏足够的金融支持，缺少精准的金融服务；银行、企业之间信息不对称，直接融资结构不够优化，出现政府债比重过高、企业直接融资水平欠佳等现象；个别上市公司存在股票质押风险、债务违约风险，非法集资与非法互联网金融对农村牧区等造成的输入风险和高利贷问题；以及传统行业在绿色转型中产生的潜在金融风险；疫情造成的中小微企业还贷造成的不良贷款风险等。2021年12月，内蒙古自治区印发《关于鼓励企业上市挂牌的奖补办法》，提到对于在内蒙古证监局、中国证监会与沪深证券交易所备案与受理、沪深交易所首发上市的企业分别给予100万元、200万元与1000万元奖补；对于在境外符合要求的证券交易所上市企业给予一次性500万元奖补；同时，政府性融资对小微企业、三农三牧、战略性新兴产业进行融资担保，由政府性融资和银行业金融机构共同承担风险。

2022年9月，内蒙古自治区为了支持民营经济的高质量发展，对纳税低于100万元的小微企业免征地方分享部分；对绿色发展的小微企业进行用电报装“零投资”；对经营困难的民营企业进行水电暖“欠费不停供”政策；扩大金融机构的信贷投放；对重点产业链进行“1+N”金融服务；通过企业上市天骏服务计划帮助企业进行直接融资；对还贷困难的企业适当下调贷款利率；通过“法无禁止即可为”要求，放宽社会资本、民营企业、政府合作参与现代产业集群、重点产业链的产业转型升级的准入条件；鼓励高校、科研院所、民营企业进行产学研协同创新；对高新技术企业进行科研经费奖励；对中小企业免费开放数据库；通过打造公务员在处理违法违规行为、失信违约等行为中的诚信记录，优化营商环境。

2023 年 1 月，内蒙古自治区印发《关于推进产业高质量发展的政策清单》，安排 110 亿元促进农牧业优质高效转型；安排 1 亿元对草种业、肉牛、马铃薯等优势产业实施科技创新工程，对具有自主知识产权的优质农业品种进行奖励；安排 40 亿元帮助农牧业优势产业创建产业集群，加强对重要农畜产品生产基地建设，对皮革和羊毛产业集群给予补助，支持打造“蒙”字认证的绿色食品、有机农产品；对“延链补链强链”等重点建设项目，给予贷款利息降息、贴息补助等；对智能工厂、节能技术、节水技术、工业固废资源综合利用、“5G”等新一代信息技术、中小企业特色产业集群等提供后续补助。2023 年 1 月，印发《关于推进产业高质量发展的政策清单》，明确对增粮、耕地保护、盐碱地开发利用、种业与奶业振兴、农牧业全产业链的发展、培育节能、节水、先进优势产业链、服务业提质等规划具体的资金进行金融支持。

六、山西省

山西省作为依赖煤炭产业的大省，在实现“双碳”目标、创新驱动产业结构优化与转型等问题上，紧紧抓住中部崛起、“一带一路”倡议、京津冀协同发展等国家发展机遇，深化供给侧结构性改革，通过严格的生态环保政策倒逼产业转型，以大数据、物联网等技术创新采矿模式，提高新兴产业比重，建设清洁能源为主的现代产业体系。

在生态保护问题上，山西省于 2018 年 9 月制订“湖长制”，对大于

1 平方千米的伍姓湖、鸭子池、硝池、盐池、晋阳湖、圣天湖实施四级湖长制；明确湖泊空间管控范围；实施最严格的水资源管理制度，严守用水红线，深入节约用水建设，严格取水许可等。2022 年 1 月，山西省印发《关于水污染防治量化的问责办法》，对建成区水体、地表水国考断面、地下水水质、饮用水水质达标情况，对县（市，区）长、副（市，区）长进行问责。2022 年 10 月，山西省生态环境厅、财政厅共同发布《关于奖励举报生态违法行为的通知》，鼓励实名举报类似违法排放污染物、破坏水源、保护区等行为的个人，给予 500 元到 1 万元不等的人民币奖励。2023 年 2 月，山西省印发《关于进一步保护生物多样性的实施意见》，重点健全自然生态保护补偿制度、损害赔偿机制，加强重要自然生态系统、重点生态功能区、自然遗迹等的保护，构建生态检测网络体系、完善生态检测云平台等。

为了解决长期依赖资源型产业顺利升级、转型为循环经济，同时也为了解决淘汰落后产能、资源回收再利用的技术支持问题，大多数企业都遇到融资难的现实挑战。因此，山西省通过银行贷款、财产信托、保险、税收优惠等方式帮助企业解决融资难的问题。例如，从 2012 年 10 月到 2017 年 6 月，山西陆续出台关于小额贷款公司的审批、管理问题，处理非法集资、互联网小贷监管问题意见。2019 年 6 月，山西省人民政府印发《关于保险促进创新驱动转型的意见》。该《意见》中明确了要落实财政补贴、税收优惠等政策，支持科技保险、专利保险、农业保险等；加大对新材料、新技术、新领域、新能源、先进装备制造业、文化创意以及煤炭安全等重点领域的保险支持力度；引导设立对生猪、商品林、小麦、育苗、森林、小杂粮、鲜干果等特色农业的保险机制；支持保险机构通过股权、债权等方式加大对城市基础设施的投资力度。2021 年 8 月，山西省推出《关于金融提振赶超的行动方案》。目标是 2021 年金融增加值增速达到全国平均水平等，实行的措施为不同的银行业金融机构对以下企业或产业进行重点金融支持：钢铁、煤电、煤炭等行业并且符合低碳发展的企业；科技创新企业、战略性新兴产业、高技术制造业等；用好“绿票通”再贴现功能；对支农、支小再贷款、普惠小微企业贷款、“三农”领域的金融支持等，用“信易贷”“政采贷”“银税合作”等方式融资；并创新融资方式，支持高科技企业上市或挂牌，进行股权直接融资；通过健全企业全生命周期的融资链条，引领社会资本支持实体经济；创新保险在农业、安全生产、污染、重大技术、大灾等方面的责任保险、科技保险等；通过 LRP（贷款市场报价利率）方式进行定价，降低融资成本，建立人民银行、政府担保、地方法人银行信贷“2 +1”形式的融资方式，创新银担合作形式，对“四上企业”进行精准对接的金融服务。2022 年 6 月，山西省的“稳住经济一揽子”政策中指出，加大对增值税留抵税额等进行退税政策支持；加大对小微企业、个体工商户等进行退税减税帮扶力度；通过专项债券进行融资支持，鼓励政府性融资担保以信用担保等，对重点产业链、重点领域项目进行奖励等措施。

七、河南省

河南作为典型内陆省份，通过参与共建“一带一路”倡议，“四条丝路”突出河南品牌，强化了自己独特的物流枢纽功能，助力河南省在国内大循环、国内国际双循环中奋力向前。但是，河南省的土地沙漠化和水污染等问题导致土地退化面积增大、水资源稀缺等生态环境不平衡问题，同时经济增长过度依赖单一的传统农业和重工业，造成第一产业、第二产业比重占比仍较大，制约了区域经济的创新能力和经济增长等问题。

因此，河南省推出相关政策提升对生态环境的保护意识和能力、提高企业的科技创新能力、促进产业升级水平。2017 年 6 月，河南省政府印发《“十三五”生态环境的相关保护规划通知》，主要针对重度污染天气、污染水源等环境污染问题，资源开发过度造成的生态破坏问题、水资源缺乏与矿产资源枯竭问题突出造成的资源约束趋紧等生态问题，坚持以生态保护为核心，以创新驱动为基本动力，以技术创新改造传统产业的绿色制造能力，推动低碳循环生产从而发展循环经济等方式，辅以设置资源预警机制、推进节水减污等方式，解决面临的诸多问题。2022 年 1 月，河南省政府印发《“十四五”水生态保护的相关规划》，针对防洪灾体系的短板问题、水资源开发利用效率不高、水污染问题、水生态功能脆弱、水环境风险突出、水土流失、地下水超采、没有河湖长制度相关配套法律等问题，提出加大对现代水利工程网络的基础设施建设力度、细化控制断面（河段）具体空间管控内容、实行“一河一策”、构建智慧水利体系、在重点领域进行节水增效活动等活动来达成目标。2023 年 2 月，河南省政府继续推出《“十四五”生态保护和生态经济发展相关规划》，针对高耗能产业占比偏高、空气污染和水污染严重、生态经济占比偏低、环境治理缺乏整体性等问题，提出通过加快对传统产业进行绿色转型、发展先进制造业、大数据产业等，提升行业能源使用效率、优化能源结构等方式，推进建设绿色产业链和供应链。

为了支持河南省第三产业发展、第一产业、第二产业的转型升级等面临的融资问题，河南省政府陆续推出相关的财政支持政策。例如，2007 年 7 月，河南省出台《关于加强金融生态建设的意见》，该《意见》中的金融生态环境包含四大内容：经济、法治、信用和中介服务体系等，并针对这四项内容提出要加快建设征信体系、规范各项中介服务、严厉打击各种逃废金融债务行为等。2007 年 11 月，河南省政府印发《关于郑州区域金融中心的建设规划》，针对金融业增加值占比下降等问题，以及与全国平均水平、周边社会城市存在不小的差距现状，重视郑州金融中心在区域经济发展中的重大作用；借助郑州的明显区位优势与发展潜力，增强郑州金融中心对中原城市群、中西部地区的金融辐射能力。2019 年 2 月，河南省政府印发《财政支持生态保护的相关通知》，提出用好中央财政的试点补助资金推动清洁取暖活动、对新能源交通相关活动进行奖补、奖励制造业绿色化技术，推行对用能源、用水、碳排放、污染排放的权益交易制度，并通过绿色税收进行调控等。2019 年 1 月，河南省出台《关于民营企业金融服务的相关意见》，在该《意见》中，通过成立民营上市公司发展基金，支持民营企业做强做大；对企业债务规模较大的民营企业进行“一企一策”帮扶；通过大数据共享，推出金融一站式服务；省、市、县建立政府性融资担保基金，以政银担保方式进行支持；对绿色产业、自贸区、大数据等重点产业与领域加大投资力度；建立民营企业的金融支持“白名单”，提供对接服务，强化激励机制等。2022 年 2 月，河南省推出《“十四五”数字经济、信息化发展的相关规划》，针对河南省数字经济总体水平不高、数字龙头企业占比少、核心创新人才和团队数量少、传统企业与数字经济结合不深、数据相关的权属等标准不完善等问题，通过打造数字经济实验区、示范园区、发展示范县（市、区）、智能园区等，支持具有引领和辐射带动作用的数据试验区的建设；加强网络基础建设，积极争取在银行与保险等重点企业、能源和计量等重点领域布局数据中心，推动特色应用；并建立统一的数据标准体系、探索数据价值体系、培育数据服务能力；在此基础上，培育新型智能终端产业、物联网等，攻坚千亿级产业集群所需的先进计算、“5G”创新、软件开发能力、半导体新材料、卫星定位智能服务关键技术等；布局、发展新一代人工智能、量子信息、区块链等产业；并探索政府、企业、教育、医疗等多主体、多平台的数据融通发展，提升服务数字化转型水平。2022 年 6 月，河南省政府推出《稳住经济一揽子政策方案》，方案措施大致相同。

八、山东省

山东省作为黄河流域开放门户的经济大省，同时也是共建“一带一路”倡议的重要交通枢纽城市，对外开放之路走得越来越好。同时要看到山东省人均水资源低于 500 立方米，水资源只占全国的 1%，属于极度缺水区，但支撑了全国 7% 以上的 GDP；同时面临湖水生态破坏、超采水、节水灌溉标准不达标、生态补水指标未达标等问题；因企业创新活力不足，缺乏重大技术装备的攻关突破、数字产业化融合度不够深入、智能制造能力不够强等问题；也存在传统行业超低排放改造滞后问题等。因此还需进一步推动节能降碳改造工作、再生资源规划化利用、绿色制造体系构建、加强群化发展与梯度培育优质企业、做强现代化产业链、壮大优势产业集群等工作。针对这些生态环境保护和经济发展中面临的问题，山东省不断出台相关的政策来保证顺利解决这些问题。例如，2017 年 4 月，山东省政府印发《“十三五”生态保护的规划》，对环境空气污染、水污染、土壤污染等问题，通过煤炭总量控制方式调整产业结构、提升超低排放改造治理技术、加强落实污染防治管理政策、构建绿色生态屏障、实施全过程水污染防治政策、提升再生水循环利用效率、加强用地环境风控等手段进行治理。2019 年 11 月，山东省印发《关于生态保护和经济高质量发展的相关意见》，提出将环境质量改善作为经济高质量发展的成效，通过资源要素进行差别化配置，促进传统支柱小企业集群进行重组、转型；通过环保倒逼企业转型升级；利用产能权、水权、碳排放权、排污权等能源交易制度，培育新兴产业等。2021 年 8 月，山东省政府印发《“十四五”生态保护的规划》，针对产业结构偏重、交通结构偏公路、能源结构偏煤等造成的结构性污染突出、大气与水污染日益凸显、生态监管工作基础薄弱、环境安全风险高、宏观经济治理体系不完善等问题，构建“三线一单”的分区管控体系、强化城区土地开发方式、完善区域绿色发展系统协调机制、实施流域横向生态补偿手段、完善绿色发展的相关环境政策、推进建设绿色金融体系等，并通过淘汰落后产能、推进行业绿色改造、推动建立绿色产业链供应链、提升工业园区的绿化水平、推进清洁生产、优化能源低碳型产业等方式实现生态保护的目标。

为了实现山东省传统产业转型升级、发展壮大新兴产业的同时保护生态环境的目标，山东省陆续出台相关的财政政策予以支持。例如，2016 年 6 月，山东省印发《金融支持实体经济的相关意见》，该《意见》指出，对于钢铁、电解铝、水泥、平板玻璃、炼油、船舶、轮胎、化工、煤炭等“5 +4”传统产业进行关于技术升级的信贷支持；对出现资金流动紧张的企业，进行再贷款、资产置换、续贷展期等方式进行金融帮扶；为“僵尸企业”进行依法破产清算，提高不良贷款处置问题的效率；对重大担保链、关键企业进行“破圈断链”工作，降低担保贷款比，防止金融风险的连锁反应。2021 年 12 月，山东省政府印发《金融支持环保产业与生态环境保护的政策》，是全国第一个专门关于生态环保的省级金融政策。该政策明确了人民银行济南分行设立再贷款（100 亿元）与再贴现（50 亿元）专项额度；支持地方法人银行对绿色企业的贷款投放；通过生态环境导向模式等进行生态环保支持，创新绿色信贷方式、管理办法；把环境信用行为、碳排放权、水权、排污权、节能环保特许经营权、可再生能源补贴等作为手段，支持企业的绿色发展；通过银企对接活动等加强政府、银行、企业的三方联动，加强宣传、培训和监督管理，推动山东省生态保护水平、经济的高质量发展。2022 年 6 月，山东省印发《金融支持经济的相关意见》，通过提升工具资金支持比例、提高不良贷款容忍度，对有困难的企业进行接续融资信贷评审，积极给予续贷支持，支持产业链供应链融资；对受疫情影响较大的企业采取减免罚息方式，降低融资成本；通过精准服务上市公司，支持上市公司的再融资，降低民企债券融资难度和成本。2022 年 7 月，山东省印发《关于济南建设科创金融改革试验区的实施方案》，该《方案》指出，济南市作为全国第一个科创金融改革区：五年内，济南市将通过银行、证券、保险、基金、地方金融组织、金融中介等金融机构，加大对科技创新企业的金融供给，创新金融产品，打造全生命周期的信贷产品；开创“人才贷”，加快科创保险等金融服务与产品创新；通过上市企业的“倍增计划”齐鲁科创板等方式，增加科创企业的融资渠道，推动科创企业提升直接融资的比重；创建科创数据共享平台等，积极引入境外资本、推动重点产业的产业链、创新链、资金链的金融支持，加强金融生态建设，完善专项科创政策扶持体系。2022 年 11 月，山东省人民政府办公厅印发《支持沿黄 25 县（市、区）推动黄河流域生态保护和高质量发展若干政策措施》，提出关于黄河下游防洪工程计划、河道治理提供财政补助；提高高耗水产业超定额水价；省级财政提供每个区域最多 100 万元的补助；对沿黄县级区域新造林提供资金补偿；对农村污染治理提供金融专项贷款；对新增生态工业园区提供不超过 300 万元的奖励补助；对新增绿色企业进行财政激励重点支持；对生态环保产业进行保费补贴；对耕地保护工作进行资金奖励；对每个省级科技创新平台给予 1000 万元财政支持；对沿黄农业的大豆、玉米种植进行资金资助；对能耗煤耗高的企业进行能耗替代发展；对黄河文化建设的视听节目进行奖励；对黄河旅游相关的项目进行免征土地使用税与享受房产税优惠；对交通互联互通方面优先给予过黄关键点困难县公路资金；乡村振兴相关的项目给予投资倾斜；为养老、体育健身场馆发放补助。财政支持的方式有贷款贴息、股权投资、担保费补助；金融支持为绿色企业上市、发债券、私募基金进行融资等金融管家服务。2023 年 8 月，山东省出台《山东省黄河三角洲生态保护条例》，提到多元化投资融资机制、金融机构增加信贷支持、财政转移支付补偿生态保护活动、横向流域保护补偿。2023 年 10 月，山东省出台《山东省沿黄生态廊道保护建设规划（2023—2030 年）》通知，提到济南要发挥带动作用，要把韧性理念贯穿始终。2023 年 10 月，山东发改委发布《支持泰安建设山东省黄河流域生态保护和高质量发展先行区实施方案》，提出了先行区 2025 年的目标，年度用水总量、万元地区用水量、万元工业增加值下降、能耗强度下降；水资源保障能力提升；绿色低碳高质量发展；实行水资源消耗总量、地下水取用水总量“双控”；支持创新型城市、优质企业、人才工程、先进制造业、技术研发、中小企业、高新企业数量上升；现代服务业、新型工业化、四新经济、高新技术产业增加；增加能源基地、无废城市、生态补偿机制、零碳示范建设；强化财政转移支付与专项债券支持。

2023 年 10 月，山东省政府推出《数字金融惠企方案》，目标是到 2027 年初步构建“数智金融大脑”，打造金融、企业、产业、公共等数据共享、集成服务；监测与监管、运行分析等多个数字化平台；融合税务、司法、公积金、涉农等数据，实现数据强基行动，打造“鲁融易”数字金融服务品牌，形成高效闭环机制，打造“金融伙伴”系统；加快对绿色金融、科技金融、文化金融、供应链金融等的数字金融服务与产品；对“质量贷”“品牌贷”“齐鲁惠农服务”等构建供应链服务平台，用好大数据平台，监测全省金融风险；构建“1 + N”金融数字转型体系；推广数字人民币试点；支持济南作为金融科技创新试点，推动数字担保新形式；鼓励布局数字金融产业、设立山东省数字金融研究院；对重点数字经济产业提供精准金融支持，提供“数据贷”等产品，培育数字天使投资人等；设立数字经济发展专项基金，加强数字金融的风险管理，力争打造成为数字金融最强、金融数实融合最强的省份，坚持把数字转型作为推动产业跨越式提升的重大工程。2023 年 12 月，山东省印发《“人才贷”风险补偿管理办法》，规定了具体的“人才贷”贷款余额最高或合计限额。

第三节　黄河流域横向保护补偿机制相关政策

为了加强黄河流域各省对流域共治的责任担当，根据财政部《关于加快建立流域上下游横向生态保护补偿机制的指导意见》，各省纷纷签订相关横向补偿协议。

2021 年 5 月，黄河上游的河南省与黄河下游的山东省两省签订了横向生态补偿协议，规定 2021—2022 年，只要刘庄国控断面的水质保持在Ⅲ类基础上，每改善一次水质，山东省向河南省补偿 6000 万元资金，若恶化，则反向补偿同等金额；若水质变化较上年相比下降，则每下降一个百分点，山东省补偿河南省 100 万元，若上升，则反向补偿同等金额，但最高不能超过 4000 万元。2022 年 7 月，根据黄河入鲁水质一直处于Ⅱ类以上，所以山东省作为受益方，补偿河南省 1.26 亿元。基于第一轮协议的良好表现，山东、河南在 2024 年 1 月继续签署第二轮的横向生态补偿协议。该协议与第一轮协议不同之处在于，把总氮因子归入计算地表水指标的补偿因子，同时把年度达标改为月度达标，动态加强两省对海洋保护的责任与保护大格局，时间期限为 2023—2025 年。2021 年 7 月，山东省在国内率先建立了省内县际全流域横向生态补偿机制，并于 2019 年 9 月，全部完成 301 个跨县界断面横向补偿协议签订。

为了推动黄河上游区域的川甘青水源涵养区的生态保护，2021 年 8 月，甘肃与四川签署了横向生态补偿协议。该协议商定，在 2021 年 1 月—2022 年 12 月，以黄河干流玛曲断面的水质稳定在Ⅱ类水质为准，两省按照 1∶1 的比例设立 1 亿元作为补偿资金，并共同商定要加强区域协作。2023 年 3 月，甘肃与四川继续签订第二轮的横向补偿协议。除此之外，甘肃也在不断加大在省际、市州、县区之间建立黄河流域甘肃段横向生态补偿机制：2020 年 5 月，甘肃省率先支持黑河、酒泉、张掖、武威黄河流域上下游横向补偿试点；2023 年 3 月，甘肃推动 12 市 18 县（区）的横向生态补偿机制，武威、张掖、酒泉 3 市 9 县签署第二轮的生态补偿协议；2023 年 6 月签订了甘肃与宁夏的横向生态补偿协议。

2021 年 1 月，河南省在沿黄 10 市展开横向生态补偿试点，试点时间为 2021—2023 年，目标是引导建立全流域、县域、多元化、市场化的横向生态补偿机制。2024 年 1 月，最终完成河南省主要一级支流的横向生态补偿全覆盖协议签订完成。

2020 年 12 月，山西省开始探索省内汾河流域上下游的横向生态补偿试点，补偿原则为“谁受益，谁补偿；谁保护，谁受偿”，在省级层面建立长效保护机制。2023 年 1 月，山西省已经与河南、陕西达成初步的意见，将加快健全山西省的跨省流域横向生态补偿机制。宁夏回族自治区在 2023 年 10 月成为黄河流域首个与上游甘肃省、下游内蒙古自治区签订横向生态补偿协议的省份。

本章政策来源为中共中央、国务院、财政部、国家发改委、水利部、林草局、生态环境部，省（自治区）人民政府、人力资源和社会保障厅、地方金融监督管理局、省金融委员会办公室、生态环境厅等官方网站。

第六章

黄河流域城市群不均衡现状分析

黄河流域因为本身的生态脆弱性基础、高度依赖自然资源的经济发展方式，带来生态环境治理、产业升级的很多问题。因为具有特殊的地理位置与资源禀赋，其发展具有不均衡、不充分的现状，而黄河流域的生态保护和高质量发展则希望通过区域协同管理，实现不同城市群的资源互补功能，挖掘具有不同产业发展与合作共赢的潜力，打破这种不均衡和不充分的发展现状。在目前生产要素在不同区域自由流动的前提下，分析黄河流域城市群要素的空间分布结构特征与动态特征，对于促进黄河流域高质量发展具有重要的意义。

第一节　一般性分析

一、全局分析

以下一般性分析中的 GDP、第二产业占比、第三产业占比、人口规模、金融存贷款比等数据来源为 2005—2022 年的《中国城市统计年鉴》。二氧化碳总排放量（单位：吨），等于交通和建筑、农业生产、农林业和土地利用、废弃物处理、外购电力、供热和制冷等城市辖区内的直接排放、辖区外与能源相关的间接排放与其他排放之和；能源部分相关数据出自《中国能源统计年鉴》；工业部分数据出自《中国工业统计年鉴》；农林业、土地利用数据出自《中国农业统计年鉴》《中国林业和草原统计年鉴》《中国畜牧业年鉴》《中国环境统计年鉴》《区域统计年鉴》；废弃物数据出自《中国环境统计年鉴》；外购电力、供热、制冷数据出自《中国能源统计年鉴》《中国城市统计年鉴》；排放因子数据出自各级政府发布的碳排放清单指南、《省级温室气体排放清单指南（试行）》，缺省数据根据 IPCC 排放因子数据库补充。城市节约用水量（单位：万立方米）数据来自《城乡建设统计年鉴》。其他缺失数据用各城市的统计年鉴、统计公报、三次样条方法进行补充。

从动态角度来看（见图 6－1），2004—2021 年，黄河流域城市群的 GDP 呈长期稳定增长态势，但 GDP 增速并没有呈现稳定的线性趋势。2004

年 GDP 总量约为 35336.67 亿元，2021 年已达到 223561 亿元，GDP 增速在 2005—2008 年基本稳定在 17%～24%，但因为 2008 年世界金融危机的影响，黄河流域城市群的 GDP 增速在 2009 年降到了约 9.96%。

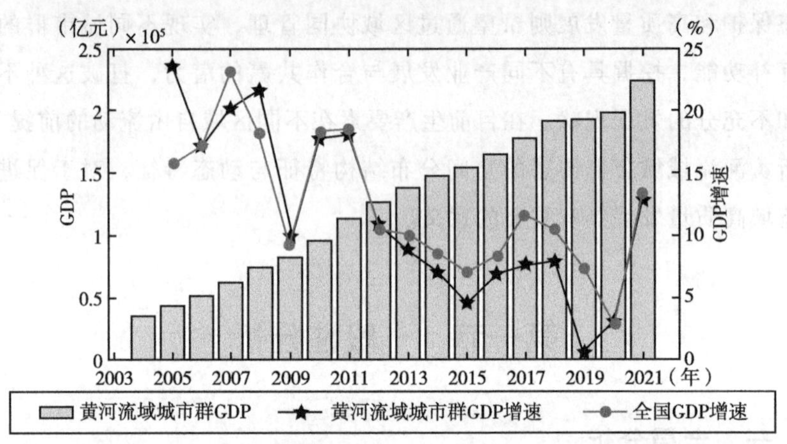

图 6-1　黄河流域城市群 GDP、GDP 增速及全国 GDP 增速情况

为了应对 2008 年世界金融危机产生的影响，中国人民银行通过下调存贷款基准利率、存款准备金率，降低企业的融资成本，增加市场流动性；各地方政府更是通过财政支出，加大了基础设施投资力度，刺激内需；尤其山东省，在 2009 年，把金融危机看作挑战，以海洋经济为抓手，改变了传统的陆地布局生产力发展思路，改为发展海洋生物、海洋新能源等高端产业布局，实现了 GDP 增速超出预期；河南省则是制定、实施“851”计划，通过加大投资，与铁道部签署“五纵五横”铁路建设协议，开展南阳核电、郑州海马轿车、燕山水库等项目建设，明确了以发展重点服务业为主的思路，实现了 GDP 增速的良好突破；陕西省增加固定资产投资，与国家商业银行、央企达成多项战略合作协议，安排铁路、高速公路等基础建设项目，调整产业结构，迅速转型太阳能光伏、半导体照明等产业，使陕西经济得以保持向上发展势头；山西省推出产业振兴政策，大力发展旅游业、文化产业、金融业等，并开始认识到山西省资源依赖型的增长方式需要进行升级，因此山西省在 2009 年得以保持 GDP 上行；内蒙古自治区党委推动装备制造、风机电等新兴产业快速发展，对农牧业、基础设施和建筑业加大投资力度，这些措施使内蒙古自治区的经济运行持续向好；甘肃省以工业为突破口，推出支持企业生产经营的16条支持政策，强化税金缴纳、项目投资等考核指标，重点企业扩大市场销售，让全省最具经济影响力的23家重点企业，带动其他所有工业企业和实体经济向好转暖，构造以石油化工、冶金有色、清洁能源、新材料、电子信息、特色农副产品、林业、中草药等为主要循环经济的结构发展路线，对不同企业进行兼并重组，保证了甘肃省走出阴霾，迈入全国经济反弹省份队列；宁夏的特色旅游、会展经济、汽车销售持续向好，新能源发电产业等“五优一新”产业、现代服务业不断升级、壮大，开展火车站扩建等基础建设投资项目，扩展、开辟新航线、新航班，增加国外地区的经贸往来等，终于迎来GDP增速的快速提升；青海省抓住危机带来的挑战，随着高纯多晶硅项目等太阳能光伏产业的展开，太阳能发电、风能、铝合金、硅材料、装备制造等的新能源与新材料产业开始发力，青海锂业的工艺日渐成熟、金属镁与镁合金技术得以突破，跻身世界先列，扭转了青海地区生产总值增速下降的势头。最终，整个黄河流域城市群的地区生产总值增速在2010年出现大幅度回升。

受欧债危机的影响，欧美地区的消费需求下降，导致陕西省的进出口综合增速放缓；2011年上半年金价波动和融资难问题，使内蒙古自治区的加工贸易增速放缓；贸易保护加剧导致的山东省优势产品出口受限、山东省机电与高新技术出口等占比下降；山西省的骨干商品出口低迷；金融危机使甘肃省的冶金产品、石油化工产品价格下跌，影响到了甘肃省地区生产总值的增速；因为国际经济形势与我国禁止氧化铝加工等政策，青海的工业制成品出口的比重从2006年到2013年下降了7.7%，全省一般贸易出口总额下降，使青海的地区生产总值增速保持平稳；受原材料价格、能源价格、融资成本、用工成本等上涨的影响，宁夏回族自治区的企业生产成本上升，生物医药和机电产品的出口增速降幅明显，从而宁夏回族自治区的地区生产总值增速放缓。因此，黄河流域城市群的地区生产总值增速从2011年开始出现逐年下滑趋势。

直到2016年，随着山东省持续推进“17+6”服务业转型，服务业比重首次超过第二产业，第三产业变为促进经济发展的主动力，成为全国第5个初步实现“三二一”现代产业格局的省份，山东省地区生产总值增速超过7%。河南省的粮食产量、畜牧业生产稳定，工业生产持续向好，新旧动能转换有效，服务业成为拉动河南经济增长的主要力量，装备制造业增长较快，河南省地区生产总值首超4万亿元。陕西省通过转变产业结构、优化工业结构、改善服务业等方式，高技术产业增加值明显，出口贸易增长显著，新产业、新服务业、新科技产业持续增长，旅游和快递等服务业水平优化，因此，陕西省的地区生产总值增速高于全国平均水平。山西省通过“三去一降一补”政策，得以继续优化产业结构，在原煤产量、钢材产量方面去产能、减量化，第三产业、非煤产业、非传统产业、战略性新兴产业、高技术产业等增加值均有大幅度提升，山西省的地区生产总值增速明显。内蒙古自治区的玉米、豆类、薯类等种植业与畜牧业等保持平稳发展，计算机等电子设备、铁路等运输设备、汽车等制造业增长显著，同时煤炭、铁合金、乳制品、发电装机容量等工业产品占据重要市场份额；第三产业与新兴产业投资的加快，促使内蒙古自治区的新兴产业迅速崛起，第三产业增速明显，在2015年第三产业增速首次超越第二产业增速后继续发力，对拉动内蒙古自治区经济增长的贡献率接近50%，这些使内蒙古自治区的地区生产总值增速高于全国增速。甘肃省以新发展理念为纲，突出结构调整，补足短板，在2016年服务业增加值比重首次超过50%，非公有制、装备制造业等增加值占比均有显著提升；首届丝绸之路国际文化博览会的成功举行，大幅提升了甘肃的国内外旅游收入；高技术工业、高技术服务业的营收均有显著增加，因此甘肃的地区生产总值增速有了较大提升。宁夏回族自治区积极应对2015年复杂多变的不确定带来的经济下行压力和结构性矛盾带来的挑战，以“工业18条”“金融18条”“财税20条”“小微企业23条”等措施，减少特色企业和重点企业的融资成本，保证高铁等基础建设项目稳步实现；推进“五百三千”计划，稳定粮食、蔬菜、瓜果、畜牧业等的生产；实施“1561”工程，建成多个“最大”的单晶硅棒加工、蓝宝石生产等基地，光伏、风电等新能源占比提升，现代纺织业、轻工业增速明显；开通“丝路驿站—宁夏号”等旅游专列，促进旅游业的发展；坚持科技创新驱动，推进中阿技术转移等双边合作机构在宁夏回族自治区落户，新开飞往迪拜、吉隆坡等直飞国际航线，使宁夏回族自治区的地区生产总值增速明显。青海省迎难而上，通过在盐湖提锂、光伏逆变器、电子级多晶硅等技术创新，建设多个国家级科创平台；以十大特色农牧业为主构建产业链，高新技术产业占比接近翻倍，初步形成十五大产业集群；服务业和旅游业实现跨越式发展，开展环湖赛、藏毯展、清食展等重大文化经贸活动；大力发展高速化公路、格库铁路建设、空中走廊建设、跨流域调水、太阳能和风能发电等基础设施建设，使青海省的地区生产总值增速显著。因此，黄河流域城市群的地区生产总值增速在2015—2018年上升迅速。

2018年开始的中美贸易摩擦给我国各省都带来不确定的冲击和损失，本书所涉及的黄河流域城市群八大省份在美国出口、欧盟出口方面以及第三产业增加值方面，出现了增幅大幅下降的状态，所以2019年黄河流域城市群的地区生产总值增速达到最低。但山东企业迅速调整策略，加大对“一带一路”合作伙伴、拉丁美洲国家的开拓力度，民营企业、国有企业进出口占进出口总值的70.7%，具有不同幅度的增长，2018年末山东省外贸出口首次突破万亿元大关，2020年、2021年两年的地区生产总值增速平均为5.9%。河南省在一般贸易、加工贸易进出口总额都有增长；对美国出口手机及配件、对俄罗斯、巴西、“一带一路”倡议合作伙伴的进出口总额有大幅度提升；通过开拓欧盟、东盟、加拿大、澳大利亚、日本、阿联酋、巴西等代替市场，出口铝材、阿特斯光伏、太阳能电池等，并以高新技术产品为主要出口商品，出口多元化，使河南省2021年前三季度的进出口总值突破5500亿元。山西省通过突破碳纤维储氢气瓶、自主安全计算机、氢燃料电池、杂交小麦等关键技术，以“企业上云”等方式，推进高端制造业、先进制造业、现代煤化工、新能源汽车、现代服务业等产业集群发展；“一带一路”合作伙伴建设推进中欧（中亚）班列的常态化运行，最终山西省在2021年实现了“两万亿”的新目标。陕西省针对现代农业、现代服务业、先进制造业等发展相对缓慢和不平衡问题，通过壮大能源装备、输变电、轨道交通、数控机床等优势领域，推广循环经济，大力发展智能制造、光电芯片、航空航天、人工智能、生物技术、新能源节能环保等战略性新兴产业；构建卫星应用、航空、集成电路等产业链；加快互联网、人工智能、大数据与实体经济的深度融合；大力推动现代物流体系、现代金融服务体系等；鼓励高校、科研院所参与大型飞机、载人航天、航空发动机等国家重大科技项目，加快产学研结合；通过加强丝绸之路的文化枢纽功能、“一带一路”倡议的信息交流枢纽功能，持续优化产业结构，这些举措使陕西省在2021年的地区生产总值接近3万亿元。内蒙古自治区在面临冲击造成的工业增速放缓、企业效益下滑、外商投资减少、进出口额下降等问题时，以危机同时蕴含着转机的想法，利用国家放松的货币政策，加大对工业企业基础建设的投资和有比较优势的中小企业融资力度；通过升级产业，调整内蒙古自治区的产业结构比重，在推动工业化的同时，注意增强农业和服务业的协调度，最终在2021年达到地区生产总值突破2万亿元的目标。甘肃省通过稳定粮食和农牧产量，投资、发展战略性新兴产业，不断调整和优化产业结构，第三产业已经成为推动陕西省经济稳定发展的重要引擎，因此陕西省在2021年地区生产总值首次突破1万亿元。宁夏回族自治区因为所处地理位置不便，交通不够发达，投资、服务业、消费、对外贸易、制造业等发展较为落后，又受2018年中美贸易摩擦的影响，使宁夏回族自治区的外贸企业面临融资难、成本高等问题，进出口额难以继续保持增长趋势；但宁夏回族自治区大力发展特色农业、积极转型外贸发展模式、开拓新的国际市场、培育新的外贸业态等，最终在2021年地区生产总值突破4000亿元大关。因此，黄河流域城市群在2019—2021年出现地区生产总值增速快速上升态势。

由图6－2可知，2004—2021年，黄河流域城市群万人节约用水量均值没有稳定的趋势，大致出现了两个峰值：2010年和2020年。

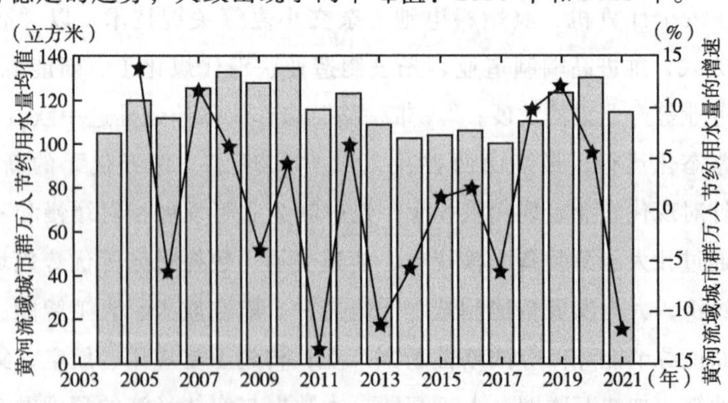

图6－2　黄河流域城市群万人节约用水量均值及增速情况

根据国务院开展资源节约的通知，黄河流域各大省份均在2004年印发了相关通知，明确了要走资源消耗少的新型工业化道路，推广节能、节水等设备。内蒙古自治区在2004年推出了“水法”办法，鼓励污水处理再利用等；宁夏回族自治区印发了2004—2020年的节水型社会建设规划纲要；山西省在2007年推出水价改革，通过调整水资源费、水价等方式，保护水资源；陕西省于2004年推出《关于资源节约的实施意见》，以转变经济增长模式为抓手，以节约资源、推广循环经济、调整产业结构，加快高技术产业发展，提升水资源等资源利用率；甘肃省在2014年推出《取水许可以及水资源收费的管理办法》，以水许可总量控制和定额管理为基本制度，省、市、县市区分级管理水资源指标，鼓励建立水权交易市场，不限制对再生水、集蓄雨水、苦咸水、矿井排水等非常规水源的使用，并设定不同用水行为的对应收费标准；青海省在2019年通过《节约用水的管理办法》，不仅提到要创新节约用水的关键装备研发和应用，还要加强节约用水的宣传教育，设置省、市（州）、县的三级用水总量、用水强度的控制红线，落实阶梯水价制度，推行水权交易制度，鼓励节水灌溉技术的研究，建设节水型产业，重点投资节水项目；河南省在2021年推出《节约用水条例》，将节约用水纳入绩效考核评价中，鼓励使用矿井水、雨水、再生水等非常规水源，实行用水总量、用水强度总量控制，生活用水实施阶梯水价，非生活用水则使用超定额累进加价水价制度，推动节水型农业发展，推行水权交易，对节水的产业、工程、技术、单位等进行贷款优惠。山东省在2017年推出《水资源条例》，并于2024年进行修订。该《条例》规定实行最严格的水资源管理、河湖长制，设立用水总量控制红线，严禁超采等行为；并把再生水、淡化海水、微咸水、雨洪水等作为水资源统一配置来源；鼓励多来源资本投资节水产业、节水技术研发，推行节水产品认证等标识制度；实行居民阶梯水价和非居民累进加价水价制度；使用节水灌溉技术；对节水研究和利用获得突出成绩的单位和个人，实施奖励补贴。可以看出，这八大省份在迈向新型工业化道路的过程中，节约用水的效应有了初步体现：2004—2010年，黄河流域城市群万人节约用水量均值呈递增趋势，到了2010年黄河流域城市群的万人节约用水量更是达到了最大值；但因为随后的欧债危机等复杂的发展环境，这八大省份在调整产业结构、发展战略性新兴产业的过程中，在2010—2017年出现了万人节约用水量均值下降的趋势，2017年为万人节约用水量最低；随着这八大省份在新型工业化道路上的不断探索，2019年的产业结构基本处于“三二一”格局，使循环经济、节约资源等成为优秀企业的必备。因此，2017—2020年，黄河流域城市群的万人节约用水量呈现较大幅度提升，2020年达到另一个高峰；随后随着国际局势的不确定性冲击，万人节约用水量再次出现下降趋势。从增速来看，有大约61%的年份均为正值。

由图6-3可知，随着我国资源节约型发展规划的实施，黄河流域城市群对应的万元地区生产总值二氧化碳排放量也在逐年下降，呈稳定下降趋势。

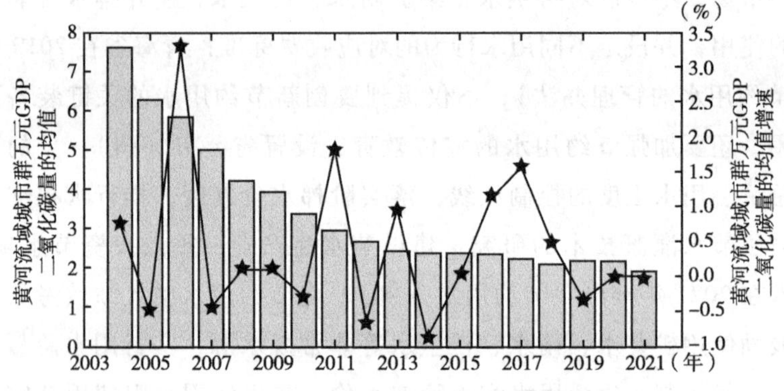

图6-3　黄河流域城市群万元GDP二氧化碳排放量均值及增速情况

2006年，山东省出台《关于节能目标的责任考核办法》，对全省和国家重点用能企业进行考核；2016年制定《低碳发展方案》，深入推进重点工业转型、升级，以科技创新赋能传统产业，以清洁能源为能源结构主方向，加快天然气、风电、生物质能等新能源开发利用；提升林木绿化率，试点低碳城镇、低碳旅游、低碳产品等；加快产学研低碳创新联盟，突出大数据、云计算等智慧化能源管理平台的应用；对重点行业进行碳排放权的配额管控；淘汰煤电落后产能，发展绿色低碳等战略性新兴产业，这些对降低山东省万元地区生产总值二氧化碳排放量起到了正向激励作用。2019—2020年，山东省所有企业对全国碳市场的第一个履约周期都应履尽履；2021年，山东省万元地区生产总值二氧化碳排放量下降 12.6%。河南省的重点企业坚持践行绿色发展理念，通过技术创新与不断学习先进企业在节能减排方面的经验，降低碳排放。陕西省从 2006 年起，把单位地区生产总值能耗比 2005 年减少 20% 的目标写入《“十一五”规划》，先后制定关于节能、新能源发展、应对气候变化、低碳试点实施方案等政策，通过加强对水能、沼气、煤层气、天然气等清洁能源的开发和利用，关停、淘汰落后产能，保护天然林、退耕还林等方式，到 2011 年，实现了降低 20% 左右的目标。2020 年，陕西省利用全国唯一的碳捕集、碳利用与碳封存技术中心优势，结合二级市场辅以一级市场的交易模式等，超额完成温室气体减排目标。山西省于 2006 年继续推进农村沼气建设，并于 2008 年推出《关于主要污染物减排的监测实施办法》；在 2020 年如何推进高质量发展的意见中，提出积极培育千亿产业；对战略性新兴产业、传统优势产业和特色优势产业释放生态政策红利；鼓励企业进行技术改造、加大自主研发力度，调整产业结构与能源结构。最终在 2020 年，山西省万元 GDP 二氧化碳排放量比 2015 年的排放量下降了 3.5% 左右。内蒙古自治区面对高耗能产业为主带来能耗不降反升的节能减排困难，于 2021 年发布了《关于能耗双控目标的保障措施》，通过关停虚拟货币挖矿项目，积极调整产业结构；发展光伏发电、全氢工业化冶炼技术；通过增加绿化面积提高生态碳汇效率。甘肃省通过加速石油化工、有色冶金、烟草等传统产业的转型升级，不断壮大新材料、电子信息、先进制造、生物医药等新兴产业；快速发展国际贸易、高端商贸、电子商务、文化旅游等新兴服务业；在敦煌试点“碳中和”旅游新方式；与蚂蚁金服合作进行支付宝“种树”活动，减少城市的碳排放；下达新能源汽车的省级补贴，确保新能源汽车相关的低碳产业建设，依托“天地车人”一体化平台，监管尾气排放等。最终在 2019 年，实现万元地区生产总值二氧化碳排放量相比 2015 年累计下降 27% 以上的目标，超额完成“十三五”规划中的规划任务。虽然宁夏回族自治区的碳排放总量呈缓慢上升趋势，但宁夏回族自治区通过推动非化石能源的比重，对重点企业实行碳排放配额管控，推广新能源公交车，加强天然林保护等固碳能力等，终于在 2020 年实现比 2019 年碳排放强度下降 0.94% 的首次同比下降目标，以及万元地区生产总值二氧化碳排放量比2015年减少17%的目标。因此，2004—2021年，黄河流域城市群万元地区生产总值二氧化碳排放量呈逐年递减趋势；2004—2013年排放量下降显著；2013—2021年呈基本稳定的缓慢下降态势。从增速来看，2017—2019年万元地区生产总值二氧化碳排放量均值增速呈下降趋势。到了2020年，受新冠疫情的影响，黄河流域城市群为了恢复经济出台了相关措施，使万元地区生产总值二氧化碳排放量均值增速最近两年又有轻微地上升。

从第三产业比重及增速情况来看（见图6-4），2004—2021年，黄河流域城市群第三产业比重均值大致呈递增趋势，在2015年首次超过50%；到了2004—2014年，第三产业比重均值属于缓慢爬升的阶段，这一阶段内的第三产业比重均值增速波动较大，呈W形；2014年，面临劳动力成本高、科技优势还未体现等问题，黄河流域城市群以各自的比较优势和特色产业为主，大力发展新兴制造业、先进工业、高技术与高科技产业，从而使2014—2019年进入第三产业比重均值较为大幅度的提升时期，其增速为U形特征；到了2019—2021年，第三产业比重均值出现小的波动，但因中美贸易摩擦、疫情影响等，黄河流域城市群第三产业比重均值的增速快速下降，并到了增速最低点。

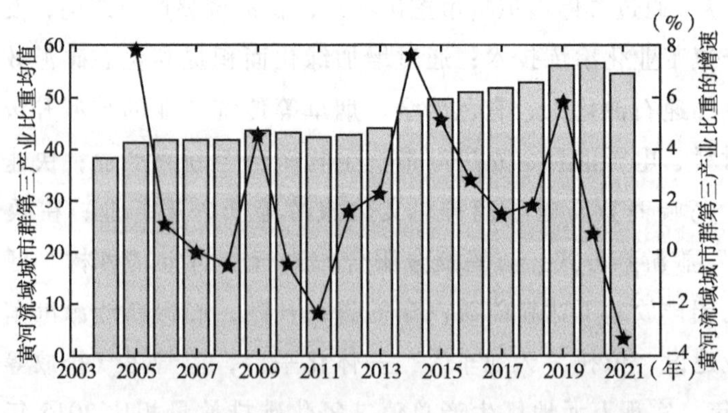

图6-4　黄河流域城市群第三产业比重均值及增速情况

二、核心城市分析

从理论上来看，单中心城市群是指地理空间或其他要素空间只有一个中心的城市群。因此，中心城市因为快速发展需要资源竞争，从而导致负外部性强于规模效应。多中心是指一种空间结构，通过要素的不断扩散、聚集后形成的多个暂时稳定分布。这种城市群多中心的空间结构可以看作不同要素的集聚结果。同时，根据阿隆索（W. Alonso）的借用规模假说可知，中心城市周围的小城市可以通过疏解中心城市的集聚拥挤效应，而提升整体城市群的经济绩效[1]。因此，黄河流域城市群的多中心格局会通过“借用规模”、网络外部性、中心城市的分散分布等，缩小城市群内部城市之间的差距。

根据集聚经济理论可知，一旦中心城市的要素集聚水平超过一定界限，则部分劳动力、产业会因生活成本、生产成本提升造成负外部性，选择周边生产或生活成本低的小城市，从而在挤出效应下，要素会扩散到周边小城市，发生规模借用效应。尤其是在中心城市与周边城市具有良好的交通公共服务水平下，周边小城市可以借用大城市的基础设施、公共服务等。因此，多中心结构有助于帮助增强中心城市的辐射作用，并帮助城市群城市形成产业互补优势，给中心城市人口与产业集聚转移带来外部性，并通过中心城市的知识溢出等帮助共建城市群的协同共进。当多中心结构指数太高时，意味着城市群规模分布太过扁平，使城市群中心城市的集聚外部性变弱，城市群内部城市间差距变大。

另外，城市群的多中心发展模式需要中心城市拥有足够强的区域统筹能力、辐射能力，如果在中心城市达到最优的区域中心辐射和带动效应之前，通过区域统筹过早地引导生产要素扩散、集聚到周边城市，则会降低城市群的生产效率。同时，如果中心城市对周边城市的虹吸效应造成生产要素的过度流失，则会对周边城市的发展造成阻碍。对于地理可达性较好的城市群，可以通过加强合作来促进要素的流动，通过中心城市中心化的提升，释放部分发展空间，促进周边城市生产要素的快速流动，减少中心城市因要素集聚过度造成的效率损失。这样可以帮助提升城市群的整体经济效率和中心城市的辐射带动作用。对于没有较好可达性交通基础设施或产业关联性不强的城市群，多中心程度过高会降低中心城市的辐射带动能力，因此应着重提升要素的集聚能力。

根据《黄河流域规划纲要》可知，黄河流域重要城市排名根据依据的数据不同而不同。例如，从 2022 年的经济总量排名来看，郑州、济南、兰州、银川这四个省会城市排名靠前；从是否属于国家级中心城市来看，西安、太原、郑州和石家庄属于黄河流域的四大重要城市；从地理位置来看，兰州为黄河流经的第一座省会城市，处于黄河上游，银川属于中上游，郑州属于中下游，黄河最后流经的省会城市为济南，属于黄河下游；郑州和济南处于腹地，地理位置更优越，而郑州、西安、兰州等城市为黄河经济带一轴的主要城市，是黄河流域高质量发展的核心城市；兰州、西宁为兰西城市群的中心城市，是黄河流域上游地区经济发展和生态保护的重要增长极；西安属于国家重要的粮食主产区之一，同时也是关中平原城市群中唯一的中心城市，是辐射带动黄河中上游地区乃至整个大西北地区经济发展的重要增长极；银川、呼和浩特与太原属于黄河“几”字湾都市圈中的中心城市，是黄河中上游产业升级、经济发展的重要增长极；郑州属于中原城市群，也是中原城市群唯一的中心城市，在带动黄河流域中游经济发展中占据核心增长极的地位；济南所属的山东半岛城市群是黄河流域城市群中经济实力第一的城市群，青岛与济南一样，都是山东半岛城市群的两大中心城市，在辐射、引领黄河下游乃至整个黄河流域经济发展中占据战略地位。

根据 2022 年的经济数据，济南、青岛、郑州、西安地区生产总值均破万亿，属于带动引领黄河流域生态保护和高质量发展的关键四大城市。因此，本书后面提到的四大核心城市均指代济南、青岛、郑州和西安，本章的一般性描述的数据来自 2022 年各省市对应的统计年鉴。

先看人口规模的表现。根据 2014 年国务院相关城市规模划分标准可知，黄河流域城市群四大城市：河南的郑州、陕西的西安、山东的济南和青岛人口分别为 911 万人、999 万人、817 万人、846 万人，均属于特大城市。四大城市的人口之和占黄河流域城市群总人口的 11.28%；特大城市数量有 26 个，I 型大城市有 43 个；人口规模排名最后四个城市为陕西省的阳泉、宁夏回族自治区的中卫、陕西省的铜川、宁夏回族自治区的石嘴山，人口总数为 405 万人，占黄河流域城市群 69 个城市人口总数的 1.133%，还不到山东省青岛市人口的一半。根据人口是经济发展和生态保护的核心要素，可以得出黄河流域城市群的人口现状属于人口集聚发展阶段；把四大城市看作黄河流域城市群的四大核心城市，则人口发展属于中心集聚程度高、外围集聚程度低的欠成熟发展状态。因此，黄河流域城市群的核心城市与其他城市之间在人口规模方面存在巨大差异，还没有呈现较高的人口发展区域一体化程度。

从经济规模来看，青岛、郑州、济南、西安四大核心城市的地区生产总值总量排名为前四位，均超过万亿元。四大城市的地区生产总值总量占黄河流域城市群地区生产总值总量的24.03%，占比接近整个城市群的1/4，而其余城市的地区生产总值总量均没有超过万亿元，有22个城市的地区生产总值总量均不足2000亿元。根据地区生产总值总量不仅反映黄河流域各城市的经济规模，还能体现各城市在黄河流域城市群经济结构中的重要性，可知四大核心城市的地区生产总值进入万亿行列，说明了四大核心城市的经济实力、综合竞争力均处于顶尖队列。其他城市的地区生产总值总量都小于四大核心城市的地区生产总值总量，说明这些城市的地理位置优势和资源禀赋优势还没有发挥彻底，产业差异化发展的优势并未凸显，应该更关注技术创新、高层次人才引进、绿色技术创新，从而发展特色产业、提升产业升级水平、优化产业布局。

从第三产业规模来看，虽然四大核心城市的第三产业占地区生产总值比重均超过了60%，但排名前四的城市变成了甘肃的定西、兰州，陕西的西安和青海的西宁。只有西安既是人口规模排名处于前四，也是第三产业占比比重排名前四的城市，青岛、济南和郑州的表现则没有西安亮眼。同为陕西的榆林市则排名最后，第三产业占比为26.49%，仅占同为陕西省的西安第三产业占比的41.67%，核心城市和非核心城市在第三产业占比方面差异较大。第三产业规模占比反映了城市的经济结构优化程度，凸显了服务业、消费业的主引擎作用。因此，黄河流域城市群中核心城市结构优化明显，非核心城市的工业体系尚不完备、资产规模不够大、消费需求程度不高，造成了非核心城市的第三产业占比排名靠后，应该进一步加强产业升级、尽量完善工业体系、提升资产规模、激发消费需求，从而优化经济结构。

从绿化水平来看，建成区绿化覆盖率百分比最高的城市为黄河下游的河南省鹤壁市，为47.27%；排名最后的城市为黄河上游的甘肃省定西市，为33.01%，整体差距大。排名前10的城市并没有青岛、西安、郑州和济南，这四大核心城市的建成区绿化覆盖率百分比排名处于后35名，尤其是济南和郑州排名更是处于后列，分别为51名和52名。建成区绿化覆盖率作为反映城市生态环境是否持续发展水平的指标之一，能反映该城市在保护生物的多样性、减少温室气体排放、防止沙漠化、增强抵御不确定性冲击的能力，也能反映促进林业产业结构的优化能力。因此，从黄河流域城市群建成区绿化覆盖率的数据可知，四大核心城市与其他城市在绿化水平方面的差异同样巨大，说明四大核心城市应该加大对绿化行动的资金支持、推广创新林业技术、完善法律法规，缩小与黄河上游城市在绿化水平方面的差距。

从财政收入来看，青岛和济南的地方一般公共预算收入遥遥领先，位列黄河流域城市群的第一与第二名，其中青岛和济南的地方一般公共预算收入之和占黄河流域城市群地方一般公共预算收入的26.857%。排名最后两位的城市是陕西省的商洛市和宁夏回族自治区的吴忠市，其对应之和占比仅为0.103%，前者大约是后者的261倍。由此可见，黄河上中游和黄河下游城市之间在财政预算收入方面仍然存在巨大差异。因此，相关数据表明，黄河下游城市的经济恢复更好，而黄河上中游城市的经济恢复到稳定状态则存在困难，应该关注对中小微企业的财政政策支持、创新税收征管方式、加大国有资产有偿使用税收等，缩小黄河流域城市群的财政金融差距。

从存贷款余额比值与存贷款加总数据来看，甘肃省兰州市的年末金融机构人民币各项存贷款余额之比最高，为1.476；郑州、青岛、济南、西安均处于排名前10之列，但前3名是兰州、呼和浩特和银川。存贷款余额加总表示信贷投向结构优化程度，反映了金融总量的发展平稳情况，而郑州、西安、济南、青岛的存贷款余额加总数据仍然保持在最前列，说明四大核心城市与其他城市的金融发展水平仍然存在巨大差异，其他城市应该更关注金融科技创新，创新再贷款工具，从而缩小与四大核心城市在金融发展水平方面的差距，而四大核心城市也应进一步利用核心优势，加大自己对周边城市的辐射作用。

从社会保障来看，四大核心城市的失业保险参保人数排名前四。排名第一的郑州市参保人数为3031661人，排名最后的为中卫市，参保人数为73147。从人口占比来看，排名第一的仍然为郑州市，33.28%；青岛排名第二，为32.07%；济南则占比为27.77%，西安为26.002%。排名最后的为安徽的宿州，占比为2.13%，中卫市占比为5.996%，与前几名的占比差距仍然巨大：第一名与最后一名的差距大约为16倍。这说明四大核心城市在社会保障方面与其他城市差异巨大，其他城市应该降低社保费、加大实体经济和民营企业减税降费、拓宽技能培训补助范围、扩大参保范围、提升公共服务能力，从而提升社会保障能力。

从科技投入来看，科学技术支出占地方一般公共预算支出的比例，最大的城市为山西省的太原市，占比5.47%；郑州市排名第三，为5.18%；西安市排名第九，为3.89%；济南市为3.19%；青岛市为3.01%；商洛市占比最低，为0.18%。说明四大核心城市的科技创新财政投入排名处于黄河流域城市群前列。2021年，太原市的研究与试验经费占整个山西省的45.5%，提升了太原市带动其他山西中部城市群城市的辐射能力，为山西中部城市群的区域一体化发展格局、高质量发展奠定了坚实的科技基础。

从环境方面来看，可吸入细颗粒物年平均浓度最小的城市为甘肃的平凉市，为17毫克；青岛、西安、济南、郑州均处于后50%的位置，其中郑州是四大核心城市中平均浓度最大的城市，为42毫克，处于第26名。因为可吸入细颗粒物的平均浓度大小可以在一定程度上反映该城市的工业化发展阶段、生态保护的结构性压力大小等。因此，郑州作为四大核心城市中平均浓度最大的城市，高新技术产业、战略性新兴产业、数字经济还未成气候，需要加速对高层次人才的引进、提供更多更具吸引力的人才支持政策等，为郑州产业结构的进一步优化和企业规模的结构调整奠定基础。

从外贸来看，货物出口额最多的城市为青岛，其次是郑州，西安和济南分别排名第4和第7，最后一名为甘肃的定西市，仅为9700万元，是第一名青岛的0.0197%。货物出口额作为外贸能力的体现，预示着该城市的经济实力与在全球市场中的地位。2021年，面对全球投资低迷、不确定的发展环境，青岛利用青岛开发区的利好加持，深化“放管服”改革，进一步优化口岸营商环境，激发了外贸市场发展的内生动力，从而在外贸进出口方面表现出强大的韧性：2017—2021 年的外贸进出口总值屡创历史新高，在出口总值方面刷新历史纪录。定西市作为 2022 年 12 月最后一批脱贫的城市，经济发展相对滞后、生态环境脆弱，优势产业为马铃薯、蔬菜、畜牧和中医药，还有种子种业、新能源、有色冶金及加工、矿产加工等。2019 年，定西市抓住"一带一路"倡议、国际陆海新通道的重大机遇，着重培育外贸新优势，促进外贸产业转型升级，从而帮助外贸进出口开始实现回升及稳定增长态势。因此，需要黄河流域城市群的核心城市能继续发挥辐射引领作用，帮扶定西的优势产业进行创新性技术发展、企业技术创新等，从而以特色优势产业为主，进行招商引资，推动定西产品走向中欧、中亚、中西亚、东南亚、美国、意大利等国家。

从创新能力来看，绿色实用新型专利所占百分比（用该数值除以年度实用新型专利总数）最大的城市是内蒙古自治区的鄂尔多斯，占比为 0.1227%；黄河流域城市群四大核心城市中占比较好的是济南市，排名为第 12 名，占比为 0.0854%；郑州排名第 24 名，西安为第 36 名，青岛为第 38 名。排名最后 2 名都属于陕西省，是渭南和榆林市。排名第一的鄂尔多斯绿色专利占比大约是榆林市的 3.6 倍。绿色专利占比高，意味着该城市的高新技术产业、新兴战略性产业发展的技术有保障，为低碳技术、量子信息、类脑智能等未来产业的发展提供了技术供给。四大核心城市的排名并不属于黄河流域城市群的前 4 名，因此济南、青岛、郑州、西安应该加大应用、转化绿色专利在传统产业应用中的政策支持，而鄂尔多斯作为排名第一的城市，拥有丰富的煤炭、天然气资源，有完备的化工产业链、生物医药产业链和健康产业链，羊绒产业为传统优势产业，应该进一步谋求如何挖掘这些绿色专利对未来产业的技术支持。

第二节　层级分析

黄河流域城市群作为正在发展阶段的重要城市群，存在地区发展不平衡、产业结构功能不完善、区域协同发展程度不够高、发展效率较低、可持续发展质量欠优等问题。要想实现黄河流域经济的高质量发展，需要实现高质量的经济发展方式、发展结构与发展动力，从而能够建立可循环经济模式，解决黄河流域城市群发展中遇到的不平衡、不充分等问题。一般的高质量发展研究主要从经济、生态、社会、文化、政治等不同领域、不同视角入手，分析这些不同领域对应的经济变化、生态发展等展现的创新性、有效性、协调性、充分性、稳定性、持续性、分享性等特征。黄河流域城市群的高质量发展是指城市群应该具有较强的辐射能力、影响力、创新效率、协调性等特征。从复杂系统的角度看，黄河流域城市群不是多个城市的简单组合，而是城市群内部城市之间的劳动力、资金、技术、信息等要素流动之间存在错综复杂的关系，这种复杂关系造就了黄河流域城市群独特的空间体系、等级规模和内部联系，使黄河流域城市群的整体发展质量不再是单个城市的简单加总，最好能出现整体大于部分加总的协同放大效应。

根据空间经济学、新经济地理学的主要设定，均把空间依赖性、空间异质性考虑在内，其中的空间依赖性是指观测区域之间的地理空间相关，而空间异质性是指观测区域因为地理空间上资源禀赋的不均质，造成发达与落后、中心与外围等不同的经济地理结构，所以在观测区域的经济发展与创新行为等存在较大的空间差异[2、3]。其中的地理条件分为两种：自然地理和经济地理。自然地理是指具有沿海优势、矿产与森林等自然资源优势，经济地理是指研究区域到国际市场或国内市场的距离。研究区域可以通过自身的自然资源禀赋，发展具有比较优势的航运贸易、出口导向制造业、发展矿产、森林等资源产业，或者借助与国际或国内市场的距离近优势，发展现代服务业、高科技产业，并可以通过中心城市的发展带动周围城市的配套产业发展。

从空间上来看，可以看作观测区域在经济行为、科创行为等关系之间普遍存在的某种不稳定性。打破这种不稳定，即进入空间均衡状态，是指在具有不同历史、地理位置、自然禀赋的某个区域（国家或省或市等不同等级的区域）中，随着外界环境的变化，劳动力、资本、技术等要素的持续集聚，必然导致该区域内部不同等级的次一级区域存在具有比较优势，形成可持续的中心—外围模式；当劳动力、资本、技术等要素自由流动，中心城市对外围城市的辐射能力越强，越能使不同地区的产业结构减少同构性，从而促进不同子区域的经济平衡发展，即各个地区的城市富裕程度大致相同，也可以称为区域间富裕程度是收敛的，这也是传统意义上均匀分布的平衡。例如，城市群的经济集聚效应会带来规模经济，从而通过投资再生产、知识外溢、更专业化和多样化的市场、干中学等机制促进生产效率的提升。因此，黄河流域城市群的高质量发展要看城市群是否具有合理的城市层级体系，黄河流域区域协调发展程度要看中心城市是否起到了引领作用。

下面从位序规模指数、首位度指数、基尼系数分析黄河流域城市群的层级结构。

一、位序规模分析

黄河流域城市群的空间结构是指黄河流域的城市在地理空间上的布局、排列、组合构成的新的形态。根据中心地理论，如果城市群所处的地理环境较为均质，则城市均匀分布可以促进城市群各要素的高效率流通，从而城市均匀分布结构属于最优空间结构。基于自然禀赋、历史、经济基础等因素，黄河流域城市群的城市空间分布不可能达到绝对均匀分布，只能通过城市群相关政策，控制城市群空间的无序蔓延，同时通过排序了解不同城市的等级与规模现状，政策驱动黄河流域城市群形成大—中—小三级城市协调发展的规模结构体系，促使黄河流域城市群的空间结构趋向于相对均衡状态。从城市群功能上来看，黄河流域城市群的建设目标是形成有机的整体，城市之间应形成相互依存、相互制约、相互促进的复杂结构与关联，这种复杂结构能够体现城市群内部城市之间的空间相互作用，也能体现城市群的发育程度。

基于城市群中不同规模的城市具有不同程度的要素集聚程度，而人口、产业、资本等要素的聚集，与黄河流域的生态环境、产业发展密切相关，具有协同发展的关系。高效合理利用黄河流域的水资源，能促进生态环境的整体提升；良好的自然生态环境则能给产业的升级与发展带来稳定的自然资源，促进产业结构的合理化和产业链的高级化；产业效率的提升也可以通过减少对自然资源的过度损耗而促进黄河流域生态环境的高质量发展。一般来说，相对均衡的城市群可能来自地理空间分布的均衡，但这种空间结构并不能应用到绝大多数实际城市群的研究中，尤其是黄河流域城市群。

因此，黄河流域城市群的高质量发展体现在经济发展、基础建设、自然环境、政策保障等方面。经济发展代表城市的关键实力，是城市能够参与国内国际合作与竞争的底气，具体体现在产业结构优化、科技创新强等方面；基础建设发展以与人民生活幸福密切相关的建成区绿化覆盖率、医师数量、公共电气车辆等有关；自然环境方面以二氧化碳排放量、节约用水等作为代表；政策保障可以用政府的财政支出、金融机构的存贷款总额、存贷款比等表示。

城市群相关的位序规模法则体现了分形计量模型中的分形维数[4]。例如，城市群所处地理空间的复杂性，不能用传统的欧几里得几何进行描述，更有效的描述方法为分形几何法，即假设城市群所处地理空间具备明显的无标度性[5-7]，而城市群要素之间的交通关联、经济联系等也可以用分形维数来表示[8-10]。城市群的规模体系一般遵循对数正态分布、Zipf 分布与 Pareto 分布，其中 Zipf 分布与 Pareto 分布属于应用最为广泛的两种城市规模分布。刻画这两种分布的关键是求分形维数 D（等于 Zipf 指数的倒数）。位序规模法则属于 Hausdorff 维数的特殊情况，可以显示城市群内部的城市之间存在的规模结构是否均衡，是否存在首位城市或单中心城市，规模结构差异是否显著等。

从黄河流域城市群的整体来看，首位城市可以看作该区域发展初期的单中心城市，在整个黄河流域城市群中最能吸引人才、资本、技术等要素的集聚，具有最低的通勤成本和最高的产业效率，但当经济发展水平较高时，可能会出现多个中心城市。因为不同的计算方法和首位度与中心度的测量模型，目前不能确定中心城市一定能在各要素的集聚中占据绝对优势。另外，关于城市群的单中心、多中心程度大多以人口、技术、资本等要素为基础数据来分析，而关于这些要素与位序之间的关系一般以是否符合位序规模法则为标准。

下面通过位序规模法则详细分析黄河流域城市群不同因素展现的规

模结构。以2021年黄河流域城市群69个城市的相关数据为基础，计算位序规模指数（见表6-1）。从批发零售（限额以上批发零售商业商品销售总额）、科学技术支出总额占地方一般公共预算收入、货物出口额、专利授权数这四项数据来看，呈现的位序规模指数都大于1，这说明黄河流域城市群的国内消费品市场、科技预算投入程度、国际市场的需求、创新潜力方面均具有单中心空间结构。其中，青岛作为自古以来的通商重镇，位居近代五大通商口岸之一，是国家首批沿海开放与外贸港口城市，即使在面临全球疫情、政治经济冲突变化造成的海外需求收缩情况下，仍然通过为中小微企业提供海运费免费贴息、港航物流约价等，为中小微企业提供保单融资等金融服务，并做强、做长、做全产业链，加强与“一带一路”合作伙伴、RCEP其他成员国的合作，提升多元开放的合作环境。这些措施提升了青岛外贸的竞争力，使外贸自从2017年始终位列全国15个副省级城市的前五位，2021年的进出口总值更是突破6000亿元，占据整个山东省进出口总值的近1/3。因此，从批发零售、货物出口额来看，青岛是整个黄河流域在国内消费品市场和国外市场需求的单中心城市。从科研预算投入的力度来看，2014年以来，郑州市政府逐步构建了郑州城市产业发展基金，设立智能制造、大数据、科技创新三大领域的政府投资基金体系，有90亿元的产业子基金、350亿元的县域子基金、500亿元的郑州市产业发展基金、参股子基金318.1亿元等，目标是打造规模不低于2000亿元的政府投资基金群，因此郑州在科研预算投入的力度方面为整个黄河流域城市群的单中心。位于世界四大古都西安附近的商洛市，被誉为秦岭最美、陕西生态最好的城市，同时也因为处于山区，产业仍然以工矿业和农业为主，是陕西发展最滞后的城市。从历史上来看，商洛有着源远流长的“创新”因子：商洛为商鞅的封地，也是汉字的发祥地，从获得的专利数来看，商洛市在黄河流域城市群中，是创新潜力中心城市。

从黄河流域城市群年末户籍人口数的位序规模指数为0.6474来看，该值小于1，说明从整个黄河流域来看，并没有出现以某个城市为单中心的人口核心城市，而位序规模指数的倒数即为分形维数大于1，表明人口分布差异较小、更分散，倾向于具有多中心格局。根据我国2014年发布的城市规模划分标准，从 2021 年市辖区的年末户籍人口数据来看，作为黄河流域的核心城市：西安、济南、青岛，人口规模位居前三名，均超过 500 万人，属于特大型城市，三大城市人口总数约占黄河流域城市群总人口的 20.42%，而黄河流域人口总数介于 300 万～500 万人的Ⅰ型大城市人口占比约为 10.61%，人口总数介于 100 万～300 万人的Ⅱ型大城市人口占比约为 54.66%，人口总数介于 50 万～100 万人的中等城市人口占比约为 11.26%，小城市人口总数占比约为 3.04%，并没有出现核心城市与非核心城市人口规模的巨大差异。

从黄河流域城市群地区生产总值来看，青岛、郑州、济南和西安四大核心城市的地区生产总值都超过了 10000 亿元，四大核心城市的地区生产总值占比约为 24.03%，占比接近黄河流域城市群地区生产总值的 1/4；排名第五至第九的城市地区生产总值均超 5000 亿元，占比约为 15.58%。地区生产总值的位序规模指数为 0.8013 小于 1（见图 6－5a），这说明黄河流域城市群的经济总量规模分布服从位序规模法则，经济总量规模分布结构比较均衡、差距更小，更可能存在多中心结构。

从人均 GDP、社会消费品零售总额的位序规模指数来看，这些值均小于 1，说明从黄河流域的富裕程度与消费水平规模结构来看，均倾向于多中心空间结构，而且有进一步发展的空间。不同的是人均 GDP 和社会消费总额的位序规模指数，一个小于人口规模的位序规模指数，一个大于人口规模的位序规模指数。

从年末金融机构人民币各项存款余额和贷款余额来看，两者的位序规模指数都大于人口规模的位序规模指数，且都小于 1，其中的贷款余额位序规模指数更接近 1，说明黄河流域城市群的金融规模倾向于具有多中心结构，还未出现最优的金融规模结构。具体来说，年末金融存款余额和贷款余额最高的四大城市均为西安、郑州、济南和青岛，西安更是稳居首位。西安作为黄河流域核心城市之一，同时也是国家九大中心城市之一，具有强的辐射能力和发达的现代服务业，拥有众多的公路、铁路，具有交通优势和科研院所方面的科教优势，在新能源汽车、智能手机、集成电路、3D 打印设备等高技术制造业、信息和软件服务业等方面具有独特的优势。2021 年年底，西安更是吸引了大量的国家和省市级的高层次人才、硕博和海外人才，尤其是信息传输和软件技术服务等服务业和高技术人才。同时，西安具有最高的年末贷款余额，接近成为黄河流域城市群的金融贷款单中心，为服务西安经济的高质量发展提供了有力的支撑。

从第一产业、第二产业、第三产业占 GDP 总值的比重来看，三者的位序规模法则都小于 1，其中的第三产业比重的位序规模指数最小，第一产业比重的位序规模指数最大，但均没有超过 1，这说明黄河流域城市群在产业结构方面具有多中心结构。黄河流域城市群的 69 个城市产业结构均符合“三二一”的三次产业比例，其中第一产业占比最大的城市是甘肃的平凉，为 23.65%。平凉重点推动农业产业全链条发展，如打造“静宁苹果”产业链，实施“万千百十”扩繁计划，推进“平凉红牛”产业集群化，培育肉牛和生猪产业基地，建设绿色蔬菜和马铃薯繁育基地等，推动了平凉第一产业经济的高质量发展。榆林则具有最高的第二产业占比，原因是 2021 年榆林规模以上的工业企业有近 600 家的能源企业和近 60 家的关联化工企业，采矿业占比达到了 8 成；2021 年的能源价格飞涨，同时采矿业、电力、燃气、热力和水的供应需求，都给榆林带来了能源工业增加值的大增，但也带来了未来非能源工业结构调整的阵痛。从第三产业占比来看，比重最高的城市并不是西安，而是甘肃的定西，西安位居第三位，第六、第七、第八名分别为济南、青岛和郑州。定西能占据第三产业占比最高的城市，是因为定西市政府坚持以全产业链的思维来重塑产业体系，在发展中医药加工、马铃薯加工、草木加工、有色冶金加工、矿产加工、装备制造、新型建材、新能源的同时，完善盐产业、种子种业的工业产业链，并挖掘金融保险、现代物流、五小业态、电子商务、租赁中介、会展商贸、餐饮住宿、文化旅游、中医康养和家政职教十大服务产业链；通过市政府金融办进行“行长进企业”“银政企”等活动，为“零信贷”企业、小额信贷群众进行授信融资；完善县乡村的三级物流网络体系；提升五小业态产业培训与财政补贴；开展电子商务农产品直播销售；制订精品旅游线路、开展非遗文化等互动，大力发展旅游经济和餐饮住宿产业链，开展中医康养培训、学术活动等。

从黄河流域城市群的经济发展水平、人民生活水平、市场活力和居民消费能力等方面来看，黄河流域城市群在经济规模、金融规模、富裕程度、消费水平、科技创新、产业结构方面并没有形成一致的空间均衡结构，具有动态变化的特征，其中青岛、郑州、济南和西安属于黄河流域城市群最具优势的四大城市（见表6－1）。

表6－1　　　　黄河流域城市群各指标的位序规模法则

指标	位序规模指数	统计指标 R^2	统计指标 F 值
全市户籍人口总数	0.6474	0.7611	216.6888
GDP 总量	0.8013	0.8113	292.3567
人均 GDP	0.4567	0.907	663.3706
社会消费总额	0.882	0.7944	262.7645
批发零售	1.2464	0.8362	347.1199
科技支出	1.1564	0.8625	426.7176
年末金融机构人民币各项存款余额	0.8381	0.8567	406.6027
年末金融机构人民币各项贷款余额	0.993	0.9142	724.9327
出口额	1.913	0.8637	430.9368
专利授权数	1.1386	0.9026	630.0643
第一产业比重	0.6136	0.6507	126.6575
第二产业比重	0.2164	0.7677	224.7348
第三产业比重	0.1672	0.7268	180.9463

利用年末金融存款余额除以贷款余额计算的存贷比，可知黄河流域城市群的存贷款比超过100%的城市占比为13.04%，存贷比最高的城市为甘肃的兰州，排名前10的城市为兰州、呼和浩特、银川、郑州、西宁、青岛、太原、西安、日照和济南，其中80%为省会城市，青岛为全国中心城市。通过计算存贷款比的位序与规模之间的双对数回归结果来看（见图6－5b）可知，存贷款比值的规模与排序之间并不存在位序规

模律，而是满足半对数关系，但这个半对数与图 6 - 5a 中的双对数又存在不同，当金融规模的位序提高一个位置，对应城市的金融规模下降的量大致与$\frac{0.3998}{O}$相同。

把目光转到建成区绿化覆盖率与失业保险参保人数、货物出口额、进口额上来，用同样的方法进行拟合，发现建成区绿化覆盖率、失业保险参保人数规模，货物出口额除以货物进口额的比值与排序之间并不存在位序规模律，而是满足半对数关系，这个半对数与图 6 - 5b 中的半对数结构类似，即这三个变量的规模，都不属于经典的幂律分布。

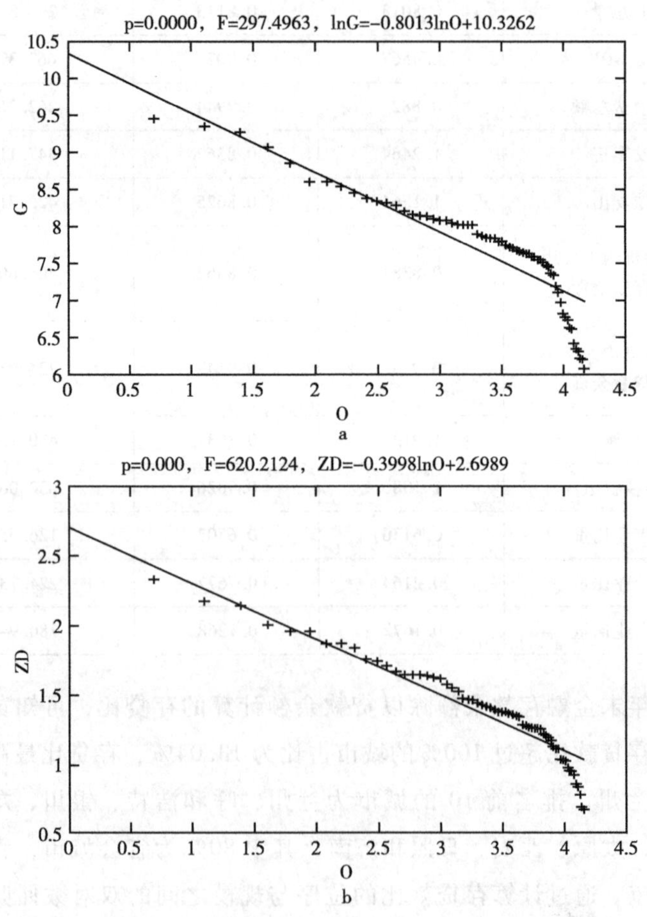

图 6 - 5　黄河流域城市群 GDP 总量、存贷比的位序规模验证

综上所述，存贷款比值、建成区绿化覆盖率、失业保险参保人数规模、货物出口额与货物进口额的比值与其排序之间并不存在大家熟知的位序规模律，而是满足两种不同的半对数关系，其中存贷款比与位序之间的关系可以看作满足对数律，而建成区绿化覆盖率、失业保险参保人数规模、货物出口额货物进口额的比值与位序之间满足的则是负指数关系。

假如按照目前学者们的研究结果，把服从幂律分布看作某种最优的结构，则从以上的结果来看，黄河流域城市群在社会保障、出口、金融、绿化方面都没有达到最优的位序规模结构，在优化黄河流域城市群经济总量空间结构方面还有巨大的发展潜力。

位序规模指数的变化原因多样，在不同的发展情况下没有一致的某种趋势，必须结合具体问题具体分析，对应不同发展阶段的城市群，要从经济发展状态、资源依赖性产业发展、服务业发展方面着重看位序规模指数的影响，下面从首位度角度进行分析。

二、首位度分析

根据系统理论，黄河流域城市群作为复杂巨系统，与其他区域不同，具有独特的自然禀赋与地理位置，黄河上中下游城市群各有自己的资源禀赋和经济基础。国家不断出台关于黄河流域高质量发展相关的金融和财政政策，目的是通过政策引导黄河流域城市群的劳动力、资本、信息与科学技术等要素的集聚，形成资源优化配置的最优空间规模，通过提高在高新技术产业、现代服务业、新兴战略性产业等领域的创新水平，推动整个黄河流域城市群的产业结构升级水平、提升区域竞争力[11、12]。从区域非均衡发展的相关理论来看，中心城市能够带动区域发展，集中力量发展相对优势城市，能够逐步实现城市群的整体提升，同时长期下来也能促进区域差距的缩小[13、14]。

与位序规模指数描述黄河流域城市群整体集聚程度不同，首位度指数刻画研究要素向首位城市集聚的局部特征。当用二城市首位度计算首位度指数时，一般认为首位城市是排名第二位城市对应要素的 2 倍属于较为合理的结果。如果二城市首位指数大于2，则认为该城市群属于城市群单中心或“一市独大”状态[15]。提升中心城市的辐射和带动作用，可以缩小整个黄河流域城市群在经济发展、生态建设方面的差距，加强城市群之间、城市群内部城市之间的协调发展和特色产业发展水平，提升国际竞争力。因此，除了以上分析的黄河流域城市群位序规模法则实证结果之外，还需要分析黄河流域城市群中心城市在产业结构、经济发展、人口规模、金融支持、环境规制、创新性、社会保障、产业升级等方面的引领与带动作用。

常见的城市群规模分布主要集中在自然禀赋造成的第一自然资源构成的要素空间差异，知识外部性与消费经济性等集聚和环境污染等拥挤效应造成的第二自然因素空间差异，以及包括财政分权制度和区域经济发展政策等干预造成的干预空间差异。新经济地理假设人口因所处自然资源的限制偶然集聚在一起，通过集聚效应引起进一步的人口集中，造成单中心空间格局。随着人口的不断增加，首位城市面临交通拥挤、房价高、环境污染等方面的城市病，造成拥挤效应。基于地理距离造成的运输成本、地形起伏等自然条件的限制，劳动力、非农产业开始向首位城市的周边城市进行迁移，引起多中心格局发展。

值得注意的是，黄河流域城市群各有自己的中心地或增长极，因此从黄河流域69个城市，以及不同城市群来分析经济、人口、创新、金融等不同要素的首位城市，以及研究人口首位度与其他经济发展要素首位度之间的非线性关系非常必要。

黄河流域高质量发展与其他区域高质量发展的含义类似，是指能够改变以前的资源依赖性发展，提升产业升级水平，改变经济发展动能，解决各省、自治区经济发展、生态保护中遇到的不平衡问题，更好地促进黄河流域各地区人与自然的和谐发展[16]。因此，人们从经济、生态、社会福利、政治、文化等视角，分别分析不同区域经济发展的创新性、协调性、绿色耦合性、对外开放性以及数据共享等的评价问题，来了解不同区域经济发展的水平[17-21]。目前学者们公认的城市群高质量发展包括城市群具有较强的辐射能力、创新能力、开放性强、更均衡、更协调、协同性能力强等，但并没有形成定论。

从黄河流域城市群各城市的经济规模来看，青岛、济南、西安、郑州具有绝对的优势。随着城市群的协同发展，中心城市在面临扩大辐射机遇的同时，也遭遇资源要素分流的危险。因此，提升中心城市的首位度是促进区域高质量发展的关键一环。当前的首都度指数不仅可以刻画城市群人口、GDP 等传统数据的首位度[22,23]，还能描述交通、创新、旅游等数据的首位度[24-26]。首位度分析也不仅局限于首位城市与第二城市的对应规模之比，也可以用来研究首位城市对周围更多城市的辐射带动作用，即通过提升中心城市的首位度，达到提升城市群协调发展的目标。最初的首位度指数用来识别首位城市是否具有最优人口规模、首位城市的经济发展与城市病之间的关系、首位城市对区域初始经济发展的影响关系等。在应用首位度到我国城市研究时，人们发现我国早期城镇体系的人口规模等分布趋于均衡状态。

随着社会的飞速发展，首位城市可支配的资源出现动态变化，不再具有全方位的优势，城市群人口、经济等规模也不再具备单中心结构，而是面临城市群之间、城市群内部城市的互动合作，促使首位城市关注在分工网络中的功能性转变与辐射范围，首位城市面临的问题也从缓解大城市病到发展产业、服务、创新等方面的比较优势所代替。首位度指数浅层含义反映的是城市在城市群中的绝对优势地位，同时也代表城市群的不平衡发展状态，一般与城市群的不平衡水平呈正比例关系。首位度指数的深层含义则表示首位城市具备城市群复杂网络中的高级辐射枢纽特征，能够帮助城市群不同要素的有效流动，促进城市群的资源共享、降低网络增长的边际成本。

下面分黄河上游、中游、下游三大区域来看首位城市在人口和经济两方面的首位度指数如何变化，其中计算首位度的方法为二城市法、四城市法、十一城市法。

根据首位度指数的具体含义，当城市首位度等于 2，则认为城市群在该要素规模上具有最优规模；如果小于 2，表明该区域内的要素规模结构比较正常和均匀；大于 2，则表明第一位与第二位城市的要素结构不均衡，更集中到第一大城市里面。四城市首位度指数是用首位城市要素除以第二到第四城市要素之和，而十一城市首位度指数则表示首位城市要素除以第二到第十一城市要素之和。如果四城市首位度指数和十一城市首位度指数都位于1左右，则认为城市群在该要素规模分布上具有最优的首位城市。

显然，从人口的二城市首位度指数来看（见表6-2），黄河上游城市群的首位城市为陕西榆林，第二城市为甘肃的兰州。两者人口规模比值计算的二城市首位度指数为1.1488小于2，说明该区域的人口规模结构比较正常和均匀。黄河中游城市群的第一城市为安徽的阜阳，第二位河北的邯郸，两者人口规模的比值为1.0123，与黄河上游城市群的人口首位度一样，都小于2，说明人口要素结构均衡。黄河下游城市群的人口要素结构与黄河中上游人口结构类似：二城市首位度指数小于1，说明黄河下游的人口要素分布处于较为均衡的状态。黄河上游人口规模的首位度指数大于黄河中下游的人口首位度指数，说明黄河中下游城市的人口流动性更强。

表6-2　　黄河上中下游城市群的二城市首位度指数

地区	人口首位城市/第二位城市	2021年人口首位度	经济首位城市/第二位城市	2021年经济首位度
黄河上游城市群	陕西榆林/甘肃兰州	1.1488	陕西榆林/内蒙古鄂尔多斯	1.1525
黄河中游城市群	安徽阜阳/河北邯郸	1.0123	陕西西安/河北邯郸	2.5973
黄河下游城市群	河南周口/河南南阳	1.0219	山东青岛/河南郑州	1.1139

从经济规模来看，陕西的榆林不仅是黄河上游城市群中人口最多的城市，经济总量也是最大的城市。与第二城市内蒙古自治区的鄂尔多斯经济总量相比，所得数值为1.1525小于2，说明黄河上游的经济要素结构较正常和均匀。对于黄河中游城市群来说，它的第一城市不再是人口第一的安徽阜阳，而是陕西的西安，与第二城市河北的邯郸经济总量比值为2.5973大于2，说明黄河中游城市群的经济总量结构不均衡，更多集聚到首位城市西安中。对于黄河下游城市群来说，经济总量排名第一和第二的城市都不再是人口排名第一与第二的城市了，而是变成了青岛和郑

州，两个城市的经济总量之比为 1.1139 小于 2，说明黄河下游城市群的经济总量结构较均衡。同时，黄河中游城市群的经济首位度指数大于黄河上游、下游的经济首位度指数，说明黄河上游、下游的经济集聚更分散。另外，黄河上游、中游、下游三区域的人口首位度指数说明与经济首位度指数的变化情况则与空间位置有关：人口规模均衡的黄河中游城市群同时拥有不均衡的经济规模，而黄河上游和黄河下游城市群的人口首位度和经济首位度满足线性变化，即人口规模均衡的经济规模也均衡；反之亦然。

为了保证结果的稳健性，用四城市法和十一城市法计算黄河流域城市群人口和经济规模的首位度指数。由表 6 – 3 所得结果以及表 6 – 2 结果对比可知，只有黄河中游的经济首位度大于 1，说明黄河中游城市群具有显著的经济首位度优势，但同时也更不均衡，而黄河上游和黄河下游城市群的人口与经济均不具备首位度优势，但也更均衡。从黄河上游、中游、下游位置来看，对应区域的人口首位度指数，不管是用四城市法还是十一城市法计算的指数，都具备递减趋势，而经济首位度则不符合这一趋势。其中人口分布结构和经济分布结构最均衡的都为黄河下游城市群，人口分布结构最不均衡的为黄河上游城市群，经济分布结构最不均衡的为黄河中游城市群。

表 6 – 3　黄河上中下游城市群的四城市、十一城市首位度指数

地区	2021 年人口四城市首位度	2021 年经济四城市首位度	2021 年人口十一城市首位度	2021 年经济十一城市首位度
黄河上游城市群	0.4318	0.4835	0.3587	0.5270
黄河中游城市群	0.3755	1.0873	0.3259	0.8240
黄河下游城市群	0.3737	0.4305	0.2526	0.4311

已经计算了黄河流域上游、中游、下游人口规模和经济规模的不同首位度指数，下面从黄河流域城市群 69 个城市所属的七大城市群入手，看看对应的首位度指数如何变化。

下面主要以二城市法计算对应的首位度指数。计算结果说明（见表 6 – 4），中原城市群的人口首位、次首位城市和经济首位、次首位城市均不一致，其中人口首位度指数为1.0219小于1，经济首位度指数为2.3299大于2，说明中原城市群的人口分布结构较均衡，而经济分布结构则更多集中到首位城市河南郑州。关中平原城市群的人口首位城市与经济首位城市均为陕西的西安，但次首位城市不一致，其中人口首位度指数为1.8569小于2，经济首位度指数为4.1410大于2，说明关中平原城市群人口分布较均衡，但经济分布结构首位城市效应明显。。兰西城市群、宁夏沿黄城市群、山西中部城市群的人口首位度指数与经济首位度指数与关中平原城市群和中原城市群类似，但是不同之处在于山西中部城市群和宁夏沿黄城市群的首位城市和次首位城市均一致七大城市群中人口首位度和经济首位度均小于2大于1的城市群只有呼包鄂榆城市群和山东半岛城市群，说明这两个城市群的人口分布和经济规模结构均衡性更好。

表6-4　黄河流域七大城市群的二城市首位度指数

地区	人口首位城市/第二位城市	2021年人口首位度	经济首位城市/第二位城市	2021年经济首位度
中原城市群	河南周口/河南南阳	1.0219	河南郑州/河南洛阳	2.3299
关中平原城市群	陕西西安/陕西渭南	1.8569	陕西西安/陕西咸阳	4.1410
山西中部城市群	山西太原/山西吕梁	1.0077	山西太原/山西吕梁	2.4732
呼包鄂榆城市群	陕西榆林/内蒙古呼和浩特	1.5137	陕西榆林/内蒙古鄂尔多斯	1.1525
山东半岛城市群	山东潍坊/山东青岛	1.0875	山东青岛/山东济南	1.2365
兰西城市群	甘肃兰州/甘肃定西	1.1089	甘肃兰州/青海西宁	2.0859
宁夏沿黄城市群	宁夏银川/宁夏吴忠	1.4583	宁夏银川/宁夏吴忠	2.9698

另外，所有城市群的人口首位度都小于2，说明每一个城市群的首位城市与次首位城市的人口分布都比较均衡，但是经济规模分布则集聚

差异明显。例如，关中平原城市群的经济首位度大于4，说明经济规模高度集聚到首位城市中，内部差异较大；而中原城市群、山西中部城市群、兰西城市群、宁夏沿黄城市群的经济首位度均大于2小于4，属于中等首位分布，说明经济过度集中到首位城市中，与其他城市差异较大。除此之外，首位城市大多数为所属省份的省会；关中平原城市群具有最大的人口首位度指数和经济首位度；山西中部城市群具有最低的人口首位度指数；经济首位度指数最低的城市群为呼包鄂榆城市群。

三、基尼系数

根据地区差距理论，当科技知识进行扩散时，会对周边地区产生正的外部性，长期下来会使不同地区的差距缩小至消失，即收敛论；但除了正的外部性，也会有回波效应，从而在回波效应大于扩散效应时，具有初步优势的地区会根据经济的持续增长和规模的收益递增，进一步加大优势地区与落后地区的差距，即为发散论。

根据系统控制理论，如果把政策看作调控手段，则必定会通过调控消掉回波效应，使不同地区的差距趋于逐渐缩小的收敛状态。因此，除了用位序规模指数、首位度指数刻画黄河流域城市群的等级结构与单中心、多中心的空间与规模变化外，还需要了解黄河流域城市群具体的差距，而基尼系数可以衡量研究区域的收入差距、规模差距等，可以有效刻画城市群经济发展不平衡等差距性问题[27-29]。下面用基尼系数来分析黄河流域城市群不同要素之间的差距。

从城市群人口规模的基尼系数来看（见表6-5），黄河上游城市群的人口基尼系数最小为0.1228，说明该区域城市间的人口规模差距最小，分布较为均匀；人口差距最大的为黄河中游城市群，人口分布较为集中。但经济基尼系数最小的城市群为黄河下游城市群，表示黄河下游城市群间的经济规模差异最小，经济分布最为均匀，而经济规模差距最大的则是黄河上游城市群，即经济分布最不均匀，而且黄河上游、中游、下游三个区域的经济规模差距依次减少。从人均GDP代表的经济发展水平来看，黄河上游的经济差距最大，黄河中游的经济差距最小。

表6-5　　　　黄河上中下游城市群的基尼系数

地区	2021年人口基尼系数	2021年经济基尼系数	2021年人均GDP基尼系数
黄河上游城市群	0.1228	0.2260	0.1957
黄河中游城市群	0.1702	0.2014	0.1308
黄河下游城市群	0.1440	0.1839	0.1617

更细化来看（见表6-6），七大城市群中人口基尼系数最低的是山西中部城市群，最大的是兰西城市群，说明山西中部城市群的人口规模分布差异更不均衡。而七大城市群的经济基尼系数最大的是关中平原城市群，最小的是呼包鄂榆城市群，说明关中平原城市群的经济规模差距最大。人均GDP基尼系数最大的城市群仍然为兰西城市群，最小的则为关中平原城市群，这说明兰西城市群的经济发展水平差距最大，关中平原城市群的经济发展水平差距最小。

表6-6　　　　黄河流域七大城市群的基尼系数

地区	2021年人口基尼系数	2021年经济基尼系数	2021年人均GDP基尼系数
中原城市群	0.1428	0.1449	0.1431
关中平原城市群	0.1563	0.2698	0.0760
山西中部城市群	0.0987	0.2022	0.1011
呼包鄂榆城市群	0.1123	0.0842	0.1393
山东半岛城市群	0.1570	0.1857	0.1361
兰西城市群	0.1986	0.2611	0.1506
宁夏沿黄城市群	0.1303	0.2178	0.0815

从七大城市群的人口、GDP、人均GDP基尼系数的柱状图来看（见图6-6a），中原城市群的人口、GDP总量、人均GDP基尼系数最接近，说明该区域的人口规模、经济规模、经济发展水平差距最接近。只有呼包鄂榆城市群的经济集聚水平低于人口的集聚水平，其他六大城市群的经济集聚水平都比人口集聚水平高，但并不是人口集聚水平高，经济集

聚水平就高，而是波动变化。例如，山西中部城市群人口基尼系数最低，但却不是经济基尼系数最低的城市群，而是呼包鄂榆城市群的经济基尼系数最低；兰西城市群有最大的人口基尼系数，但是有最大经济基尼系数的城市群却是关中平原城市群。

从黄河流域的上游、中游、下游来看（见图6-6b），黄河上游城市群的人均GDP、GDP差距最大，黄河中游城市群的人口规模差距最大，黄河下游城市群的人均GDP和人口规模差距均居中，但GDP差距则最小。

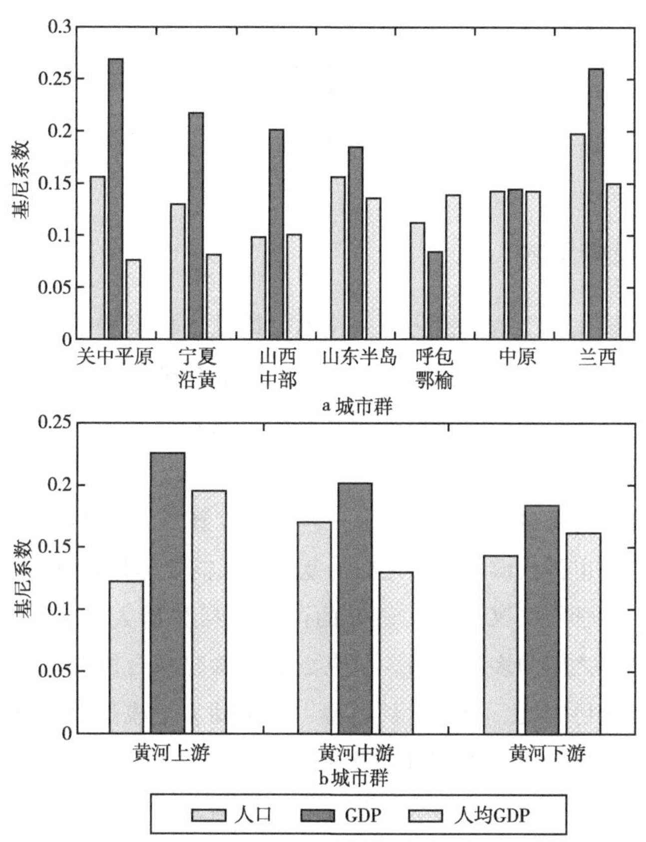

图6-6　2021年黄河流域不同尺度城市群的基尼系数

以人均GDP基尼系数从小到大排序（见图6-7）可以发现，处于黄河上游的兰西城市群具有最大的基尼系数，人均GDP差距最大，而关中平原城市群则具有差距最小的人均GDP。

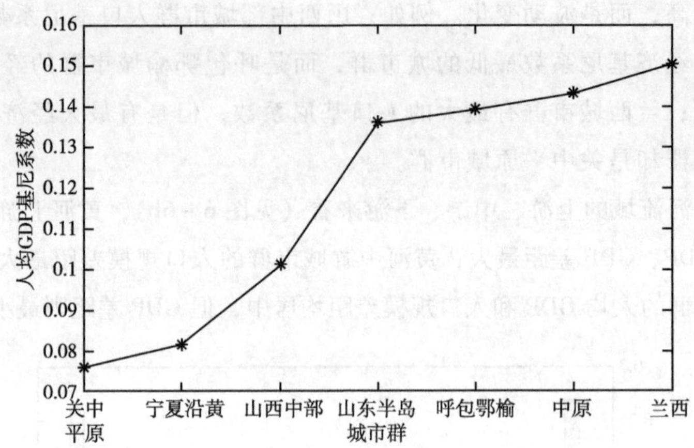

图 6－7　2021 年黄河流域七大城市群的人均 GDP 基尼系数

四、异速生长

人口城镇化和土地城镇化的加速不仅给城市群发展带来人口和土地要素的集聚，也带来环境污染、空气污染等生态问题[30]，因此黄河流域城市群的人口增长和绿地建设是否已经形成某种合理的关系，是这一部分想要回答的问题。

城市群的高质量发展和生态保护涉及内容繁多，是复杂的系统工程。要想弄清楚城市群内部子系统之间的复杂关系需要运用地理学、社会学、经济学、生态学等交叉学科，研究的内容包括分析人口、土地、经济、生态、社会等之间的多维关系，研究方法有构建耦合协调指数来探测子系统间的耦合协调度、异速增长模型、系统动力学模型等，或者利用主成分分析法、熵值法、AHP（层次分析法）方法等测算综合评价指数，评价城市群的发展质量。研究区域以全国、省域、长三角、粤港澳、京津冀等发达城市群[31－37]为主，还没有关于黄河流域城市群人口与绿地建设之间的关系研究。

异速增长概念来源于标度概念，最经典的代表是生物学和生态学中常见的局部与整体呈现的某种几何不变性质。当研究的是某空间单元呈现的动态关系，则为纵向异速增长；若研究不同空间单元在某一时间上的关系，则为横向异速增长。下面以横向异速增长为主。以本章参考文献[34]中的结果作为评价标准：平均异速增长指数 $b=0.85$，即认为此时城市群的人口规模与绿地面积具有同等的增长速度；当 $b>0.85$，则人口增速小于绿地增速，称为正异速增长；当 $b<0.85$，则人口增长速度大于绿地增速，称之为负异速增长，满足关系式如下：

$$Pop_i = aGreen_i^b \tag{6-1}$$

其中，Pop_i 表示对应第 i 个城市的人口规模，$Green_i$ 代表第 i 个城市的公园绿地面积。

图 6－8 是黄河流域城市群市辖区年末户籍人口与市辖区公园绿地面积的双对数线性拟合结果。从图 6－8 的拟合关系来看，黄河流域城市群的异速生长系数为 0.9598 大于 0.85，说明市辖区人口—公园绿地面积呈正异速生长，即从空间整体上来看，公园绿地面积增速大于市辖区人口扩张速度。

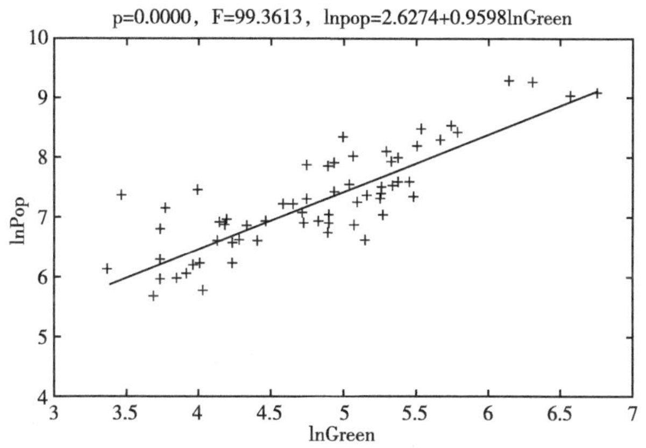

图 6－8　2021 年黄河流域城市群人口规模与公园绿地面积之间的异速增长关系

当细分为黄河流域上中游城市群与下游城市群两部分时，上中游对应的拟合关系为 $\ln pop=2.4692+0.9921\ln Green$，$F=71.7461$，$p=0.0000$，下游的拟合关系为 $\ln Pop=2.7750+0.92441\ln Green$，$F=24.0511$，$p=0.0000$，则黄河下游的异速增长指数显著小于黄河上游、中游的异速增长指数，但都大于 0.85，即呈现正异速增长，说明不管是从整个黄河流域城市群来看，还是分为黄河上游、中游、下游来看，公园绿地面积增速都大于人口增速。另外，黄河上中游的异速增长系数大于下游的异速增长系数，说明黄河上中游的公园绿地扩张比黄河下游的扩张速更快。是因为黄河流域上游、中游城市群的城市化还没有到加速时期，而因为资源禀赋的特殊地形、建设绿地效率更高，市辖区的人口增速要弱于绿地面积增长速度。

把黄河流域 69 个城市的人口数据进行了升序排列之后，重新计算了人口与绿地面积之间的双对数拟合关系，发现正异速生长关系仍然显著。但当把黄河流域城市群按照人口从小到大进行排序时，均分为两个组后发现（见图 6－9）：人口少的城市人口规模与绿地面积之间存在负异速生长关系，系数为 0.5680，但是并不显著；而人口规模大的城市人口与

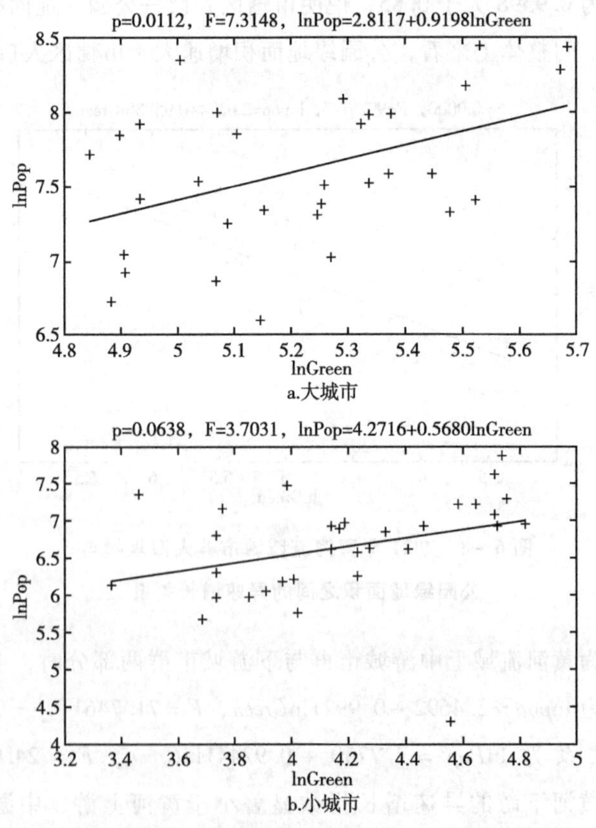

a.大城市

b.小城市

图 6－9　2021 年黄河流域城市群（按照人口从小到大排序）的人口规模与公园绿地面积之间的异速增长关系

绿地面积之间存在显著的正异速生长关系，系数为0.9198。这说明人口规模与绿地面积的正异速生长现象有空间差异性，而且所有的正异速生长系数均大于0.85小于1，说明黄河流域城市群的不同尺度下绿地面积和人口规模基本协调，绿地面积增长速度略高于人口规模增长速度。

类似地，对建成区绿化覆盖率与公园绿地面积进行双对数拟合（见图6－10），发现两者之间的异速生长系数异常的大，显著为4.3623。这说明公园绿地面积增速远远快于建成区绿化覆盖扩张速度，为绿地扩张强型。同样的，按照人口升序排列继续进行对应的拟合，发现人口规模小的城市与人口规模大的城市，对应的公园绿地面积与建成区绿化覆盖率之间的异速生长系数大于人口规模较大的城市对应的系数，前者显著性较好，但后者没有显著性。两个系数一个为3.2019，另一个为2.6430，说明人口规模少的城市，为正异速三级，公园绿地面积增速显著大于建成区绿化覆盖率增速。

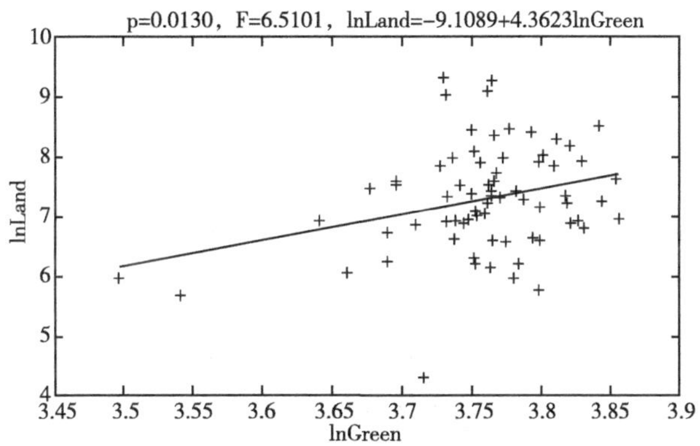

图6－10　2021年黄河流域城市群建成区绿化覆盖率与公园绿地面积之间的异速增长关系

表6－7展示的是黄河流域城市群经济规模总量与其他因素之间的异速增长关系。根据0.85这个临界值，可知增长速度大于经济规模增长速度的是人均GDP、金融贷款余额、第三产业比重，但因为所有的异速增长指数均小于1，所以属于正异速一级增长。全市户籍人口数、社会消费品总额、批发零售、科技支出占预算比值、金融存款余额的异速增长指数都大于0.5小于0.85，即为负异速一级增长，这表明这些因素的增

长速度均低于经济规模的增长速度。绿色专利数、出口额、专利授权数、第一产业比重、第二产业比重异速增长指数都小于0.5，属于负异速二级增长，即这些要素的增长速度远远低于经济规模的增长速度。

表6-7　黄河流域城市群GDP与其他不同因素之间的异速增长指数

指标	异速增长指数	统计指标 R^2	统计指标 F 值
全市户籍人口总数	0.8058	0.4916	65.7531
绿色专利	0.3731	0.2611	24.0229
人均GDP	0.9523	0.2867	27.3356
社会消费总额	0.8106	0.8847	521.9418
批发零售	0.5254	0.7052	162.634
科技支出	0.5324	0.6043	103.8381
年末金融机构人民币各项存款余额	0.7248	0.7791	239.8047
年末金融机构人民币各项贷款余额	0.8851	0.8831	513.6445
出口额	0.3375	0.6637	134.1903
专利授权数	0.3571	0.2519	22.8925
第一产业比重	0.4554	0.165	13.4361
第二产业比重	0.3138	0.0083	0.5661
第三产业比重	0.8549	0.0386	2.7322

四大核心城市相对于其他所有城市的集中首位度指数、位序首位度指数可知以下信息（见表6-8）。

表6-8　黄河流域城市群四大核心城市的集中首位度、位序首位度

指标	人口集中首位度	人口位序首位度	经济集中首位度	经济位序首位度	金融集中首位度	金融位序首位度
济南	0.0228	0.6494	0.0619	0.8287	0.0661	0.7872
青岛	0.0237	0.6725	0.0473	0.6331	0.0654	0.7778
郑州	0.0255	0.7242	0.0404	0.5405	0.0840	1.0081
西安	0.0279	0.7941	0.0747	1.2607	0.0834	0.9919

从集中首位度结果可知，济南、青岛、郑州、西安四个核心城市的人口占比都没有超过整个黄河流域城市群人口的3%，但是如果单独看这四个城市分别与剔除该城市后剩余65个城市中人口最多的城市相比来看，这四个城市的人口是对应城市人口的60%。从经济规模总量来看，四大核心城市的经济规模都超过整个黄河流域城市群经济规模的4%，四个城市经济规模总量加起来的占比更是达到了22.43%，超过了整个黄河流域城市群69个城市经济规模总量的1/5。

从位序首位度来看，济南的经济规模是除它之外其他68个城市中经济规模总量最大城市的82.87%，西安更是达到了126.07%。郑州稍弱，占比为54.05%。

如果把位序首位度指数看作行政力量的介入程度，则从四大核心城市的人口位序首位度都小于1来看，说明这四个城市均小于除它之外的其他城市排名第二的城市人口，即表明四者位序基本一致。但也有区别：例如，西安人口首位度指数最大、济南人口首位度指数最小，说明济南在人口吸引方面的行政力量弱于西安对人才的行政力量。同时西安的经济位序首位度大于1，说明西安政府在经济发展方面的行政力量更强大，但郑州、济南、青岛的经济位序首位度都小于1，说明这3个城市对于经济发展方面的行政干预小于西安政府的行政干预力度，郑州政府行政力量最弱，青岛弱于济南。

目前西安政府对人才的吸引政策大致有如下内容：对于人才认定进行了详细的分类，有人社部认定的实用人才、专利人才、专业技术人才、技能获奖人才、中高级技师人才、中高级技工人才、大中专应届毕业生、择业期内的往届毕业生等，并发布不同类型人才的奖励补助、人才奖励、创业补助、企业引才补助等政策；把人才引进工作作为政府一把手的第一责任问题；对重点产业链、国家专精新突出的企业进行补贴，对顶尖人才给予高额配套支持；对高水平科研院所、世界500强企业等给予高额资金支持，并加强专利保护。

对于金融规模的集中首位度和位序首位度分析来看，金融的集中首位度都大于经济的集中首位度，说明四大核心城市的金融集聚能力大于经济集聚能力，但金融位序首位度和经济位序首位度却没有一致性的结果：济南和西安的经济位序首位度要大于对应的金融位序首位度，而青岛和郑州则相反。

特别是，从以存款与贷款之和代表的金融发展规模来看，郑州的金融规模比其他 68 个城市中最大金融规模的城市要大，是这个城市的 100.81%，西安是对应城市的 99.19%，济南和青岛则稍微逊色，不到对应城市的 80%，但四个城市的金融规模之和已经超过了其他所有城市金融规模之和的 29.89%，占比超过了整个黄河流域城市群的 1/4。

图 6 -11 描述了黄河流域城市群金融发展情况，其中的金融效率用存款余额与贷款余额之和占 GDP 之比、存贷比两种方式表示。显然，不管是哪种计算出来的金融效率，大致波动性是一致的。同时，也能看出其中的七个波峰，即表示黄河流域城市群中的七大城市表现非常抢眼：太原的存贷加总占比为 6.2106，存贷款比为 1.0507；呼和浩特存贷加总占比为 5.1934，存贷款比为 1.4411；济南和青岛的存贷加总占比分别为 3.9695、3.1717，存贷款比分别为 0.9705 和 1.0774；郑州金融效率为 4.5424，存贷款比为 1.1935；兰州存贷加总占比为 7.2998，属于整个黄河流域城市群中金融效率最高的城市，存贷款比为 1.4761；西宁的存贷加总占比为 6.5548，存贷款比为 1.1589；最低的存贷加总占比为 1.4761，对应城市为河南的许昌；最低的存贷比为 0.4264，对应城市为山西的忻州。

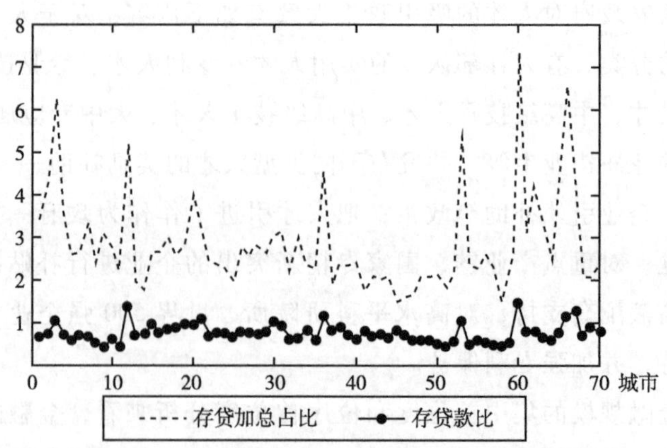

图 6 -11　2021 年黄河流域城市群金融发展情况

第三节　空间相关性分析

根据我国“十四五”规划中关于构建“多中心、多层级、多节点的网络型城市群”这一目标来说，黄河流域不同尺度下的城市群是否达到了规划中的目标还需对城市群的空间结构演化特征做进一步研究。

空间结构的演化规律是区域经济学、空间经济学、经济地理学等交叉学科的研究核心之一，主要分析不同要素在空间中的扩散与集聚过程中形成的最终或暂时的空间分布和组合状态。人们可以从这些要素在空间中的动态或静态分布特征，发现城市群的发育特征与水平。从理论上来看，新经济地理学认为，没有外部干扰时，要素在空间的集聚会促使规模报酬递增，但一旦受到外部影响，则会因为经济活动的扩张超过了城市的空间承载力，从而产生集聚不经济，造成从单中心向多中心发展[38]。因此，目前的研究更多的是分析城市群的要素在空间中的集聚与扩散特征、最终演化趋势、影响因素和带来的经济绩效等[39、40]。在分析城市群的单中心还是多中心结构的研究中，一般以交通数据、夜光灯大数据、人口数据为切入点，从地理空间、经济空间等方面，对 Pareto 指数、经济首位度等进行量化测度，或者以网络分析法为主，通过定义某种联系强度，分析空间形态与城市群功能联系方面的空间结构演化特征[41、42]。

从本章前两节的分析结果可知，黄河流域城市群在人口规模、经济发展、金融规模等方面已经可以看到初步的集聚，济南、青岛、郑州、西安四大核心城市的中心地位毋庸置疑。同时要考虑这四大核心城市在黄河流域高质量发展中是否已经发挥了各自的辐射作用，必须考虑黄河流域城市群的空间结构和空间关联性是否已经达到了某种程度的紧密性。

下面从空间结构和空间关联特征入手，分析以引力模型、空间关联维数和空间 Moran's I 指数为主的数值，观察引力指数是否已经说明中心城市具有辐射最强、范围最大的作用；空间关联维数是不是已经显示黄河流域城市群的城市之间空间分布已经均衡、城市之间的联系达到了紧密程度。

本节中计算空间权重矩阵要用到的距离有两种：一种是地理空间距离，另一种则为经济距离。当然，两城市之间的距离不仅局限于空间的地理距离或经济距离，还可以把距离扩展到交通距离等。

空间 Moran's I 指数为全局空间自相关指数，可以分析城市群中相邻或空间相近城市对应要素观察值的相似程度。以下计算的空间 Moran's I 指数是基于地理空间距离计算的。

根据表 6－9 可知，黄河流域城市群人口规模的空间 Moran's I 指数为 0.283112 >0，具有显著正相关性，说明空间距离越近，对应城市人口规模的相关性越强。GDP 总量、人均 GDP 的空间 Moran's I 指数均为正值，都具有统计显著性，说明空间位置越近的城市，经济规模和经济发展的相关性越强。社会消费总额的空间 Moran's I 指数虽然也是正的，但并不显著，这说明从整体上看，黄河流域城市群的消费规模存在空间正相关性，但还需要进一步激发城市群核心城市对周边城市的引领与带动作用。例如，山东省拥有济南都市圈和青岛都市圈，而都市圈的划分是以“一小时通勤圈”为范围划定的城镇空间形态，即都市圈的城市具有近的地理位置。显然，这两个都市圈在人口规模、土地面积、生产总值等都处于绝对优势。因此，济南和青岛作为核心城市，对于周边距离近的都市圈其他城市起到了重要的辐射带动作用，从而在济南和青岛增强要素集聚能力和综合承载能力的同时，带动和引领了都市圈其他城市的经济发展。

第一产业占比、第二产业占比和第三产业占比均具有正的空间自相关指数，但这三个指数依次降低，而且只有第一产业占比具有显著性。具体原因可能是因为地理距离越近的城市群，拥有相似的自然资源决定了生产的农、林、牧、渔业等产业具有显著的相似性，尤其是黄河流域独特的自然禀赋，有黄淮海平原、河套灌区、汾渭平原等粮食和肉类主产区，有丰富的煤炭、天然气、石油和有色金属资源等，而第一产业主要以农业、采矿业为主。虽然我国已经形成了逐渐稳固的“三二一”产业格局，但具体到黄河流域城市群上，不同城市群核心城市的第二产业和第三产业的空间辐射和带动作用不同，还存在巨大的发展潜力。

货物进、出口额的空间 Moran's I 指数均为显著正值，说明地理位置越近的城市，贸易实力相关性越高。例如，济南作为“一带一路”倡议的重要核心城市，与沿黄城市共同建设货运走廊，与天津港、烟台港和青岛港等互联互通，参与日韩、中蒙俄、欧亚大陆、东盟等国际物流大通道的建设、开通中欧班列，拓展全货机航线等，拥有交通优势，济南、烟台和青岛三地更因为便利的交通设施，促进了黄河流域城市群对外贸易的共同发展。

金融贷款余额的空间 Moran's I 指数为 -0.038454，不显著，但金融存款余额的空间 Moran's I 指数为显著的正值 0.01836。这说明从金融规模来看，黄河流域城市群地理位置近的城市，在金融贷款方面会存在负相关，但不显著。同时也表明，黄河流域经济高质量发展相关金融支持政策措施的有效性、缓解企业和居民的购买力压力、实体经济恢复等没有显著相关性；从城市的稳定发展来看，黄河流域城市群地理位置越近的城市，城市的存款余额相关性越强，能更好地促进该城市的经济持续发展、推动科技进步、提升居民生活质量。

除了地方一般公共预算支出的空间 Moran's I 指数为不显著的正值之外，地方一般财政收入、地方一般财政支出、地方一般公共预算收入和科学技术支出的空间 Moran's I 指数均显著为正，这说明地理位置越近的城市，在政府财政收入、支出与科技支出方面越相关。例如，山东和河南两个存在多个交界城市的省份，在 2021 年共同签署关于豫鲁段横向生态补偿的协议，规定了山东、河南互相补偿的具体条件。具体执行依靠的是山东和河南两省在政府财政方面为黄河干流水质安全提供的财政保证；而兰西城市群作为拥有联通欧亚大陆和西部边境地理优势的城市群，伴随“一带一路”倡议的推进，一起面对祁连山保护区的整改问题、跨界流域水污染与大气污染的联防联控建设，围绕生态保护和经济高质量发展进行共治；以青海的高品质牛乳、甘肃的大型养殖场优势互补合作生产优质生牛乳；西宁和兰州在科技战略合作问题上进行成果转化实践，充分搭建和发展两地在政府、高校、科研院所和企业合作交流的平台。在交通运输一体化建设上，两省共同投资建设青海民和大桥、甘肃团结大桥等，在对外开放合作、重大攻坚专项合作、国际货运班列合作等问题进行共同建设、发展合作共赢模式。

专利申请数的空间 Moran's I 指数为正值，但不显著，说明在一定程度上，黄河流域城市群的科技创新水平和能力具有空间相关性，但目前还没有明显显现。例如，西安作为关中平原城市群的核心城市，2020 年的科研投入位居全国第三，推出了秦创原综合服务平台，以“春种基金”为高校科研转化基金，提升了陕西的科研水平，在推动黄河流域城市群的资源创新与开放共享、创新驱动方面具有较高的科技创新水平，对周边城市产生了一定的科技创新辐射效应。而西安拥有西安交通大学、中国科学院地球研究所等多所知名的高校、科研院所，航天科技、制造业和高新技术产业等企业在西安的聚集，会给未来的关中平原城市群带来产业集群、企业集群的融合发展，从而对促进黄河流域城市群的高质量发展有巨大的发展潜力。

排水管道长度的空间 Moran's I 指数显著为正，且小于 1，说明黄河流域城市群在水环境治理方面，存在显著空间相关性，即地理位置越近的城市，水环境治理程度越相关。例如，2021 年，青海省和甘肃省联合签署了关于甘青两省共建的相关行动计划与工作任务，在青海省的湟中区西纳川流域进行污水主管网铺设，西宁和海东 2 市 6 区开展建成区污水管网的补短板工程，促进了兰西城市群在生态环境方面的一体化建设。

可吸入颗粒物浓度的空间 Moran's I 指数显著为正，说明地理位置越近的城市，其空气污染程度越相关。例如，2017 年 8 月，关中平原城市群的西安、宝鸡、咸阳、铜川、杨凌示范区、渭南、西咸新区、韩城市等签署了关于大气污染联防联控的行动方案，为关中平原城市群的大气污染问题进行统一规划、统一监测等防控措施，为黄河流域经济高质量发展奠定了良好的生态基础。

建成区绿化覆盖率的空间 Moran's I 指数也显著为正，取值为 0.163155，这表示空间距离越近，建成区绿化覆盖率的相关性越强，这与黄河流域丰富、独特的自然环境有密切的关系。例如，黄河下游的建成区绿化覆盖率普遍较高，尤其是河南省的鹤壁市，建成区绿化覆盖率为整个黄河流域城市群最高，其次是也处于下游的滨州市；黄河中游、上游的甘肃、陕西和青海省部分城市建成区绿化覆盖率处于较低水平，尤其是黄河上游的甘肃省定西市与庆阳市，建成区绿化覆盖率排名为整个黄河流域城市群的倒数第一名与倒数第二名。从地方政府职能转换来看，对于目前黄河流域高质量发展的宏观目标，着力推动各城市群的协调一体化发展，对各级政府的绩效考核以绿色发展为核心，自然在建成区绿化覆盖率方面有显著的空间相关性（见表6－9）。

表6－9　　黄河流域城市群各因素的空间 Moran's I 指数

变量	空间 Moran's I 指数	方差	Z 得分	P 值
人口规模	0. 283112	0. 006193	3. 78169	0. 000156
GDP	0. 172798	0. 005727	2. 474886	0. 013328
建成区绿化覆盖率	0. 163155	0. 00477	2. 57231	0. 010102
第一产业比重占比	0. 201066	0. 006226	2. 73192	0. 006297
第二产业占比	0. 109021	0. 005882	1. 610454	0. 107299
第三产业占比	0. 085975	0. 005685	8. 133244	0. 182716
社会消费品总额	0. 118083	0. 00574	1. 749865	0. 080142
地方一般财政收入	0. 13935	0. 004971	2. 181893	0. 029117
地方一般财政支出	0. 131389	0. 00503	2. 056877	0. 039698
科学技术支出	0. 152125	0. 005027	2. 349898	0. 018779
人均 GDP	0. 219747	0. 005832	3. 067346	0. 00216
地方一般预算收入	0. 154501	0. 005585	2. 261302	0. 023741
地方一般预算支出	0. 088112	0. 005751	1. 352971	0. 176065
贷款余额	－0. 038454	0. 00542	－0. 325537	0. 744775
存款余额	0. 01836	0. 005566	2. 758716	0. 005803
可吸入细颗粒物	0. 268727	0. 005995	3. 657841	0. 000254
排水管长度	0. 191316	0. 005566	2. 758716	0. 005803
货物进口额	0. 140949	0. 004986	2. 201384	0. 027709
货物出口额	0. 160269	0. 005056	2. 457818	0. 013978
专利数	0. 083655	0. 005346	1. 342307	0. 179497

本章参考文献

[1] Alonso W. Urban zero population growth [J]. Daedalus, 1973 (04): 191－206.

[2] 付金存，赵洪宝，李豫新．新经济地理理论视域下地区差距的形成机制及政策启示［J］．经济体制改革，2014，(05)：43－47.

[3] 朱希伟，朱胡周. 量化空间经济学研究进展 [J]. 经济地理，2022，42 (12)：1-12. DOI：10.15957/j.cnki.jjdl.2022.12.001.

[4] 郑文升，杜南乔，杨瑶，等. 长江中游城市群空间结构的多分形特征 [J]. 地理学报，2022，77 (04)：947-959.

[5] 洪江涛，李效顺，魏旭晨，等. 基于数据融合的长江经济带城市建成区时空格局研究 [J]. 长江流域资源与环境，2021，30 (10)：2325-2335.

[6] 苏飞，张平宇. 辽中南城市群城市规模分布演变特征 [J]. 地理科学，2010，30 (03)：343-349. DOI：10.13249/j.cnki.sgs.2010.03.017.

[7] 赵静湉，陈彦光，李双成. 京津冀城市用地形态的双分形特征及其演化 [J]. 地理科学进展，2019，38 (01)：77-87.

[8] 鲍紫藤，罗小龙，顾宗倪，等. 快速城镇化背景下乡村聚落分形特征及影响因素研究——以广东省茂名市为例 [J]. 人文地理，2022，37 (01)：100-108. DOI：10.13959/j.issn.1003-2398.2022.01.012.

[9] 李元芳，乔伟峰，杨春花，等. 基于公共服务设施可达性的村镇建设格局评价及优化策略研究——以常州市金坛区为例 [J]. 地理与地理信息科学，2024，40 (01)：106-113.

[10] 杨鑫，彭飞，张琦琦，等. 2000 年来中国边境城市对外贸易位序——规模分布及其影响因素 [J]. 世界地理研究，2020，29 (06)：1102-1112.

[11] 鲁训法，王汇友，何鹏超，等. 战略性新兴产业、经济高质量发展与共同富裕的耦合协调研究 [J/OL]. 系统科学与数学：1-25 [2024-04-28]. http://kns.cnki.net/kcms/detail/11.2019.o1.20240415.2255.014.html.

[12] 董会忠，韩沅刚. 复合生态系统下城市高质量发展时空演化及驱动因素研究——以黄河流域 7 大城市群为例 [J]. 人文地理，2021，36 (06)：96-107. DOI：10.13959/j.issn.1003-2398.2021.06.011.

[13] 李旭辉，庞正虎. 重大国家战略区域数字创新发展：提升潜力与平衡路径 [J]. 科研管理，2023，44 (12)：1-9. DOI：10.19571/j.cnki.1000-2995.2023.12.001.

[14] 钟有林，李霁友. 区域经济非均衡发展理论的演变与创新 [J]. 求索，2009 (01)：40-41+186. DOI：10.16059/j.cnki.cn43-1008/c.2009.01.063.

[15] 苏聪文. 中国城市规模分布的测度、演变及成因 [J]. 城市问题，2023 (06)：26-36. DOI：10.13239/j.bjsshkxy.cswt.230603.

[16] 狄干斌，梁晨露，陈小龙. 京津冀减污降碳与经济发展的动态关联研究

[J/OL]．地理与地理信息科学：1－10［2024－04－28］．http：//kns. cnki. net/kcms/detail/13. 1330. P. 20240423. 1451. 004. html.

［17］王韧，宋爽爽，段义诚，等．金融集聚与城市经济效率：基于城市群视角的实证［J/OL］．统计与决策，2024（07）：150－155［2024－04－28］．https：//doi. org/10. 13546/j. cnki. tjyjc. 2024. 07. 026.

［18］慕石雷，杨玉欢，乌日陶克套胡．黄河流域五大城市群 PM2. 5 时空演变与影响因素探讨［J/OL］．干旱区地理：1－21［2024－04－28］．http：//kns. cnki. net/kcms/detail/65. 1103. x. 20240412. 1859. 002. html.

［19］张鸿雁．构建扬子江创意城市群的内生动力与成长策略［J］．南京社会科学，2024（04）：140－153. DOI：10. 15937/j. cnki. issn1001－8263. 2024. 04. 014.

［20］段学军，张潇冉，苏伟忠，等．长江经济带高质量发展评估与时空分异特征［J］．长江流域资源与环境，2023，32（09）：1773－1782.

［21］周韩梅，刘新智．我国八大城市群空间结构的演化特征及其驱动因素［J］．经济问题探索，2023（10）：73－84.

［22］马志越，王金营．我国区域中心城市首位度与集聚水平——兼论齐普夫定律检验［J］．西北人口，2023，44（06）：60－72. DOI：10. 15884/j. cnki. issn. 1007－0672. 2023. 06. 005.

［23］王腾波，张英，翟亮，等．夜间灯光视角下京津冀地区协同发展特征研究［J］．测绘科学，2022，47（08）：166－173. DOI：10. 16251/j. cnki. 1009－2307. 2022. 08. 019.

［24］陈旭，纪展鹏，邢孝兵．城市价值链功能分工与企业创新：来自企业专利的证据［J/OL］．世界经济，2024（03）：94－123［2024－04－28］．https：//doi. org/10. 19985/j. cnki. cassjwe. 2024. 03. 007.

［25］王宏，孙根年，冯庆．高 A 级景区空间聚集提升城市旅游效益的机制分析——以陕西西安和山西太原为例［J］．资源开发与市场，2021，37（12）：1488－1496.

［26］董昕，张朝辉，刘晓霖．中国城市群的发展测度：基于 19 个主要城市群［J］．区域经济评论，2024（02）：100－110. DOI：10. 14017/j. cnki. 2095－5766. 2024. 0023.

［27］袁晓玲，王书蓓，黄涛．中国城市群发展质量的差异测度、来源分解与形成机理［J］．经济问题探索，2024（02）：142－159.

［28］章激扬．长三角城市群创新发展空间差异及收敛性研究——基于 Dagum 基

尼系数分解 [J]. 长江流域资源与环境, 2023, 32 (02): 235 - 249.

[29] 彭妮娅. 基尼系数测度贫富差距的一种改进方法 [J]. 统计与决策, 2024, 40 (04): 12 - 16. DOI: 10.13546/j.cnki.tjyjc.2024.04.002.

[30] 赵弘, 刘宪杰. 以可持续城市理念推动国家中心城市高质量发展 [J]. 区域经济评论, 2020 (05): 76 - 84. DOI: 10.14017/j.cnki.2095 - 5766.2020.0091.

[31] 种照辉, 张伟丽, 李小建. 城市群经济发展质量及影响因素研究——基于多维网络的视角 [J]. 统计与决策, 2023, 39 (03): 131 - 135. DOI: 10.13546/j.cnki.tjyjc.2023.03.024.

[32] 李梦园, 庞家朋, 李欢. 省域典型旅游集散地综合可达性协调发展及空间关系研究——以新疆为例 [J/OL]. 干旱区地理: 1 - 12 [2024 - 04 - 28]. http://kns.cnki.net/kcms/detail/65.1103.X.20240423.1415.001.html.

[33] 杨秀平, 李秋辰, 王睿. 高质量发展下黄河流域旅游产业结构优化研究 [J]. 生态经济, 2023, 39 (04): 129 - 138.

[34] 尹上岗, 杨山, 龚海波. 长三角工业经济规模与污染排放异速关系及互动机制 [J]. 地理学报, 2022, 77 (09): 2202 - 2218.

[35] 陈红梅, 李建豹. 长三角城市群高质量发展对碳排放强度的空间溢出效应 [J]. 生态经济, 2024, 40 (04): 77 - 86.

[36] 张国俊, 梁真源, 吴宗书. 中国城市群数字普惠金融演化特征及其对高质量发展的效应分析 [J]. 地理研究, 2024, 43 (03): 621 - 639.

[37] 张伟丽, 王伊斌, 魏瑞博. 城市群内城市高质量发展趋同俱乐部时空演进及机理 [J]. 地理学报, 2023, 78 (12): 3109 - 3128.

[38] 王伟凯, 黄志基, 贺灿飞. 中国城市群经济空间评价——基于新经济地理的视角 [J]. 城市发展研究, 2012, 19 (07): 82 - 90.

[39] 黄烈佳, 鲁昭, 胡伟艳. 长江经济带城市空间"三生"功能耦合协调时空演化特征及影响因素 [J]. 长江流域资源与环境, 2024, 33 (04): 687 - 698.

[40] 韩燕, 潘成, 金凤君, 等. 黄河流域数字经济产业空间格局演化及影响因素 [J]. 资源科学, 2024, 46 (03): 488 - 504.

[41] 赵亚博, 胡蝶, 黄柳倩, 等. 粤港澳大湾区物流网络特征与影响因素研究 [J]. 地理科学进展, 2024, 43 (04): 685 - 699.

[42] 周以杰. 我国生态富民水平测度、动态演进及空间关联 [J/OL]. 中国流通经济: 1 - 11 [2024 - 04 - 28]. http://kns.cnki.net/kcms/detail/11.3664.F.20240403.1711.008.html.

第七章

黄河流域城市群经济金融韧性的复杂特征

从复杂系统的角度入手，黄河流域城市群可以看作是复杂巨系统。随着工业化的进展，以及基于黄河流域独特的地理位置和经济基础，黄河流域城市群长期依赖传统的粗放型产业，加剧了黄河流域生态环境的脆弱性，对于自然灾害、经济危机冲击、公共卫生事件等的反应各不相同[1-3]。在外界冲击下，有的城市群能够快速复苏，使经济增长速度回到原来水平甚至迎来新的突破；有的城市群却短暂陷入低谷。这种经历冲击能够恢复到原状态或迈入新状态的能力是解释城市群可持续发展的重要原因。因此，发现黄河流域城市群经济金融系统抵抗冲击、适应与恢复的变化特征，是提升黄河流域高质量发展的重要基础课题之一。

区域经济韧性作为反映城市群面对干扰迅速恢复，从而适应并快速转型的能力，是区域经济学、生态学、人文地理学、城市经济学、空间经济学等领域学者关注的热点问题之一。

目前，关于区域经济韧性的概念经历了以下三大阶段：第一阶段是具有单一均衡的工程韧性视角，是指经济系统在经历冲击后，经过短暂的波动，最终能恢复到原有均衡状态。随着区域经济系统的调控，区域经济系统的结构会发生改变，因此出现了生态韧性视角，即经济系统在超过某一冲击的最大承受能力时，会进入新的均衡状态，这一均衡状态更大概率是衰退的，然后衰退造成的经济系统结构的调整会引发新的更具效率的均衡路径。演化韧性视角则认为，经济系统在面临冲击后，不再恢复到旧有的均衡状态或进入新的均衡状态，而是处于动态适应过程，经济韧性既有可能处于被锁定的路径依赖状态，又可能进入新的发展路径。

区域经济韧性根据冲击的持续时间，可以把冲击分为“突发冲击”（或短期剧烈冲击）与“慢性燃烧”（或长期温和冲击）。短期剧烈冲击包括突发性金融危机、大型自然灾害、重要企业倒闭等，长期温和冲击包括气候的持续变热、资源长期短缺、产业持续衰退等。基于演化经济韧性的角度，面临不同的冲击，城市群的经济发展状态可能会迅速改变[4-8]。然而，从非均衡区域经济学和复杂系统理论来看，慢性燃烧和突发冲击两者的识别、相互关系对复杂系统的影响并没有得到理论上深刻的认识。

关于金融韧性的研究则尚处在起步阶段[9-14]。目前的大多数研究认为金融韧性可以用金融市场的高稳定性、低系统风险来表示，还有的考虑服务实体经济的能力、金融创新强度等。目前的金融韧性研究与经济韧性研究框架大致相同：把金融韧性看作金融系统抵抗干扰、吸收与恢复、创新与改革的能力，所以需要三大方面的数据来构建金融韧性。其中的抵抗干扰能力代表金融系统能够通过自身的功能和结构抵抗干扰，从而保持自身结构维护功能的稳定性，并同时具有防范风险的能力；吸收与恢复能力是指金融系统在受到冲击后，能迅速调整自身结构、保持金融系统功能的连续性，尽快恢复到原有均衡水平；创新与改革能力是指金融系统能够通过学习，发现新的发展模式，探索新的发展路径。因此，体现金融韧性的数据包括以下两方面：干扰冲击前所在区域的金融业劳动生产率变化情况、反事实的金融业劳动生产力增速，或者分析金融市场变量对冲击的时变脉冲效应，看重的是抵御外部风险的能力，前者的金融业实际劳动生产率可以通过各区域金融机构存款余额、金融业从业人员数据来刻画。

反事实的金融业劳动生产率是首先假设规模报酬递增、金融系统满足静态卡尔多（Verdoom）定律，被解释变量金融就业水平与解释变量金融劳动生产率之间存在线性关系。确定冲击的年份，以冲击前一年为基期，计算当年更大区域的金融业实际生产率作为反事实生产率，随后通过迭代计算获得对应区域对应年份的金融劳动生产率当作反事实金融劳动生产率。再根据线性关系反推反事实的金融就业水平，并通过计算金融实际劳动生产率增速与反事实金融劳动生产率增速之间的差值来衡量金融韧性。在确定金融韧性的具体数值后，通过观察金融韧性的动态变化，例如，通过确定区域金融韧性的均值和中位数为负值的时间范围，确定区域的金融系统受到冲击的抵抗期；通过金融韧性的均值和中位数由负转为正，可以确定金融系统进入调整恢复期；再根据金融韧性的均值和中位数有稳定提升，则意味着该时间范围属于学习转换期。对于金融市场的金融韧性刻画则通过搜集股指、农产品指数、同业银行拆借利率等高频数据，以外部冲击对应的冲击强度和吸收期刻画外部冲击后金融市场的抵御能力和恢复能力，其中冲击强度、吸收期与金融韧性成反比。

目前的区域经济韧性一般是从物理学的角度，把区域经济看作某一个整体，当有外界冲击时，该整体会有抵抗、恢复、调整、适应的整个过程，所以会从这四个维度研究经济韧性的内涵。基于刻画这四个过程的复杂程度，也可以把四个维度减少为两个维度，考察该区域体对冲击的抵抗和恢复能力，但这一定义认为区域经济的稳态只有一个，并没有考虑多重均衡的情况，也没有考虑动态变化的情况。

根据第六章黄河流域城市群经济发展的不均衡空间分布现状及其增速动态变化特征可知，GDP 总量增速发生变化较大的时间有 2008 年、2011 年、2018 年，因此可以把外界冲击作用时间定为这三个年份。从复杂系统理论来看，可以把黄河流域城市群看作复杂系统，把这三个年份发生的外界冲击分为国际金融危机、欧债危机、中美贸易摩擦，我国采取的金融财政政策、各省（自治区）提出的金融支持政策作为调控手段，目标是帮助黄河流域城市群经济恢复或变得更好，即黄河流域城市群具有更好的经济韧性，但对于黄河流域城市群这一复杂巨系统来说，其子系统包括生态系统、经济系统、金融系统、社会系统等，各子系统内部及系统之间的交互关系错综复杂，属于黑箱。

一般来说，当该系统通过金融财政政策的不断修正后，城市群的经济韧性在扰动前、扰动后会出现不同的反应，即城市群系统的韧性指标可以看作城市群高质量发展指标之一，通过观察该系统韧性指标的发展变化，可以看到城市群在抵抗期、恢复期、调整期和适应期、转型期四个阶段的特征。因为外部环境的不确定性和复杂性，不同时间段内黄河流域城市群受到的冲击具有非线性和叠加性，很难剥离不同外界干扰对城市群要素的动态影响。

因此，在演化韧性的视角下，在假设该复杂系统的内部、子系统间的相互作用关系未知条件下，以人力资本、科技创新、金融资本为输入或投入，城市群高质量发展指标为产出，构造满足某些特殊情况的偏微分方程，可以在一定程度上模拟黄河流域城市群经济韧性的动态变化与空间变化，这是需要关注的理论问题之一，但构造这一理论问题的前提是对黄河流域城市群经济韧性的复杂性要有深刻的认识。

因为区域经济内部要素之间关系的复杂性，一般研究区域经济韧性的量化方法是用综合评价指标进行评价韧性，或构造韧性定义进行计算，也会从产业结构、人力资本、科技创新等方面分析韧性的影响因素。然而，目前关于韧性的测度并没有统一的标准，关于城市群韧性的研究，也没有基于黄河流域的水资源约束、碳排放为视角的韧性研究。

黄河流域特别是黄河中游、上游城市群属于煤炭产业集中区，拥有占全国总数近50%的亿吨级大型煤炭基地，有占全国总数约67%的千万千瓦级大型煤电基地。黄河流域城市群通过建设煤制油、煤制乙二醇、煤制天然气、煤制烯烃等现代煤化工产业，推出相应的工程示范，在相关技术创新、产业推广方面做出了显著突破性成绩，同时也带来碳排放量过多（约占全国碳排放总量的70%）、消耗水资源与堆积固体废物过多等资源环境问题。为了优化能源结构、实施低碳发展战略，黄河流域涉及省份按照2021年中国人民银行关于引导金融资源助力绿色发展、支持“双碳”目标的实现等，提出了重要的金融服务指示，积极推出“绿色信贷”“绿色保险”“绿色债券”等绿色金融服务与产品。同时根据“十四五”规划中提到的加快数字技术创新发展，以数字金融推出创新性的数字金融服务，满足中小企业的融资需求、降低交易成本等，有助于提高黄河流域城市群区域经济增长、缩小区域内的经济差距、减少人们日常活动带来的碳排放量。黄河流域城市群的经济系统和金融系统之间存在错综复杂的关系，并不是简单的线性或二元关系，需要考虑两个系统体现出来的经济韧性和金融韧性的耦合协调度来刻画两个系统之间的依赖性和制约性[15、16]。

目前关于城市群的韧性研究大致围绕生态韧性、网络结构韧性、经济韧性、环境韧性等，根据不同的基础数据，基于经济周期法、偏离—份额法、综合指标评价法等，刻画这些韧性的时空分布与演化路径；根据影响经济韧性的产业结构、人力资本、科技创新、社会文化等因素，基于单系统、单维、两系统等角度，以分析其时空变化、与其他因素的耦合协调关系、模拟预测等，找到重要的驱动因素与影响机制、识别障碍因子等；研究区域有长三角城市群、长江中游城市群、黄河流域城市群、全国城市群等，研究方法包括根据把城市群分为遇到干扰前、干扰中、干扰后的三个阶段，构建三维或更高维韧性指标，用空间相关性指标，探讨韧性的时空分异特征及其影响因素[17-19]。

关于城市群的耦合协调度研究大多数分析城市群的经济发展与洪涝韧

性、城市基础设施与生态服务、韧性与科技水平、韧性与土地效益、数字经济与韧性、城市化强度与韧性等的耦合协调度；研究的数据有基于遥感影像数据的年产水量、年降水量、年平均蒸散量、土壤保持量，以及统计年鉴中的经济、基础设施、环境、社会等数据；以累积贡献量、相关性分析、投影寻踪模型、熵值法，构造韧性与城市化强度评价指标，并以此分析两者的耦合协调度，研究区域有长三角、京津冀、珠三角和全国大多数城市群，时间范围不一致，但大致都处于2000—2020年[20-26]。

显然，从目前的研究内容和研究方法上来看，关于城市群经济金融系统的发展状态在空间上是否稳定，哪些发生了巨大的变化，哪些具有空间相关性，哪些因素影响到了经济发展，特别是影响到了绿色经济的效率和发展，绿色金融发展的韧性如何变化，这些与高质量发展的耦合协调关系如何发展变化这些实证的结果并不统一，也没有唯一的解释。

因此，本章重点研究黄河流域城市群的相关数据构建经济韧性、金融韧性、复合韧性评价指标，并分析其对应的时空特征与耦合协调度。

第一节　数据来源

根据前面的研究内容可知，经济韧性和金融韧性涉及以下几个方面的数据：与区域政府支持有关的部分，如对保护生态环境、科技创新、吸引人才、服务经济的金融支持力度等，可以用财政支出对基础设施投资占比、环保支出占GDP比重、R&D经费支出占GDP比重等情况来表示；与生态环境有关的部分，主要包括碳排放、水污染、大气污染、固定废弃物污染、绿化情况、水资源使用情况六部分。例如通过《中国能源统计年鉴》《省级温室气体清单编制指南》中的原煤、焦炭、汽油、柴油、天然气的能源低位发热值、碳氧化率、碳排放系数、二氧化碳因子等识别降碳因素，而大气污染、水污染和固体废弃物污染则可以通过工业废水排放达标率、工业固体废物综合利用率、生活垃圾无害化处理率、城镇生活污水处理率、空气质量优良率、PM2.5浓度、工业二氧化硫去除率、工业烟粉尘去除率等数据进行描述；绿化情况可以用森林覆盖率、人均耕地面积、人均绿地面积、建成区绿化覆盖率、单位 GDP 的城市建设用地使用面积等表示；水资源使用情况则可以用人均用水量、排水管道长度、节约用水量等表示；与产业相关的部分，可以从更宏观的《中国城市统计年鉴》《中国区域统计年鉴》《中国环境统计年鉴》等中规模以上工业增加值、单位 GDP 能源消耗、工业增加值占 GDP 的比重、清洁能源占一次能源消费比重、能源消费弹性系数、万元工业增加值能耗、工业劳动生产率等数据；基础设施便利程度方面，可以使用中国铁路 12306 和百度地图等平台，获取不同城市之间的普通铁路和高速铁路通行时间、票价，以高速公路为主的城市间所需最短通行时间和距离数据、高铁站数量、人均城市道路面积等；创新水平可以用《中国城市统计年鉴》、中国研究数据服务平台 CNRDS、复旦大学产业发展研究中心发布的《中国城市和产业创新力报告》、各省市科技统计年鉴、各省市科技厅、统计局数据中的 R&D 人员全时当量、R&D 经费内部支出、三种专利授权数、创新指数来表示；城市的幸福程度可以用来自国家统计局数据库、国民经济和社会发展统计公报数据中的居民消费价格指数、万人拥有医院、人均 GDP、农民人均纯收入、职工平均工资或在岗职工平均工资、人均社会消费品零售额、城镇居民人均可支配收入除以农村居民人均可支配收入、卫生院床位数、万人拥有藏书量、万人拥有公共汽车等表示。

从数据可获得性来看，根据 1999—2022 年黄河流域各省市区的统计年鉴、统计公报可知，各地级市的碳排放数据所在年限为 1997—2022 年，实际工业节约用水量等数据所在年限为 2002—2022 年。同时黄河流域城市群涉及 69 个，城市相关的时间跨度最大为 2004—2021 年。因此，本书中计算韧性的基础数据时间跨度为 2004—2021 年，包括城市数量为 69 个。

该数据集包括的基础数据为全国各城市的地区生产总值增长率（单位：百分比）、人均地区生产总值（单位：元）、建成区绿化覆盖率（单位：百分比），污水处理厂集中处理率（单位：百分比），年末金融机构人民币各项存贷款余额之比，社会消费品零售总额占 GDP 比重，人均节约用水实际用水量（单位：立方米/人），每亿元 GDP 产生可吸入细颗粒物年平均浓度单位（单位：微克/亿元）。计算人均数据时缺失的人口数据根据全国人口普查公报、国民经济和社会发展统计公报、发展统计公报、统计年鉴等补足；缺失的建成区绿化覆盖率用该市建成区绿化覆盖面积公顷除以该市的城市建成区面积；缺失的可吸入细颗粒物年平均浓度根据缺失年份所在城市细颗粒物年平均浓度代替；缺失的水资源数据用该市的地表水资源代替；缺失的工业用电数据用全区规模以上工业能源消费情况进行计算；无法找到的缺失数据用插值法进行补充。

对于黄河流域城市群这一复杂系统，事先不预设该城市群经济、金融等系统的结构关系是否稳定，而是始终认为该系统是动态变化的，在不同时间、不同冲击后应该具有稳定在当前状态或转型到新的稳定态的趋势，从而整个过程体现出系统结构的稳健性、敏捷性和智能性。

对于整个城市群系统，可以把人口增长、产业扩张、资源有限等看作驱动因素，即把整个系统的人力资本、自然资源、金融资本、科技创新能力作为四个输入，使系统内部的经济系统、金融系统、社会系统等子系统进行运转。虽然这一运转过程属于黑箱，但在外界冲击下，会在基础设施发展、金融发展、经济发展等方面展现不同的反应或特征。本章把韧性看作该黑箱产生的输出，影响该韧性指标最大的两个因素同时也是黄河流域城市群最与众不同的地方是：水资源约束、碳排放压力。

黄河流域高质量发展的目标规划，最终要体现在人民在医疗、教育、通勤、环境质量等方面的便利程度上。人口增长、资本集聚、资源短缺、产业结构升级程度不高等方面会使城市规模扩大；产业升级和资源短缺之间产生矛盾，造成空气污染、水污染，对降低碳排放带来巨大压力，这些都会使城市群的韧性程度受到不同程度的影响。因此，经济韧性用规模以上工业资产占 GDP 比重、社会消费品零售总额占 GDP 比重、人均地区生产总值（单位：元）、人均一般公共预算收入（单位：万元/人）、第三产业与第二产业比重、人均社会消费品零售总额（单位：万元/人）来表示；社会韧性用人口密度、公共汽电车客运总量人数占户籍人口比重、每万人职业医师来刻画；金融韧性用金融存贷款比、财政预算收入占 GDP 比重、一般公共预算支出占 GDP 比重、科学技术支出占一般公共预算支出比重；基础韧性与人口压力带来的资源压力有关，造成类似水资源短缺、碳排放过多等问题，所以用人均节约用水量（单位：吨/人），建成区绿化覆盖率（单位：百分比）、每亿元 GDP 产生可吸入细颗粒物年平均浓度单位（单位：微克/亿元）或每亿元二氧化碳排放量（单位：万吨/亿元）来表示。碳排放数据采用最新的范围 1、范围 2 和范围 3 核算，其中范围 1 是指市辖区内的所有直接排放，包括交通、建筑、工业生产、农林业、土地利用、废弃物处理活动产生的温室气体排放等；范围 2 是指发生在市辖区外与能源有关的间接排放，主要包括为满足城市消费而外购的电力、供热、制冷等产生的排放；范围 3 是指由城市内部活动引起的，产生于辖区之外，但不包括于范围 2 的其他间接排放，包括城镇从辖区外购买的所有物品在生产、运输、使用和废弃物处理环节的温室气体排放。

第二节　经济韧性特征

根据第四章韧性的基本量化方法，计算经济韧性、金融韧性和复合韧性。采用熵值 - CRITIC 赋权方法构建韧性。

该方法中的 CRITIC 是指一种客观赋权方法，侧重对比与冲突性，而熵值法是以信息熵和变异系数来确定权重的，两者的结合弥补了 CRITIC 不能衡量数据的离散度的缺点，计算步骤如下。

一、基本步骤

（一）构建样本标准化矩阵

设多指标综合评价问题中方案集为 $P=\{P_1, P_2, \cdots, P_n\}$（黄河流域城市群经济韧性相关的情况集合），可描述黄河流域城市群高质量发展的特征；评价指标集为 $I=\{I_1, I_2, \cdots, I_m\}$（意即影响经济韧性有关的 m 个指标）。方案集 P 对指标集 I 的属性值构成如下的样本矩阵：

$$M = (M_1 \quad M_2 \quad \cdots \quad M_m) = \begin{pmatrix} m_{11} & m_{12} & \cdots & m_{1m} \\ m_{21} & m_{22} & \cdots & m_{2m} \\ \vdots & \vdots & \cdots & \vdots \\ m_{n1} & m_{n2} & \cdots & m_{nm} \end{pmatrix} \tag{7-1}$$

$$(I_i, m_{jk}) \mapsto X_{ijk} \tag{7-2}$$

其中，i 表示不同系统中影响黄河流域城市群经济韧性的指标个数，j 为年份，k 是城市下标。

下面分别对正向、负向指标进行标准化。

正向指标：

$$X_{ijk} = \frac{X_{ijk} - \min(X_{ijk})}{\max(X_{ijk}) - \min(X_{ijk})} \tag{7-3}$$

负向指标：

$$X_{ijk} = \frac{\max(X_{ijk}) - X_{ijk}}{\max(X_{ijk}) - \min(X_{ijk})} \tag{7-4}$$

然后计算熵值确定权重：

$$W_i = \frac{1 - S_i}{\sum_{i=1}^{n}(1 - S_i)} \tag{7-5}$$

$$S_i = -\frac{1}{\ln(d \times m)} \sum_{j=1}^{d} \sum_{k=1}^{m} (P_{ijk} \times \ln(P_{ijk})) \tag{7-6}$$

$$P_{ijk} = \frac{X_{ijk}}{\sum_{i=1}^{n} X_{ijk}} \tag{7-7}$$

在此基础上求出经济韧性：

$$R_{jk} = W_i \times X_{ijk} \tag{7-8}$$

金融韧性、基础韧性、社会韧性等的计算过程与经济韧性类似。

从图 7－1 可以看出，黄河流域城市群的经济韧性在 2004—2010 年，大致保持平稳；2011—2015 年呈大致下降趋势，在此期间有两次波动，直到 2015 年达到最低点为 0.3636，随后呈上升趋势；到 2019 年再次达到极值，而且是 2004—2021 年的最大值 0.4199，期间呈上升趋势的年份有 2015—2017 年、2018—2019 年两个时间范围；从 2019 年开始呈下降趋势。另外，2004—2021 年的平均经济韧性为 0.3820。如果以 2015 年为分界点，则 2015 年之前的经济韧性呈现大致平稳但后期略有下降趋势，2015 年之后则大致呈上升趋势，且上升幅度大增，在 2019 年达到最大值，随后出现下降趋势。单看下降阶段的经济韧性值：哪怕下降到 2021 年的经济韧性仍然比 2004—2010 年的稳定性经济韧性平均值要高，可以认为黄河流域城市群的经济韧性从一个稳定状态波动到了另一个状态，但该状态是否稳定还需要后续的追踪研究。

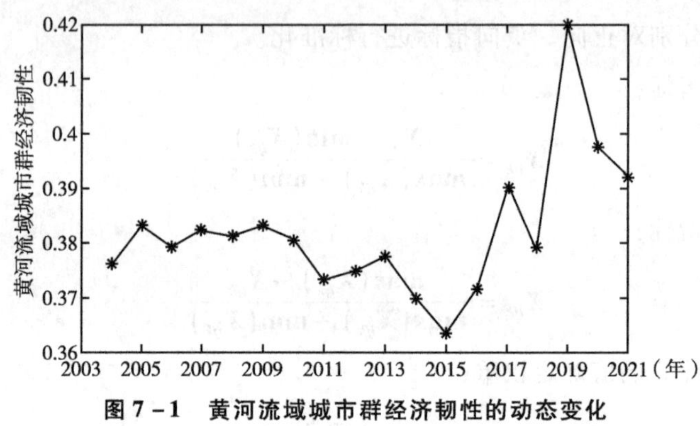

图 7-1　黄河流域城市群经济韧性的动态变化

之所以会出现黄河流域经济韧性这种动态变化态势，原因众多，最主要的原因如 2008 年国际金融危机、开始于 2009 年的欧债危机等，对黄河流域城市群经济发展带来的冲击，这种冲击具有滞后性。2015 年更是因为房地产行业的深度调整，带来对矿山、水泥、钢铁等行业以及整个产业链的巨大压力，从而在 2015 年具有最低的经济韧性。各城市政府从危机中抓机遇，从产业结构转型、科技助力产业创新、营造服务型营商环境等入手，帮助当地企业发展从而扭转了经济韧性下降的趋势，并于 2019 年出现了最高的经济韧性。

单看 2021 年经济韧性在 69 个城市间的空间变化来看（见图 7-2），具有最大平均经济韧性的城市是济南，为 0.5788，其次是陕西的铜川为 0.5580；青岛排名第 4，经济韧性为 0.5251，西安排名第 7，郑州为第 9 名；经济韧性最低的是河南的周口市，为 0.2692；由最高经济韧性值减去最低的经济韧性可得 0.32。由图 7-2 可知，黄河流域城市群经济韧性发展不均衡，个体差异明显。

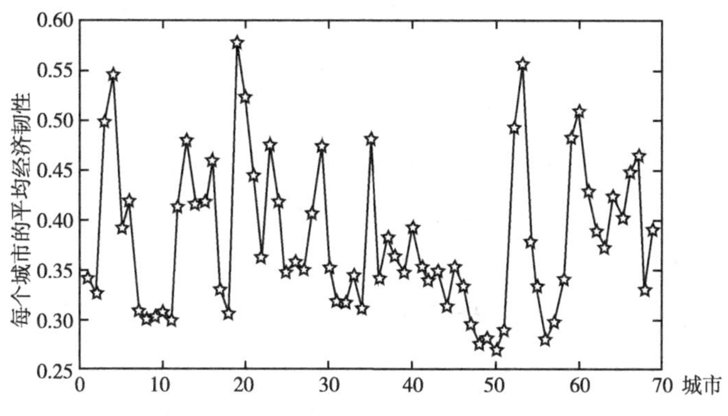

图 7－2　2021 年黄河流域城市群经济韧性的空间变化

以黄河流域城市群四大核心城市为例（见图 7－3）。从时间跨度上看，四大核心城市的经济韧性均呈现大致稳定、递增、下降、递增的过程，但每个城市的经济韧性稳定时间期限并不相同。比如，济南的经济韧性稳定增长期限可以认为是 2004—2017 年，并 2017 年达到最大值，然后出现急剧下降，在 2020 年达到了最小值，随后出现递增趋势；青岛和济南的稳定期、波动趋势类似，但最大值出现的时间不同；郑州稳定增长期限也为 2004—2017 年，分别于 2017 年与 2019 年达到了两个高峰，其中 2019 年为最大的经济韧性，其他为下降过程；西安稳定期限为 2004—2012 年，在 2012—2018 年为下降趋势，2018—2021 年大致上升趋势。

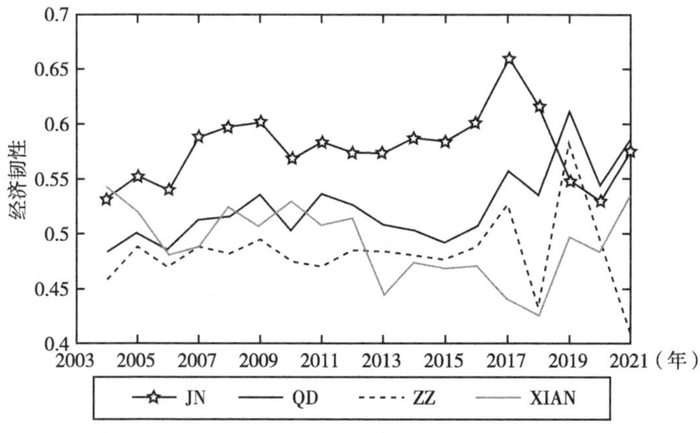

图 7－3　黄河流域城市群四大核心城市经济韧性的变化

具体而言，济南的经济韧性绝大多数时间处于四大核心城市之首，直到2018年之前始终保持第一名的位置。从2018年开始，青岛的经济韧性终于超过济南的经济韧性位居第一，并一直持续到现在，但最近两年济南和青岛的经济韧性差距逐渐缩小。西安与济南、青岛的经济韧性波动性不太一样：西安经济韧性的稳定期限为2004—2012年，随后开始出现长达7年的下降状态，到了2018年达到了最小值，随后开始递增，并没有出现像济南和青岛一样的递减再递增的波动状态。郑州经济韧性的波动也有其独特之处：它的经济韧性在2017年达到最大值，随后开始出现降低、递增与降低的变化趋势，2019年达到最大值，2021年为最小值。在经济韧性稳定期限内，青岛和西安经济韧性经常出现相互超越的变化，但2011年之后，青岛赶超西安经济韧性的程度越来越大，直到2020年两者的差距才出现缩小趋势，但西安的经济韧性仍然没有超过青岛的经济韧性。2012年之前，西安的经济韧性一直比郑州的经济韧性高，但2012年之后，郑州的经济韧性超过了西安的经济韧性；2012—2020年，虽然西安和郑州的经济韧性具波动性，但郑州的经济韧性始终大于西安的经济韧性；但2020年之后，西安的经济韧性又反超了郑州的经济韧性。

另外，除了2004年、2019年、2020年、2021年外，济南的经济韧性一直维持在首位，从2017年开始均出现了明显的下降，在2017年之前，济南的经济韧性呈大致递增趋势，2017年之后下降但最近两年开始反弹。这种现象说明济南市作为山东省的省会城市、带动黄河中下游城市发展的关键核心城市之一、全国新一轮区域发展战略的重要极点，在遭遇各种外界冲击下，能够长时期保持经济韧性的稳定，并能快速恢复到较高的韧性水平。

青岛经济韧性变化的原因在于：青岛作为山东省的双子星之一，与济南一样，在山东省经济发展中一直占据领先地位，具有港口优势，海洋经济发达、经济多元化发展。早在2016年就已经进入“万亿俱乐部”，比济南提前4年进入，并基于独特的地理位置、优越的交通优势、强大的科研院所和丰富的海洋资源等优势，得以在外界冲击下，借助高新技术产业、旅游业、金融业为主导的产业结构，在2019年超越济南，成为黄河流域城市群经济韧性排名第一的城市。这说明青岛政府对多元化产业结构的资金支持、优惠政策支持等，帮助青岛的经济韧性正则效果逐渐显现。

西安与郑州经济韧性的动态变化说明，2012 年之前，西安作为陕西的省会城市，与河南的省会郑州，都有丰富的高校资源，而且西安的第三产业占比为 64.75%，比郑州的第三产业占比（为 39.6%）高，同时西安的汽车制造业、电子信息产业发展比郑州更为出色。因此，2012 年之前西安的经济韧性高于郑州的经济韧性。2012 年之后，郑州在中原经济区国家战略的政策支持下，奋起直追。到了 2020 年，郑州的第三产业占比提升到 59%，西安的第三产业占比为 63.7%，两者的差距开始逐渐拉近。到了 2021 年，郑州、西安的第三产业占比均略有下降，分别为 58.9% 与 63.57%，两者的差距变化不大，但西安早在 2019 年就已经出台关于支持新兴产业发展的政府规划，并且具有排名全国前列的 R&D 经费投入强度，航空航天、先进制造、集成电路等新兴产业集群发展良好，初创企业发明专利量突出，拥有多个国家级孵化器，产业局部更具有前瞻性。因此，到了 2021 年西安的经济韧性超过郑州，重新回到第三名的位置。而郑州的新能源产业支持方面，较西安落后几年，除了富士康名企之外，直到 2021 年 9 月才引入比亚迪；郑州市政府在 2020 年 6 月才出台关于新能源、智联网汽车产业发展的实施意见。因此后续发力动力不足。

下面从空间相关性来分析黄河流域城市群经济韧性的空间特征。

从空间 Moran's I 指数上来看（见表 7 - 1）：2004—2015 年，黄河流域城市群的经济韧性一直没有出现显著的空间相关性，其中在 2004 年与 2007 年出现了负的空间相关性，说明 2004 年和 2007 年经济韧性呈现一定程度的分散趋势，相邻城市的经济韧性差异较大。除了 2004 年和 2007 年外，2004—2021 年黄河流域城市群的经济韧性空间 Moran's I 指数都为正，说明这些年份黄河流域城市群的经济韧性呈现空间相关性，即空间分布距离越近的城市，经济韧性的相关性也越显著。值得注意的是，2016 年之前，经济韧性的空间 Moran's I 指数都不显著，直到 2016 年才开始出现显著性。原因可能是，黄河流域城市群所属省（自治区）在国家政策的支持下，开始实施黄河流域以生态保护为核心的经济发展政策的开始时间并不统一，政策真正发挥作用存在一定的滞后性。因此，黄河流域城市群的经济韧性直到 2016 年才出现了显著的空间相关性。

表 7-1　黄河流域城市群经济韧性的空间 Moran's I 指数

时间	空间 Moran's I 指数	*P* 值
2004	-0.080777	0.814388
2005	0.032413	0.772193
2006	0.1042	0.552372
2007	-0.015152	0.33575
2008	0.056025	0.352617
2009	0.041887	0.578945
2010	0.046082	0.473041
2011	0.027026	0.800982
2012	0.036126	0.514575
2013	0.021914	0.541958
2014	0.048317	0.538289
2015	0.069875	0.312279
2016	0.086263	0.031835
2017	0.084269	0.001501
2018	0.068993	0.198683
2019	0.128706	0.029309
2020	0.123458	0.035568
2021	0.298267	0.000002

基于 2004 年、2007 年这两年经济韧性的空间 Moran's I 指数均为负值，2019 年、2020 年、2021 年为具有显著正相关的年份，下面分别以这五年为特殊时间点，分析空间上黄河流域城市群不同城市经济韧性变化（具体数据见附表 1）。此部分使用 Arcmap 软件，以自然断点法对经济韧

性进行分类，分为低、中、高三类。

2004 年，高韧性城市包括济南、东营、青岛、太原、阳泉、郑州、淮北、银川、西安、包头、石嘴山、白银、兰州共 13 个城市，占比约为 19%。2007 年，高韧性城市包括青岛、济南、淮北、郑州、太原、阳泉、西安、白银、兰州、银川、石嘴山、包头，数量减少为 12 个，占比约为 17%。到了 2019 年，高韧性城市包括数量增多，增加了烟台、威海、东营、淄博、日照、天水、鄂尔多斯，占比约为 28%。到了 2020 年高韧性城市包括的数量减少，只剩济南、青岛、东营、日照、郑州、西安、银川、天水、白银、阳泉，占比约为 14%。2021 年高韧性城市增加了淄博、烟台、威海、包头、兰州，占比约为 22%。可以明显看到，在经济韧性高和低的城市数量较多时，经济韧性的空间差异较大，但是随着低水平韧性城市数量、高水平韧性城市数量的减少，黄河流域城市群经济韧性在空间上的差距也在减少，变得具有显著的空间相关性。另外，还要注意，一直处于低韧性的城市包括山东省的滨州、潍坊、泰安、济宁、临沂、德州、菏泽、聊城，河南省的开封、新乡、焦作、漯河、三门峡，陕西省的商洛、榆林，内蒙古自治区的鄂尔多斯，山西省的忻州，等等。

黄河流域城市群的经济韧性在 2004 年和 2007 年具有负的空间 Moran's I 指数，具体原因可能是黄河流域城市群各大城市的自然禀赋、经济基础等不同，造成黄河流域城市群各大城市的经济韧性发展存在空间上的“马太效应”。2019—2021 年具有正的空间 Moran's I 指数的原因，可能是由于黄河流域相关国家政策对省（自治区）的倾斜性力度不同，以及黄河流域城市群的协同发展目标，空间“涓滴效应”逐渐显现，空间相关性显著，使各城市之间的经济韧性差异呈总体下降趋势。

第三节　金融韧性特征

根据类似经济韧性的计算方法，可得出黄河流域城市群的金融韧性（见图 7－4）。

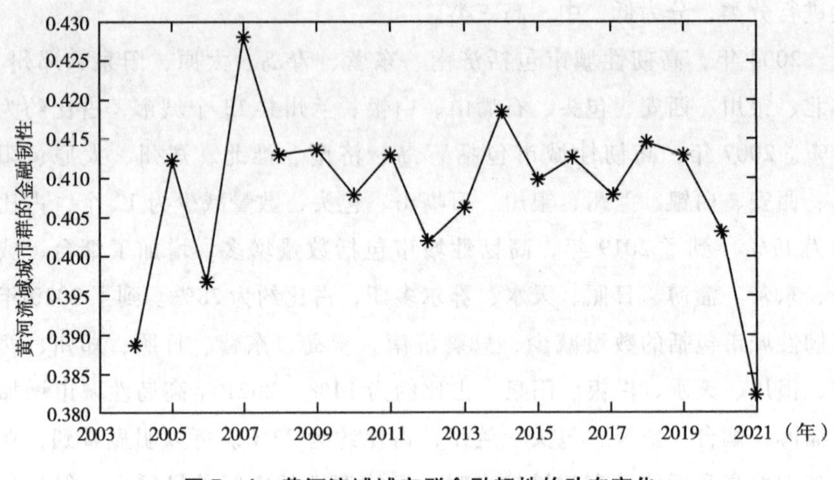

图 7－4　黄河流域城市群金融韧性的动态变化

从图 7－1 与图 7－4 比较可以看出：2008—2019 年，黄河流域城市群的金融韧性大致保持平稳，平稳间隔比经济韧性的平稳间隔要长，而且比经济韧性的稳定时期存在 4 年的滞后期（2004—2010 年）。2007 年之前是波动上升趋势，2007 年达到最大的金融韧性；从 2008 年之后呈稳定状态，直到 2019 年开始呈现下降趋势，并在 2021 年达到最低的金融韧性；2007 年金融韧性的最大值 0.4281，而 2021 年则达到最小值 0.3824；增幅较大的时间区域是 2006—2008 年和 2012—2014 年；2004—2021 年的平均金融韧性为 0.4079。从时间动态上来看，黄河流域城市群的经济韧性和金融韧性具有不同的稳定时期。同时，与经济韧性的动态变化相比，因为外界冲击后金融韧性变得比稳定期间的金融韧性低得多，所以可以认为外界冲击对金融系统的影响要大于对经济系统的影响。

从经济韧性与金融韧性的空间变化比较来看（见图 7－5）：经济韧性高的城市也有更高的金融韧性；如果城市的经济韧性低，则也有更低的金融韧性，而且大多数城市的金融韧性都大于经济韧性，占比大约为 75%。但金融韧性的空间不均衡性比经济韧性的空间不均衡性更突出。

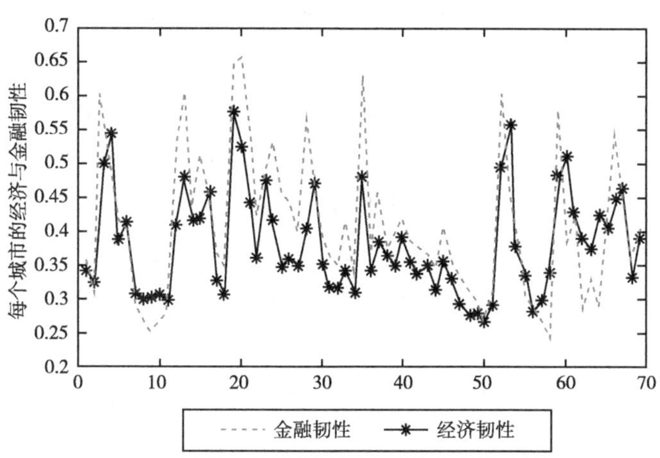

图 7-5　黄河流域城市群金融韧性、经济韧性的空间变化

从空间异质性来看，黄河流域城市群的四大核心城市的金融韧性排名仍为前四名，具有最大平均金融韧性的是青岛，为 0.6575；其次是济南，金融韧性为 0.6505；郑州排名第三，金融韧性为 0.6323；西安的金融韧性为 0.6019；最低金融韧性城市为商洛市，为 0.2456。

从时间跨度上来看，与经济韧性相比（见图 7-3、图 7-6），四大核心城市的金融韧性在 2016 年之前都处于比较稳定状态，济南的金融韧性并没有像济南的经济韧性一样一直在稳定期并处于首位，而是经常被西安和青岛赶超，但 2004—2021 年济南的金融韧性是四大城市中表现最为稳定的，绝大多数位于第二名。青岛的金融韧性则从 2016 年开始出现大幅度递增，到了 2019 年达到了最大值，之后下降但与济南的金融韧性差距在逐渐缩小。从 2017 年开始，青岛、西安、郑州三大城市的金融韧性波动较大，只有济南处于稳定状态，但都略有轻微下降；西安出现了大幅下降又快速提升趋势；郑州最近几年下降幅度较大。2016—2020 年，郑州的金融韧性大幅度超过了西安的金融韧性；但 2020 年之后，西安的金融韧性再次超过了郑州的金融韧性。2014 年之前，四大城市金融韧性排名前二的一直是济南和青岛，2014—2016 年西安冲到第一名；之后，青岛、济南又再次冲到前二；2021 年度金融韧性排名前四的城市分别为青岛、济南、西安和郑州。可能是因为济南在 2016 年、2017 年、

2018 年分别出台相关加快现代金融产业发展的扶持政策、金融人才发展改革意见等，2021 年更是成为全国第一个科创金融改革试验区，从而济南的金融韧性能一直保持稳定。2014 年，青岛成为全国第一个金融综合改革试验区，以财富管理为特色，不断探索新的发展路径。2019 年以来，青岛通过建立多个法人金融机构，创新丰富的跨境融资管理模式与专利权质押保险贷款服务和债券，提升小微企业金融服务水平，并通过金融服务帮助制造业高质量发展，转变融资方式由银行融资为主变为银行融资与社会融资并重的融资结构，通过建立新型长期护理保险制度和创新服务“三农”模式等，使青岛成为四大城市中金融韧性最大的城市。

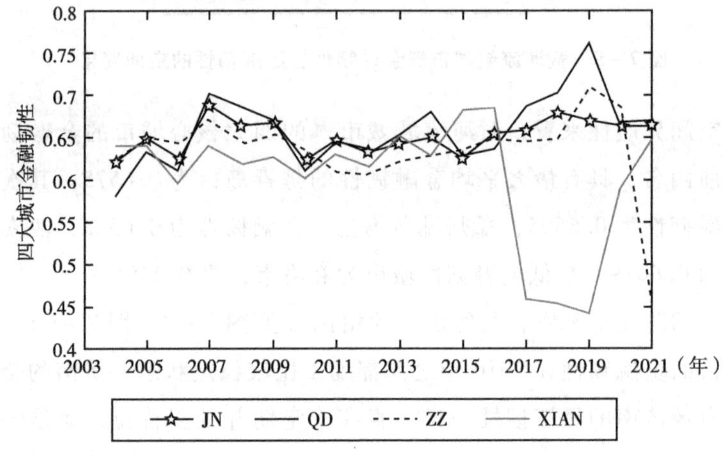

图 7－6　黄河流域城市群四大核心城市的金融韧性变化

2004—2010 年郑州的金融韧性一直超过西安的金融韧性；但 2011—2014 年西安的金融韧性超过了郑州的金融韧性；从 2016 年开始西安的金融韧性又被郑州反超，后来一直持续走低，直到 2019 年开始持续增高，并于 2021 年开始再一次反超郑州。西安 2017 年的 CPI 变动与金融韧性变动类似，也是在说明西安政府对于西安的经济发展支持力度逐渐显现。

根据黄河流域城市群金融韧性的空间 Moran's I 指数可知（见表 7－2），从 2004—2015 年，黄河流域城市群的金融韧性一直没有显著的空间相关性，但均呈现正相关；到了 2016 年开始出现显著的空间相关性，说明空间距离越近的城市，金融韧性的相关性越强。由表 7 – 1 和表 7 – 2 的结果对比可知，金融韧性具有显著空间相关性的时间与经济韧性显著空间相关性出现年份一致，均为 2016。

表 7 – 2　　黄河流域城市群金融韧性的空间 Moran's I 指数

时间	空间 Moran's I 指数	*P* 值
2004	0. 002715	0. 814388
2005	0. 006865	0. 772193
2006	0. 029689	0. 552372
2007	0. 057424	0. 33575
2008	0. 054936	0. 352617
2009	0. 026877	0. 578945
2010	0. 039216	0. 473041
2011	0. 004033	0. 800982
2012	0. 0341	0. 514575
2013	0. 030937	0. 541958
2014	0. 031271	0. 538289
2015	0. 061107	0. 312279
2016	0. 146572	0. 031835
2017	0. 223449	0. 001501
2018	0. 159736	0. 020171
2019	0. 245495	0. 000516
2020	0. 123138	0. 065854
2021	0. 24763	0. 000472

因此，下面选择 2004 年、2016 年与 2021 年为代表年份对金融韧性进行空间分析（具体数据见附表 2）。此部分的分析软件、断点分类与经济韧性部分一致。

由数据分析可知，2004 年高金融韧性的城市包括济南、青岛、东营、郑州、太原、阳泉、包头、呼和浩特、银川、兰州、西安，共 11 个城市，占比约为 15. 9%；低金融韧性的城市包括定西、吴忠、榆林、吕梁、忻州、晋中、临汾、运城、商洛、驻马店、周口、宿州，共12个城市，占比约为17.4%，其他均为中等金融韧性城市，占比超过66.7%。

2016年，高金融韧性城市包括济南、青岛、淄博、烟台、威海、蚌埠、郑州、包头、兰州、西安，共10个城市，占比约为14.5%，范围为0.552789～0.685374；低韧性城市有定西、平凉、庆阳、咸阳、榆林、邢台、信阳、商丘、忻州、晋中、临汾、运城、商洛、周口，占比约为20.1%，韧性范围为0.23611～0.309303；2021年，高金融韧性的城市只有3个城市：济南、青岛和西安，韧性范围为0.558932～0.666403；低韧性城市的范围变为0.226611～0.285463。可以看出不管是2016年还是2021年，高韧性城市与低韧性城市数量上的差距都在缩小，这说明黄河流域城市群具有越来越强的显著金融韧性空间相关关系。

第四节　复合韧性特征

根据前面同样的计算方法，陆续求出社会韧性、基础韧性，并根据下式计算复合韧性指标：

$$R = \frac{\sum_{n\text{维系统}} R_{jk}}{n} \tag{7-9}$$

其中，$R_{jk} = \tilde{W}_i \times X_{ijk}$，$i = 1, 2, \cdots, n$，$j = 1, 2, \cdots, d$，$k = 1, 2, \cdots, m$，此处$R_{jk}$是经济系统、自然系统、金融系统、社会韧性四个系统的韧性。下面用自然断点把复合韧性分为高、低、中等三类进行分析。

从图7-7可以看出，2019年之前，黄河流域城市群的复合韧性总体呈上升趋势；2004—2007年，复合韧性大致递增趋势；2012—2014年增速变大；2014—2017年出现小的波动性；2018—2019年则出现了最大幅度的递增，达到了最高峰值0.39；2019年达到复合韧性的最大值0.3886，而2019—2021年则出现大幅度下降，几乎回到了2004年的最低值。

根据空间的不同（见图7-8）可知，平均而言，具有最大平均复合韧性的城市是太原，为0.5856；其次是兰州，复合韧性为0.581；济南排名第三，复合韧性为0.5731；西安排名第五，为0.4707；青岛排名第七，为0.5161；郑州排名第十一，为0.4908；具有最低复合韧性的城市为周口，为0.2544。

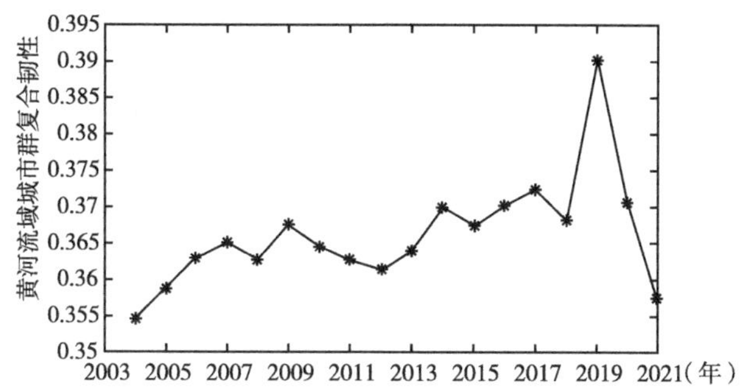

图7-7 黄河流域城市群复合韧性的动态变化

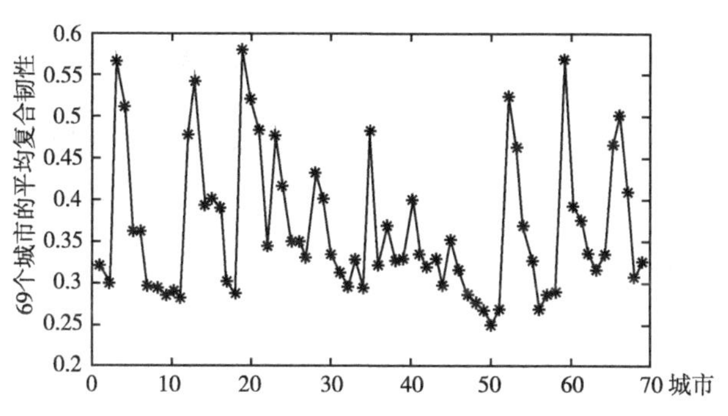

图7-8 黄河流域城市群复合韧性的空间变化

从四大核心城市复合韧性的动态变化来看（见图7-9），青岛和济南的复合韧性都呈现先递增后递减的趋势，但济南出现递减的年份为2016年，青岛则在2019年才出现下降趋势。相同的地方是济南和青岛的复合韧性都在2020年开始出现反弹，开始呈现递增趋势。另外，西安的复合韧性在2015年之前呈大致上升趋势，在2015年开始出现急剧下降，但从2018年开始出现回升。而郑州的复合韧性除了2005—2011年呈下降态势外，其他年份均呈现递增趋势，而且2018—2019年增速最快，同时也是2019—2021年下降最快的城市，目前没有看到回升的倾向。2019

年之前，济南市的复合韧性居四大城市之首，但2019年之后，被青岛反超。2005—2016年，西安的复合韧性排名第二，青岛位列第三，而郑州则排名第四。2016年之后，青岛开始发力，并快速超越西安和济南；郑州也于2016年之后超过西安，排名第三，西安屈居第四。

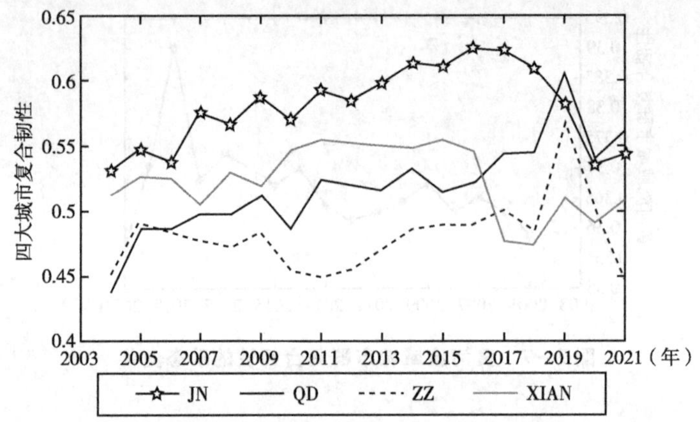

图7-9　黄河流域城市群死的核心城市复合韧性的动态变化

下面选择2004年、2007年、2011年、2017年、2019年与2021年为代表年份进行分析（具体数据见附表3）。此部分的分析软件、断点分类与经济韧性部分一致。

2004年，高复合韧性的城市有济南、青岛、淄博、郑州、太原、阳泉、包头、呼和浩特、石嘴山、银川、兰州、西安，共12个城市，占比约为17.4%；2007高复合韧性的城市有济南、青岛、淄博、郑州、太原、阳泉、包头、呼和浩特、石嘴山、银川、兰州、西安，与2004年一致，没有变化；但是中等韧性城市变多，低韧性城市数量变少。到了2011年，高复合韧性的城市数量与前几年相比，少了银川、包头、郑州，中等复合韧性城市变少，低等复合韧性城市数量变多；2017年，包头、郑州重回高韧性城市，东营和威海也进入高韧性城市，但阳泉退步为中等韧性城市；到了2019年，银川也进入高韧性城市行列；2021年蚌埠也开始进入高韧性城市之列，阳泉重新回到高韧性城市；但基本的空间格局变化不大，中等和低等韧性城市变化不大。2021年复合韧性最高的韧性范围为0.441155~0.586155，复合韧性最低的城市复合韧性范围变为0.249074～0.335276，而2004年对应的韧性范围分别为0.459569～0.58666和0.250993～0.335484。可以看出不管是2004年还是2021年，韧性最高的城市与韧性最低的城市复合韧性的差距变化不大。

值得注意的是，如果从空间Moran's I指数来看（见表7－3），虽然复合韧性是经济韧性、金融韧性、社会韧性和基础韧性的加权线性组合，出现了正的空间Moran's I指数，显然没有出现显著空间相关性的年份。这说明，不同的韧性定义对应的稳定性期限、具有显著空间相关性的年份是不同的。因此，在进行以稳定性、显著空间相关性为基础的建模分析与实证分析时，必须具体问题具体分析。

表7－3　黄河流域城市群复合韧性的空间Moran's I指数

时间	空间Moran's I指数	*P*值
2004	0.0536	0.361118
2005	0.028957	0.558276
2006	0.055115	0.349385
2007	0.054576	0.353188
2008	0.062035	0.303794
2009	0.063789	0.291856
2010	0.054216	0.354535
2011	0.028899	0.557372
2012	0.038068	0.480101
2013	0.03589	0.49801
2014	0.044475	0.427875
2015	0.047026	0.407874
2016	0.078117	0.214506
2017	0.111607	0.092176
2018	0.062951	0.299754
2019	0.072131	0.246065
2020	0.011128	0.728695
2021	0.102942	0.11643

第五节　韧性的耦合协调度分析

根据第四章中耦合协调度的定义，计算如下的经济韧性与金融韧性的耦合协调度指数：

$$D = (R_I R_F R_E R_S)^{\frac{1}{4}} \tag{7-10}$$

其中，

$$T = \alpha_1 R_I + \alpha_2 R_F + \alpha_3 R_E + \alpha_4 R_S \tag{7-11}$$

$$C = \frac{4(R_I R_F R_E R_S)^{\frac{1}{4}}}{R_I + R_F + R_E + R_S} \tag{7-12}$$

$$\alpha_1 + \alpha_2 + \alpha_3 + \alpha_4 = 1 \tag{7-13}$$

R_I，R_F，R_E，R_S 分别代表基础韧性、金融韧性、经济韧性和社会韧性，α_i 为各韧性的权重因子，$i=1$，2，3，4，C 为耦合度，T 是综合调和指数，$0 \leqslant D \leqslant 1$ 为耦合协调程度，越接近 1 则表示耦合协调度越高。

从黄河流域城市群 69 个城市的耦合度 C、综合调和指数 T 和耦合协调度指数 D 来看（见图 7－10），综合调和指数 T 与耦合协调度 D 有相同的变化，耦合度 C 则绝大多数在 1 附近。

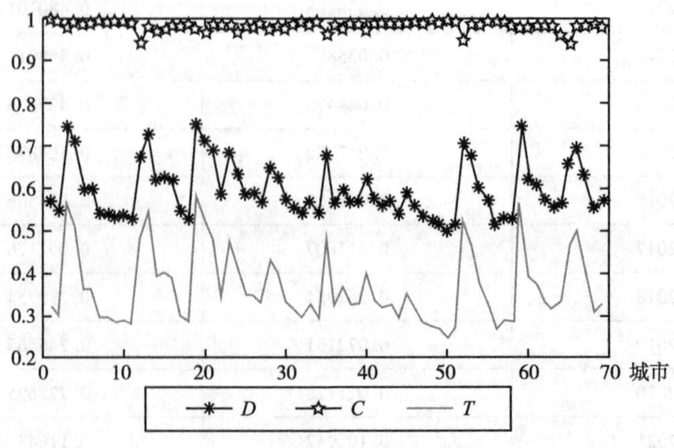

图 7－10　2021 年黄河流域城市群的耦合协调因素空间变化

从耦合协调度的动态变化来看（见图 7 - 11）：2004—2006 年，黄河流域城市群的平均耦合协调度呈递增趋势；2006—2018 年呈大致稳定状态；2018—2019 年是增速最快的时期；2019—2021 年则出现了大幅度的降低，与复合韧性的趋势大致相同。

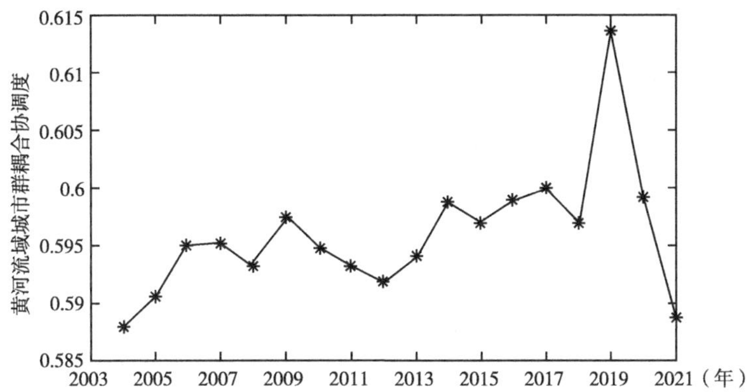

图 7 - 11　2003—2021 年黄河流域城市群的耦合协调度动态变化

对济南、青岛、郑州和西安四大城市来说（见图 7 - 12），耦合协调度的变化趋势与复合韧性的变化趋势大致相同，只是郑州超过西安的年份不是 2016 年，而是 2017 年。

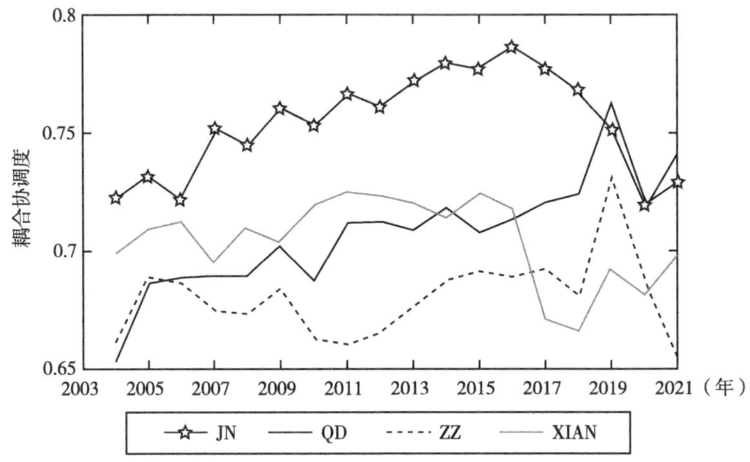

图 7 - 12　2003—2021 年黄河流域城市群四大核心城市的耦合协调度的动态变化

从空间分布变化上来看（见附表4数据），不同城市的耦合协调度都是不同的。从最大值来看，青岛的耦合协调度一直处于最高，淮北一直处于最低；从均值和最小值来看，济南的耦合协调度最高，银川和呼和浩特的耦合协调度处于低位；太原的耦合协调度分散性最强，济南的耦合协调度最均衡。

本章参考文献

[1] 刘玒玒，刘书芳．黄河流域城市群生态韧性时空演化及提升路径研究［J/OL］．环境科学研究：1－16［2024－04－29］．https：//doi.org/10.13198/j.issn.1001－6929.2024.03.20.

[2] 杨丽莎，陈妍，谢会强．黄河流域城市群生态韧性的时空格局与驱动因素分析［J］．生态经济，2024，40（02）：99－108.

[3] 彭翀，陈梦雨，王强，等．长短周期下长江中游城市群经济韧性时空演变及影响因素研究［J］．长江流域资源与环境，2024，33（01）：14－26.

[4] Pendall R，Foster K A，Cowell M. Resilience and regions：building understanding of the metaphor［J］．Cambridge Journal of Regions，Economy and Society，2010，3（01）：71－84.

[5] 田光辉，苗长虹，胡志强，等．区域经济韧性研究进展：概念内涵、测度方法及影响因素［J］．人文地理，2023，38（05）：1－8. DOI：10.13959/j.issn.1003－2398.2023.05.001.

[6] 李连刚，张平宇，谭俊涛，等．韧性概念演变与区域经济韧性研究进展［J］．人文地理，2019，34（02）：1－7＋151. DOI：10.13959/j.issn.1003－2398.2019.02.001.

[7] 曾冰，张艳．区域经济韧性概念内涵及其研究进展评述［J］．经济问题探索，2018（01）：176－182.

[8] 宋关东，唐承丽，周国华．演化经济地理学视角下区域经济韧性研究进展与展望［J］．经济体制改革，2023（04）：52－60.

[9] 林春，张鑫，孙英杰．中国城市金融韧性测度、区域差异及动态演进［J］．国际金融研究，2024（04）：14－23. DOI：10.16475/j.cnki.1006－1029.2024.04.002.

[10] 郑丁灏，李国安．“一带一路”高质量发展的金融韧性治理——“一带一路”10周年的金融治理沿革及展望［J］．财经问题研究，2023（12）：105－117. DOI：10.19654/j.cnki.cjwtyj.2023.12.009.

［11］徐浩，朱小梅．金融韧性问题研究进展［J］．经济学动态，2023（11）：108－124.

［12］汤淳，刘晓星．中国金融市场韧性研究——基于风险冲击视角［J］．金融经济学研究，2022，37（03）：3－18.

［13］安蕾，戴金平，徐伟．宏观审慎政策应对外部金融冲击的有效性［J］．国际金融研究，2023（03）：13－25.

［14］Bui C，Scheule H，Wu E．The value of bank capital buffers in maintaining financial system resilience［J］．Journal of Financial Stability，2017，33（06）：23－40.

［15］刘潭，徐璋勇．中国绿色金融与低碳经济耦合协调及时空特征［J/OL］．统计与决策，2024（08）：144－149［2024－04－30］．https：//doi.org/10.13546/j.cnki.tjyjc.2024.08.026.

［16］宋成镇，刘庆芳，马伟，等．技术创新对黄河流域地区和长江经济带碳生产率影响路径比较——基于数字金融的中介效应［J］．资源科学，2024，46（03）：450－461.

［17］王玉珊，刘道强，王光辉，等．长三角城市群知识创新网络结构韧性时空分异与驱动因素分析［J/OL］．地球信息科学学报：1－17［2024－04－29］．http：//kns.cnki.net/kcms/detail/11.5809.P.20240417.1605.006.html.

［18］贺小荣，石彩霞，彭坤杰．长江中游城市群新型城镇化与生态韧性的时空适配及互动响应［J］．长江流域资源与环境，2024，33（04）：699－714.

［19］何志浩，张学波，卢冰坤，等．中国城市群经济韧性时空演变及障碍因子分析［J］．地理与地理信息科学，2023，39（06）：125－133.

［20］嵇娟，陈军飞，丁童慧，等．长三角城市群城市洪涝韧性与生态系统服务的耦合协调关系［J］．生态学报，2024，44（07）：2772－2785.DOI：10.20103/j.stxb.202304070696.

［21］邹蔚，王兴宇，万凤娇，等．城市韧性与科技创新水平耦合协调发展研究——以长三角城市群为例［J］．生态经济，2024，40（01）：78－87.

［22］钟学思，郑睿，蒋楷文．中国城市群数字经济与城市韧性耦合协调关系研究［J］．资源开发与市场，2023，39（10）：1320－1332.

［23］汪东川，龙慧，王康健，等．京津冀城市群城市化强度与生态韧性的耦合协调分析［J］．生态学报，2023，43（15）：6321－6331.

［24］张悦倩，刘全龙，李新春．长三角城市群城市韧性与新型城镇化的耦合协调研究［J］．城市问题，2022（05）：17－27.DOI：10.13239/j.bjsshkxy.cswt.220502.

[25] 马德彬，沈正平. 城市韧性与经济发展水平耦合协调研究——以京津冀城市群为例 [J]. 资源开发与市场，2021，37 (07)：820 - 821 + 827 + 822 - 826.

[26] 周倩，刘德林. 长三角城市群城市韧性与城镇化水平耦合协调发展研究 [J]. 水土保持研究，2020，27 (04)：286 - 292. DOI：10. 13869/j. cnki. rswc. 2020. 04. 036.

第八章

黄河流域城市群经济金融韧性的网络分析

城市群作为中国最具创新性、最具活力、最具潜力的核心增长极，是区域经济中发展最为成熟的空间形式，也是构建“双循环”的重要载体。通过城市间劳动力、资本、科技的扩散与集聚，引起城市群在知识创新、金融资源等方面的集聚；城市群知识创新带来新一轮科技革命，能够帮助城市群突破产业转型升级过程中所需的关键核心技术，缩小城市群内部的发展不均衡问题。在城市群金融资源跨区域流动越加频繁的今天，城市群内部金融资源不断地流动，最终使城市群形成相对稳定的经济金融空间关联网络。同时，经济金融空间关联网络的动态变化与空间特征，既与城市群所处地理特征有关，又与经济发展基础、政府间协作程度有关。区域协调发展理论认为，进一步优化城市群的金融资源空间配置，能够促进产业升级水平的提升，有助于加强城市群功能上的紧密联系程度，使城市群从单中心集聚到多中心发展再到更高均衡发展，并帮助节点城市从单向链接的从属地位向双向链接的同强地位转变，改变核心城市对小城市的“虹吸效应”变为“辐射效应”，充分发挥核心城市对非核心城市的辐射带动作用[1-3]。

城市群的中心城市是黄河流域高质量发展的关键动力源。因此，当前国家以及省（自治区）等的区域经济政策，一般是针对当前经济发展面临的问题，划定具有倾斜性政策的区域范围，通过对该区域进行基础设施方面的投资、对特色产业发展等提供倾斜性财政支持等，帮助区域经济获得稳定持久的发展。对于城市群的高质量发展问题来说，国家政策决定城市群的重要节点城市，对重要生产要素的流动与配置进行规划，并投资建设城市群的基础设施，从而影响城市群节点城市的城市功能、各节点城市间要素的有效流动，能引导产业形成合理的布局与形成特色产业集群。各节点城市要素在不同产业的互动中，形成功能互补的全产业链。当扩大各节点城市不同产业间的联系范围和质量时，城市群内部城市能够通过承担不同的经济功能，重塑城市群的产业配置和产业联系，增强其经济和人口承载力、推动产业链的形成。

当城市群要素流动形成合理的空间网络时，外界干扰、内部要素流动的复杂性，使该空间网络具备动态蔓延、重叠、交叉等扩张特征。在城市群高质量发展呈螺旋式上升的过程中，城市群要素流动形成的空间网络不断被重塑，同时也不断破除城市群内部城市的空间分割界限，从而带动城市群经济效率的整体提升。对于黄河流域城市群来说，目前并不属于发展最为成熟的一类城市群，其内部的经济系统、金融系统等是否已经形成具有紧密联系的空间网络也未知。

城市群经济增长的潜力来源之一是空间网络外部性，即空间上处于同一区位的产业主体会因为处于同一城市而产生经济外部性，而不同城市的产业主体也会因为相互作用产生这种外部性，这种外部性即空间网络外部性。当城市间的这种网络外部性大于某个城市的集聚效应时，城市群的经济发展会进一步加速和更均衡。因此，城市群内部城市之间具有的紧密联系，会通过进一步优化资源配置，实现产业分工与要素禀赋的互补；以扩大单个城市的集聚效应，发展城市间的空间外部性，降低要素流动的成本和城市间联系的空间成本，从而提升城市群的整体经济效率。当说某个城市具有网络外部性时，即表示该城市已经成为城市群的节点，通过与其他节点城市的互动，产生具有不依赖地理位置的网络外部性。例如，同一行业的企业相互作用从而对该企业的产出造成专业化外部性；不同行业的企业相互作用产生多样化外部性。所以，交通成本的下降、信息技术的线上交流等，使劳动力、科学技术、资金等的流动具有更大的空间自由；城市群的节点城市会共享城市网络中的劳动力资源、基础设施服务、技术服务，也会产生更多的科技创新。不同城市间的互动会形成具有多样化的网络外部性，该网络外部性与集聚经济不同的是，不再依赖于地理位置的远近或城市的边界，而是依赖于不同城市的功能联系强度。

值得注意的是，网络的空间主体是地理位置接近而且在城市功能上联系紧密的城市群，所以空间网络外部性也是有其空间范围的。空间网络外部性分正向、负向两种效果。正向效果是指某节点城市需要借用和共享其他节点城市的生产要素，而负向效果是指节点内部生产要素的集聚带来的竞争。其中，基于交通设施的改善，带来交通成本的降低，引发劳动力在节点城市之间优化配置，带来城市群劳动力的集聚规模效应，继而带来城市群整体的经济增长，即具有正外部性。虽然同一产业的知识溢出会造成专业化外部性、不同产业的知识溢出会引起多样化外部性，但在产业关联大的城市间、具有相似特征的产业间具有更大的概率产生知识溢出。空间网络外部性指标包括以节点城市间资本、劳动和技术表示的生产要素为基础，通过生产函数、区位熵来表示集聚外部性、网络外部性、多样化外部性。

从复杂系统的角度来看，城市群作为典型的复杂系统，其经济发展质量并不是各城市通过规模效应、资源吸引力产生对应数值的简单加总，而是通过城市间的交叉合作与协同发展产生多维复杂特征[4、5]。除了城市群不断增大的网络外部性，降低了城市群内部城市的相互作用成本，还通过不断的产业优势互补、信息交流、创新合作、金融空间联系等协同机制获得高质量发展。刻画网络多维性的指标有描述城市间关联关系的网络连通性、任何节点城市间凝聚力和便利性的网络联系便利性、节点城市间聚集程度的聚类性、网络整体发展均衡程度的网络平衡性等。

以上城市群网络的构建都需要刻画城市群内部城市之间存在的某种联系强度。例如，金融空间联系、科技协同创新联系、旅游联系、投资联系、交通联系等，具体的方法有引力模型、流模型、企业互锁网络模型、投入产出模型等[6-16]。

在面临不确定冲击时，黄河流域城市群的要素流动、产业联系等都会受到不同程度的影响，尤其是在节点城市之间具有相互关联时，核心城市产业结构的再调整会波及周边城市的产业发展，对应城市的经济韧性和金融韧性也会在空间上具有不仅限于地理位置接近的相关性和空间溢出性。

黄河流域城市群的城市大多数以自然资源为基础，对水资源依赖强，产业升级的关键是创新能力；城市群形成经济、金融等高效的空间网络结构，能够有助于加速创新发展，增强各节点城市的创新合作联系，是黄河流域高质量发展的必然要求。因此，本章的目标是基于前面章节构建的黄河流域城市群经济韧性和金融韧性数据，以引力模型构建空间关联矩阵，构建经济韧性与金融韧性网络模型，其引力值构建如下：

$$F_{ij} = K_{ij}\frac{\sqrt{Y_iY_j}}{D_{ij}^2} \tag{8-1}$$

$$K_{ij} = \frac{Y_i}{Y_i + Y_j} \tag{8-2}$$

其中，Y_i 代表 i 城市的经济韧性或金融韧性，D_{ij}是城市 i 与城市 j 之间的地理最短距离，K_{ij}是城市 i 对城市 j 之间经济韧性联系或金融韧性联系的贡献，任意两城市之间的地理最短距离根据所在城市的经纬度数据计算求得。

根据这一经济韧性或金融韧性定义的网络权重矩阵不是对称的，可以通过分析该网络密度来表明城市间的经济韧性联系或金融韧性联系是否紧密，该值越大则表示联系越强；中心度数值可以衡量黄河流域城市群四大核心城市在网络中位置重要性有什么变化，该值越高，说明该城市越重要，更容易获得更多促进经济韧性或金融韧性发展的资源和信息，对其他城市的经济韧性或金融韧性影响更大；平均路径长度反映了经济韧性网络、金融韧性网络中节点城市之间的连通性，该值越小，则表示对应网络越通达；平均聚类系数表示黄河流域城市群节点城市之间的相互连接、集群化程度，该数值越大，表明节点城市之间的集群化程度越高。

下面本章将分别从整体与个体网络的角度分析黄河流域城市群经济韧性、金融韧性网络的特征变化。

第一节　整体网络结构特征

由表 8 - 1 可知（具体数据来源为附表 5、附表 6），偏度小于 0 的指标有金融韧性网络的平均路径长度、经济韧性网络的平均聚类系数、金融韧性网络的平均聚类系数，说明这三个指标具有左偏态；金融韧性网络的网络密度、经济韧性网络密度、经济韧性网络的平均路径长度的偏度均大于 0，说明呈右偏态。根据峰度的值来看，只有经济韧性网络的平均路径长度与平均聚类系数的峰度大于 0，说明相比正态分布，具有更重的尾部；其他四个数值的峰度都小于 0，说明具有更轻的尾部；波动性最小的是经济韧性网络的网络密度，次小的是金融韧性网络的网络密度。

表 8－1　　黄河流域城市群经济韧性、金融韧性网络的特征

经济韧性网络密度		金融韧性网络密度	经济韧性网络平均路径长度	金融韧性网络的平均路径长度经济	经济韧性网络的平均聚类系数	金融韧性网络的平均聚类系数
平均	0. 161089	0. 160822	3. 401444	3. 523667	0. 64	0. 626222
中位数	0. 16125	0. 16015	3. 3775	3. 539	0. 6425	0. 6295
标准差	0. 001906	0. 001919	0. 067656	0. 091247	0. 005541	0. 010236
方差	3. 63E－06	3. 68E－06	0. 004577	0. 008326	3. 07E－05	0. 000105
峰度	－1. 07606	－0. 91857	0. 680606	－1. 14755	1. 81084	－0. 77944
偏度	0. 264918	0. 551525	1. 197363	－0. 33027	－1. 31147	－0. 27001
最小值	0. 1586	0. 1581	3. 316	3. 365	0. 625	0. 606
最大值	0. 1647	0. 1643	3. 549	3. 642	0. 647	0. 644
置信度（95. 0%）	0. 000948	0. 000954	0. 033644	0. 045376	0. 002756	0. 00509

黄河流域城市群经济韧性网络的平均路径长度在 2006—2011 年大致呈稳步增长状态（见图 8－1），2011—2021 年除了出现三次短暂的上升外，均为下降趋势，说明黄河流域城市群节点城市间的经济韧性通达性在增强。金融韧性网络的平均路径长度则表现不如经济韧性网络平均路径长度稳定：2004—2006 年金融韧性网络的平均路径长度在上升，说明这段时间内，节点城市间的金融韧性通达性减弱；2007 年出现一次下降，说明 2007 年金融通达性变强；但随后又出现了大幅度增加；随后是波动，直到 2010 年开始出现长达 7 年的下降，即这段时间内，黄河流域城市群内部节点城市之间的金融通达性变强；2016—2018 年金融韧性网络的平均路径长度变大，即金融通达性变弱；2018—2020 年处于基本稳定状态；2021 年出现大幅度下降，即节点城市间的金融通达性增强。

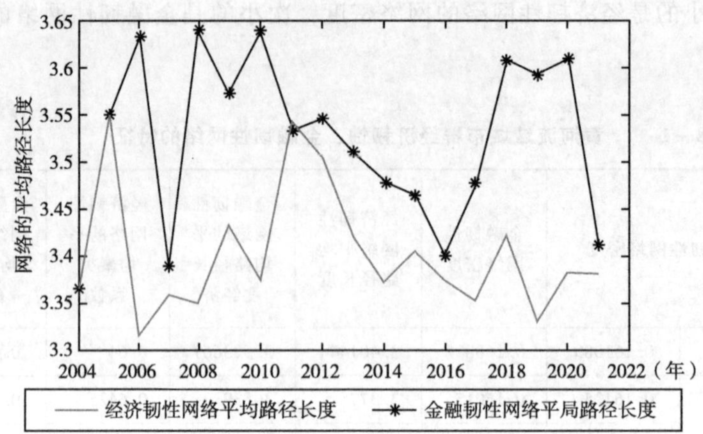

图 8－1　2003—2022 年黄河流域城市群经济韧性、金融韧性网络的平均路径长度变化

根据计算的经济韧性、金融韧性网络的网络密度指数可知（见图 8－2），2004—2006 年，经济韧性的网络密度持续递增；到了 2007 年出现较大幅度下降；随后进入 2007—2010 年的稳定增长期；2011 年出现小幅度下降；然后进入三年的递增期；随后 2015—2019 年再次出现稳定增长期；最近两年出现波动性下降，但大致走势为递增趋势；由 2004 年最低的 0.1586 增加到 2019 年最高的 0.1647，说明各城市的经济韧性空间关联越发紧密。与经济韧性网络密度相比，金融韧性网络密度的表现在 2004—2011 年为大致递增趋势；然后 2011—2021 年进入波动性频繁时间段，表现更为不稳定：2004—2011 年在波动起伏中上升；2011—2018 年，出现波动的幅度变大，但最终由 2004 年最低的 0.1581 攀升到 2018 年最高的 0.1643。

尽管考察期内金融韧性网络密度有了明显的提升，但金融韧性网络密度小于经济韧性网络密度的年份占比大约为 56%，说明整体金融韧性网络的空间关联度仍有巨大的提升空间。金融韧性网络的网络密度在 2005 年、2007 年、2008 年、2010 年、2011 年、2016 年、2017 年、2018 年要大于经济韧性网络密度，说明这些年份里黄河流域城市群金融韧性联系要大于经济韧性的联系，其他年份则相反。2020 年两个网络密度都有下降态势，之后出现回升，说明外在冲击影响到了经济、金融韧性网络的结构稳定性，但大致走向是稳定的。

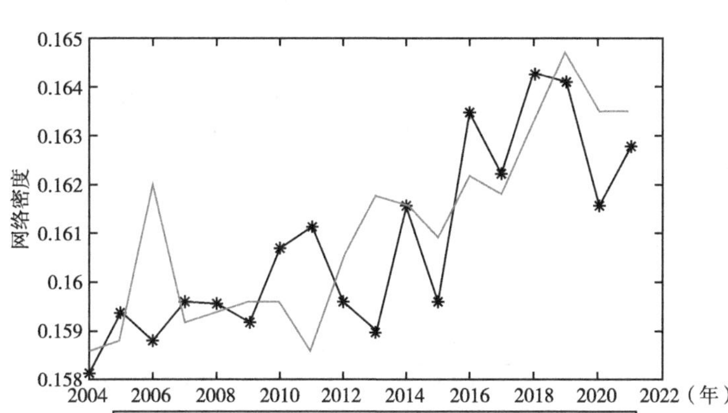

图 8－2　2004—2022 年黄河流域城市群经济韧性、金融韧性网络的网络密度变化

两个网络密度最高值分别出现在 2018 年和 2019 年，经济韧性网络的网络密度最高值出现时间要晚于金融韧性网络密度的最高值出现时间。城市群经济网络密度除了增大的特征外，还逐渐趋于平缓，说明随着政策的推进，黄河流域城市群间的经济资源、金融资源整合性越发协调，各城市间的经济和金融交互日益频繁，城市集聚明显；但整体数值较小，说明整体发展缓慢，有持续发展的潜力。

根据计算的经济韧性、金融韧性网络的平均聚类系数可知（见图 8－3），不管是否带权重（图 8－3 仅体现不带权重的平均聚类系数），经济韧性网络的平均聚类系数大致都大于金融韧性网络的平均聚类系数，说明黄河流域城市群节点城市之间的经济韧性相互连接、集群化程度要比金融韧性相互连接、集群化程度高。

以不带权重的平均聚类系数来看，经济韧性网络的平均聚类系数表现大致稳定：2004—2009 年大致递增趋势，2010 年有了小幅度下降，然后 2010—2021 年进入大致稳定的缓慢增长期，说明整个黄河流域城市群各节点城市间的经济韧性联系程度更深。与经济韧性网络的平均聚类系数相比，金融韧性网络的平均聚类系数 2004—2010 年持续递增，2010—2015 年持续下降，然后 2015—2021 年进入波动递增区，最近三年为下降趋势，整体看具有大致递增趋势，说明整体节点城市间的金融韧性集群化程度大致递增。

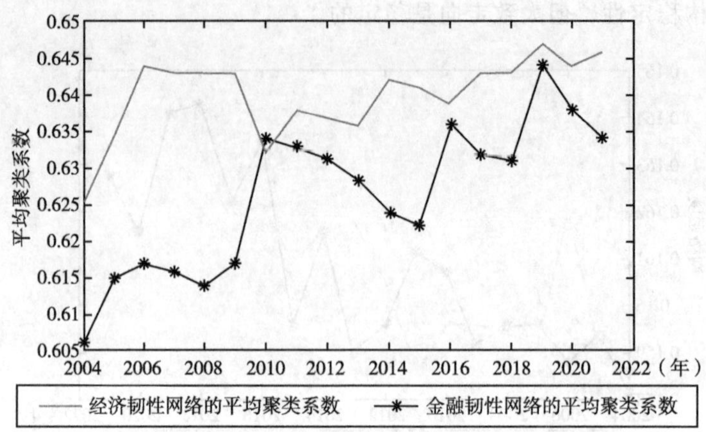

图 8-3　2004—2022 年黄河流域城市群经济韧性、金融韧性网络的平均聚类系数变化

第二节　个体网络结构特征

从经济韧性网络点度出度数据可知（见图 8-4a），不管哪一年，郑州都属于最高一类，说明 2005 年、2011 年、2021 年郑州的经济韧性均具有最强的传播和影响能力。具体而言，点度出度逐年上升的城市只有济南和青岛，说明这两个城市对黄河流域城市群经济韧性的辐射能力和带动能力逐年增大；点度出度呈递减趋势的城市为太原、郑州、银川，说明这三个城市对黄河流域城市群经济韧性的辐射带动作用逐年减少；点度出度出现动态波动的城市为西安和西宁，其中西安的点度出度大于西宁的点度出度，说明西安和西宁对黄河流域城市群经济韧性的辐射带动作用出现了短暂的下降但后来又恢复到原来水平；经济韧性点度出度表现最稳定的城市为呼和浩特，说明呼和浩特对黄河流域城市群经济韧性的辐射带动作用没有发生变化。从排名来看（按照从大到小的顺序排列），排名如下：郑州、济南、太原、青岛、西安、兰州、银川、西宁、呼和浩特。同时，根据经济韧性网络的点度中心度数据进行分析，发现郑州 2005 年的点度中心度为 27，仍然排名第一，其次为济南（点度中心度为20)、青岛(点度中心度为11)、西安(点度中心度为10),说明2005年黄河流域城市群四大核心城市中郑州居于核心地位。根据Arcgis自然断点法计算,可以看到69个城市经济韧性网络的点度中心度分布大致稳定。整体而言,郑州在黄河流域城市群经济韧性网络中处于核心地位,对其他节点城市具有较高的辐射能力;济南的点度中心度在逐年上升,但青岛的点度中心度非常稳定,说明济南和青岛的中心地位稳定,对周边城市的辐射能力与扩散能力都很强。具有低点度中心度的城市(小于4)有呼和浩特、包头、威海、西宁、石嘴山,说明这些城市对周边城市的经济韧性影响力较弱,呈现核心高边缘低的结构,马太效应明显。

从金融韧性网络点度出度数据可知(见图8-4b):与经济韧性网络的点度出度类似,郑州的金融韧性网络的点度出度仍属于最高一类,说明2005年、2011年、2021年郑州的金融韧性均具有最强的辐射带动能力。具体而言,点度出度逐年上升的城市只有济南、西安和西宁,说明这三个城市对黄河流域城市群金融韧性的辐射带动能力逐年增大;点度出度呈递减趋势的城市为郑州、呼和浩特和兰州,说明这三个城市对黄河流域城市群金融韧性的辐射带动作用逐年减少;点度出度出现动态波动的城市只有太原,说明太原对黄河流域城市群金融韧性的辐射带动作用出现了短暂的上升但后来又下降;经济韧性点度出度表现最稳定的城市为青岛和银川,说明青岛和银川对黄河流域城市群金融韧性的辐射带动作用没有发生变化。从排名来看(按照从大到小的顺序排列),排名与经济韧性网络的点度出度排名一致。

另外,由图8-4b比较不同城市金融韧性网络的点度出度分布可知:呼和浩特、西宁、银川的点度出度均少于5,并且在2004—2021年一直没有大的变化,呼和浩特甚至出现了下降趋势,说明这三个城市的金融韧性联系一直处于初始阶段,没有大的变化;兰州在不同时间段内的点度出度虽然超过了5,但呈递减趋势,说明兰州对黄河流域城市群其他城市金融韧性的辐射能力减弱;西安和青岛的点度出度都超过了10,说明这两个城市与其他城市之间具有较强的金融韧性辐射能力,并且西安的提升速度较快;郑州、济南和太原处于点度出度排名前三的城市,说明这三个城市对其他城市金融韧性的辐射能力最强,济南的提升速度更

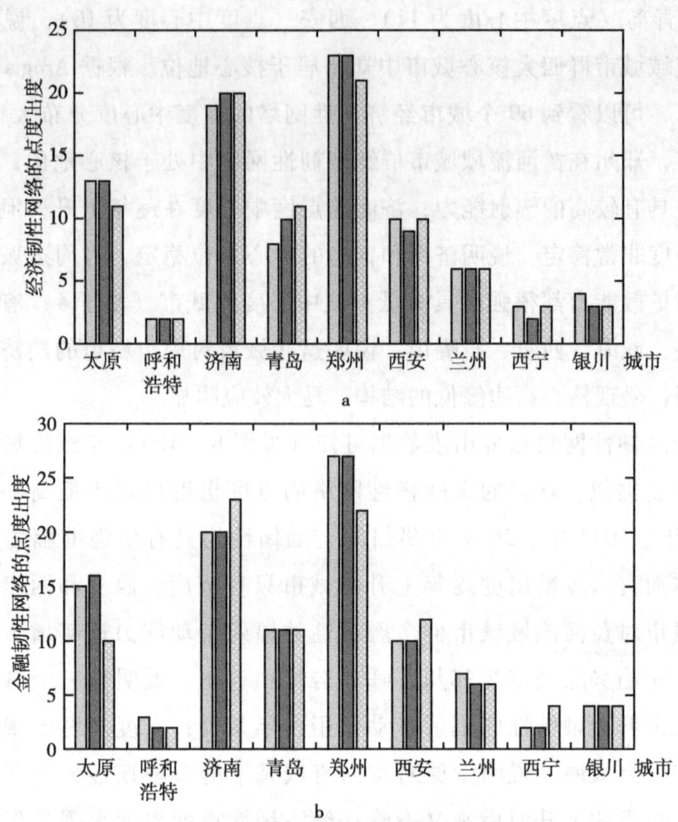

图 8-4　黄河流域城市群核心城市经济韧性网络和金融韧性网络的点度出度情况

注：蓝色表示 2005 年数据，橘红色表示 2011 年数据，黄色表示 2021 年数据。

快，太原和郑州出现了递减趋势。

总体来看，郑州、济南、太原、青岛和西安的经济韧性网络、金融韧性网络的点度出度一直排在前五名，说明这五个城市始终处于经济韧性和金融韧性核心地位，辐射作用强；兰州的点度出度属于中等水平，说明兰州对周边城市的经济韧性和金融韧性有一定的辐射能力；呼和浩特、西宁和银川三个城市属于最低一类，说明这三个城市对周边城市的经济韧性、金融韧性的辐射影响不大。

从经济韧性网络入度数据可知（见图 8-5a），不管哪一年，郑州仍属于最高一类，说明 2005 年、2011 年、2021 年郑州的经济韧性均具有最强的集聚能力。具体而言，点度入度逐年上升的城市只有济南、青岛和西安，说明这三个城市对黄河流域城市群经济韧性的集聚能力逐年增大；点度入度出现动态波动的城市为太原，呈现先递增后递减趋势，说明太原对黄河流域城市群经济韧性的集聚作用出现了短暂的上升但后来又呈递减趋势；经济韧性点度入度表现最稳定的城市为呼和浩特、兰州、西宁和银川，说明这四个城市对黄河流域城市群经济韧性的集聚作用没有发生变化。从排名来看（按照从大到小的顺序排列），排名如下：郑州、济南、太原、西安、青岛、兰州、银川、西宁、呼和浩特。

从金融韧性网络点度入度数据可知（见图 8－5b）：与经济韧性网络的点度入度类似，郑州的金融韧性网络点度入度仍属于最高一类，说明 2005 年、2011 年、2021 年郑州的金融韧性均具有最强的集聚能力。具体而言，点度入度逐年上升的城市只有青岛和兰州，说明这两个城市对黄河流域城市群金融韧性的集聚能力逐年增大；点度入度呈递减趋势的城市只有西安和济南，说明这两个城市对黄河流域城市群金融韧性的集聚作用逐年减少；点度入度出现动态波动的城市只有太原，说明太原对黄河流域城市群金融韧性的集聚作用出现了短暂的上升但后来又呈下降趋势；经济韧性点度入度表现最稳定的城市为呼和浩特、西宁和银川，说明这三个城市对黄河流域城市群金融韧性的集聚作用没有发生变化。从排名来看（按照从大到小的顺序排列），排名如下：郑州、济南、青岛、太原、西安、兰州、银川、呼和浩特、西宁。

另外，由图 8－5b 比较不同城市金融韧性网络的点度入度分布可知：呼和浩特、兰州、西宁、银川的点度入度均少于 5，并且在 2004—2021 年一直没有大的变化，兰州出现了上升趋势，说明除兰州外的三个城市的金融韧性集聚能力一直处于初始阶段，没有大的变化；西安、太原、青岛在不同时间段内的点度入度虽然超过了 5，但没有超过 10，说明这三个城市对黄河流域城市群其他城市的金融韧性集聚能力属于中等；济南和郑州的点出度都超过了 10，说明这两个城市对其他城市的金融韧性具有高的集聚能力，并且郑州金融韧性点度入度的提升速度较快但有波动性；同时太原的金融韧性点度入度也具有波动性，青岛的金融韧性点度入度呈递增趋势，济南的金融韧性点度入度则呈递减趋势，说明对黄河流域城市群金融韧性具有持续集聚能力的城市只有青岛，济南则呈递减的金融韧性集聚能力，太原和郑州的金融集聚能力有波动性。

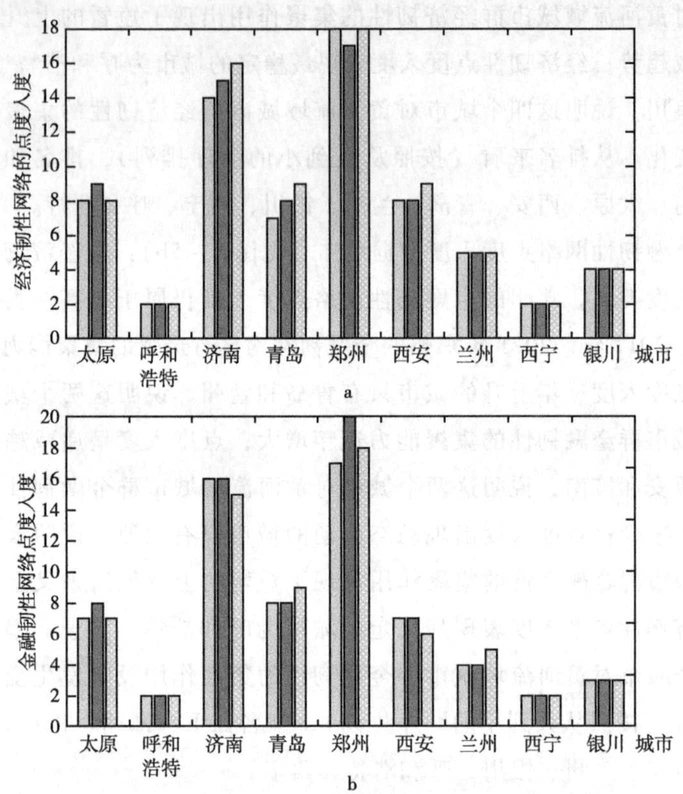

图8－5　黄河流域城市群核心城市经济韧性网络和金融韧性网络的点度入度情况

注：蓝色表示2005年数据，橘红色表示2011年数据，黄色表示2021年数据。

比较图8－4与图8－5可知，经济韧性网络和金融韧性网络的点度出度值均明显高于点度入度，这说明不同类别的城市对周边城市的经济韧性、金融韧性的辐射影响程度均大于其集聚能力。郑州、济南、青岛和太原、西安的点度入度都大于5，说明这两个城市与周边城市的经济韧性联系、金融韧性联系程度较高，集聚能力较强，经济发展，金融发展较活跃；其他城市的金融韧性网络的点度入度和经济韧性网络的点度入度都没有超过 5，而且比对应的点度出度要小，说明这些城市对黄河流域城市群在经济韧性、金融韧性方面具有一定的辐射作用，集聚作用要弱于辐射作用。经济韧性网络的点度出度和点度入度均逐年增长的城市只有济南和青岛，这说明济南和青岛经济韧性的集聚和辐射作用逐步加强。但金融韧性网络的点度出度呈逐年增长趋势的城市只有济南和西宁，说明这两个城市的金融韧性辐射作用正逐步加强，但金融韧性网络的点度入度逐年增强的城市只有青岛，说明青岛的金融韧性对黄河流域城市群的集聚能力逐年增强，其他城市的金融韧性集聚能力处于减弱或维持不变两种状态。

总体来看，郑州、济南、太原、青岛和西安的经济韧性网络、金融韧性网络的点度入度、点度出度都一直排在前五名，说明这五个城市始终处于黄河流域城市群经济韧性和金融韧性的辐射能力与集聚能力的核心地位；兰州的点度出度与点度入度均属于中等水平，说明兰州对周边城市的经济韧性和金融韧性有一定的集聚和辐射能力；呼和浩特、西宁和银川三个城市属于最低一类，说明这三个城市对周边城市的经济韧性、金融韧性的集聚和辐射影响都不大。

由图 8－6a 可知，呼和浩特和西宁经济韧性网络的局部聚类系数最大，说明这两个城市经济韧性网络的鲁棒性水平最低，最容易受到周边城市经济韧性波动的影响；济南、青岛、郑州、兰州的经济韧性网络局部聚类系数呈递增或波动递增趋势，说明这四个城市经济韧性网络的鲁棒性有变差趋势，受周边城市经济韧性影响程度变大；而太原、西安、银川的局部聚类系数呈波动递减趋势，说明这三个城市经济韧性网络的鲁棒性正逐渐变强，经济韧性的独立性变强。另外，济南、青岛、郑州、西安四大城市的经济韧性网络的局部聚类系数在 0.6 附近，说明这四个核心城市与其邻接城市间相互联系的紧密程度适中；但呼和浩特和西宁的局部聚类系数一直是 1，说明这两个城市与周边城市的联系一直非常紧密，极易受到周边城市的影响。可以看到，太原、呼和浩特等 9 个城市在 2004 年、2011 年、2021 年的局部聚类系数变化基本稳定。

由图 8－6b 可知，呼和浩特和西宁金融韧性网络的局部聚类系数仍然最大，但西宁呈现了递减趋势，说明这两个城市的金融韧性虽然极易受到周边城市金融韧性波动的影响，但西宁金融韧性的易感性在变弱；太原、济南、青岛、郑州、兰州、银川的金融韧性网络的局部聚类系数呈递增或波动递增趋势，说明这六个城市金融韧性网络的鲁棒性逐渐变差，即这六个城市的金融韧性波动逐渐脱离了对周边城市金融韧性波动的易感性；西安的局部聚类系数呈波动递减趋势，说明西安金融韧性网络的鲁棒性波动性变强，即西安的金融韧性变化逐渐受到周边城市金融韧性波动的影响。

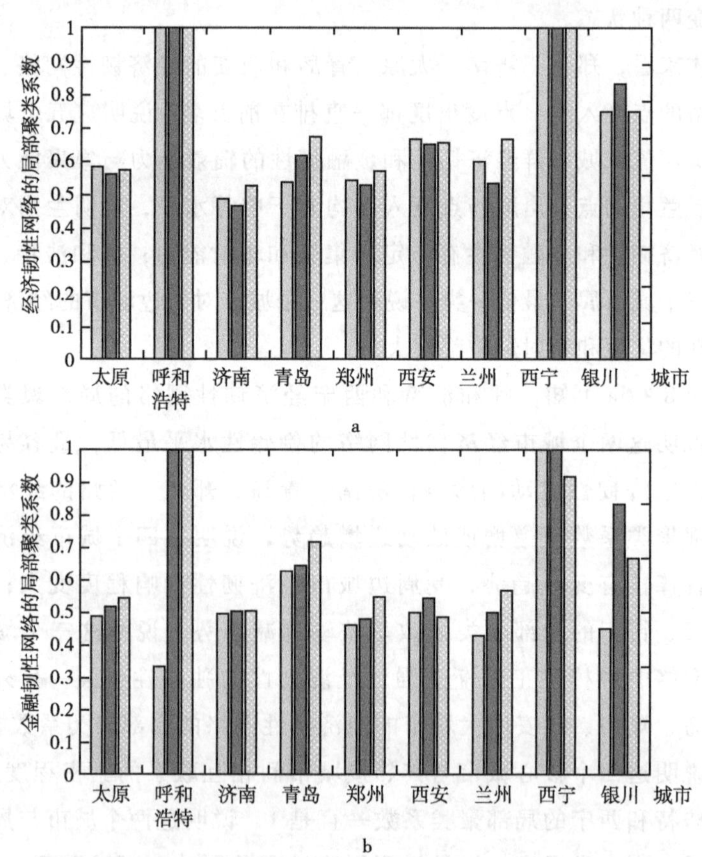

图 8－6　黄河流域城市群核心城市经济韧性网络和金融韧性网络的局部聚类系数情况

注：蓝色表示 2005 年数据，橘红色表示 2011 年数据，黄色表示 2021 年数据。

本章参考文献

[1] 潘家栋，肖文．城市群经济网络结构演化及治理研究 [J]. 社会科学战线，2021 (11): 78-85.

[2] 张洪鸣，孙铁山．中国城市群城市经济增长的网络外部性及其作用机制 [J]. 经济与管理研究，2022，43 (02): 48-64. DOI: 10.13502/j.cnki.issn1000-7636.2022.02.004.

[3] 杨晨，李川惠．空间经济网络影响城市群协同发展的作用机制及其培育路径 [J]. 现代管理科学，2016 (06): 82-84.

[4] 种照辉，张伟丽，李小建．城市群经济发展质量及影响因素研究——基于多维网络的视角 [J]. 统计与决策，2023，39 (03): 131-135. DOI: 10.13546/j.cnki.tjyjc.2023.03.024.

[5] 李恒，殷志高．金融空间关联网络的平衡发展效应——基于网络节点中心性视角 [J]. 财经科学，2024 (01): 33-46.

[6] 苏佳璐，马志强，李明星．环境规制下长三角城市群技术协同创新网络特征对绿色经济增长的影响 [J/OL]. 科技进步与对策：1-11 [2024-04-30]. http://kns.cnki.net/kcms/detail/42.1224.G3.20240410.1148.024.html.

[7] 郝智娟，文琦，施琳娜，等．黄河流域城市群社会经济与生态环境耦合协调空间网络分析 [J]. 经济地理，2023，43 (12): 181-191. DOI: 10.15957/j.cnki.jjdl.2023.12.018.

[8] 周恒，杨永春．兰西城市群"双核分离"结构探讨：区域经济一体化背景下民营企业的投资网络 [J]. 地理科学进展，2023，42 (05): 852-866.

[9] 兰秀娟，张卫国，李春艳．城市群高铁网络与经济高质量发展的耦合协调度评价 [J]. 统计与决策，2023，39 (08): 120-124. DOI: 10.13546/j.cnki.tjyjc.2023.08.021.

[10] 宋学通，李勇泉，阮文奇．海峡西岸城市群旅游经济网络演化的动力机制与因果组合配置 [J]. 世界地理研究，2022，31 (06): 1321-1331.

[11] 张明斗，张震．长三角城市群城市经济韧性的空间关联网络研究 [J]. 地理与地理信息科学，2023，39 (01): 69-79.

[12] 范玉凤，马文秀．基于经济关联性的京津冀城市群空间网络结构分析 [J]. 商业经济研究，2022 (13): 162-165.

[13] 叶珊珊，曹明明，胡胜．关中平原城市群经济联系网络结构演变及对经济

增长影响研究［J］. 干旱区地理，2022，45（01）：277 - 286.

［14］陈小宁，白永平，宋龙军，等. 黄河流域中上游四大城市群经济联系和网络结构比较分析［J］. 地域研究与开发，2021，40（04）：18 - 23.

［15］锁利铭，阚艳秋，陈斌. 经济发展、合作网络与城市群地方政府数字化治理策略——基于组态分类的案例研究［J］. 公共管理与政策评论，2021，10（03）：65 - 78.

［16］王玉珊，刘道强，王光辉，等. 长三角城市群知识创新网络结构韧性时空分异与驱动因素分析［J/OL］. 地球信息科学学报：1 - 17［2024 - 04 - 29］. http：//kns. cnki. net/kcms/detail/11. 5809. P. 20240417. 1605. 006. html.

第九章

黄河流域城市群经济金融韧性的空间计量分析

第一节　背　景

水资源的约束、产业结构的优化滞后等，造成减少碳排放量的困难，从而使得黄河流域生态环境面临破坏和污染等负外部性[1-4]。在当前国际局势复杂多变、中美贸易摩擦等问题下，黄河流域高质量发展需要经济系统、金融系统等不同系统之间的有效配合。从金融体系的发展来看，我国早期的金融体系仅有银行，2001 年加入世界贸易组织（WTO）之后才开始有初步的股票市场、债券市场等。

伴随金融体系的逐渐成熟，我国城市群的发展也逐渐迈向新台阶。1999 年银行资产重组与商业化合并上市、1994 年汇率并轨，促使 FDI 的持续流入，为我国城市群的贸易长期盈余奠定了金融基础；2008 年出台的四万亿计划，促进了债券市场的发展，加大了对基础设施的投资与建设，为城市群的发展奠定了高速路网的交通基础与公共服务基础[5]。随着我国人口总量与结构性的变化，城市群的高质量发展从依靠人口红利转变为依靠人才红利；通过“工业强基”、突破“卡脖子”技术来实现产业升级与转型；从依赖自然资源转向依赖技术进步性资源分配；通过节省劳动力与资本确定新的经济增长路径，这些也为金融体系的完善带来契机[6-9]。

城市群的高质量发展不仅需要城市群不同城市内部得到可持续发展，城市间也要通过金融、经济、规划等方面的协同化发展与联系促进城市群的经济增长，缩小城市群内部城市的经济差异。一般来说，金融要素的明显空间集聚态势，通过核心城市的集聚、辐射效应引起城市群金融空间关系网络的结构发生变化，更进一步深刻影响城市群内部经济活动，而经济活动的空间动态变化又反过来影响到金融要素的集聚过程。在当前金融体系服务实体经济、经济发展需要金融体系的大力支撑这个前提下，过度金融化会引起不同的经济风险，带来生产要素的挤占、资源的错配等问题，从而影响经济的快速增长。

城市群的经济发展差异不仅来自经济基础、金融体系的发展程度，还与自然禀赋、国家相关政策法规、技术转移等有密切的关系。随着要素不断地流动，城市群的金融资源、经济资源跨区域流动越加频繁，城市群经济联系、金融联系逐渐的中心化和网络化，一系列经济、金融资源与特定的城市地域特征相结合，构成较为稳定的空间结构。在工业基础、府际合作、经济规模等多方面的影响下，金融网络会通过进一步优化金融资源分配，提升经济发展水平、促进产业进一步升级等，从而对实体经济产生不同的影响[10-12]。税收征管属于政府治理能力现代化的重要发力点，可以通过该行为约束、引导企业的产业结构调整与科技创新发展，从而促进城市群的高质量发展。例如，我国的金税三期工程是我国税收数字化、信息化的重要举措，通过政府审计、政府税收这两大约束互补机制，通过降低企业的纳税成本等，有效监督、遏制企业的违规行为，引导企业发展绿色经济、淘汰落后设备、投资有助于产业升级与转型的科技活动[13、14]。

根据新制度经济学理论来看，城市群经济系统、金融系统等任何系统都会受到法律法规、金融交投活跃度、市场机制灵活度等软环境，以及基础设施建设等硬环境的影响[15、16]。全面的改革创新能够通过城市群不同产业间、政府间的联合创新、优化资源分配、改善政策协同环境等，强化城市群经济系统、金融系统的韧性条件。

黄河流域不同城市群可以借助所属地区高校、科研院所的科研创新能力，推动产学研的深度融合，激发企业的创新能力，以区域技术和知识的积累，实现不间断的循环学习与进化，促进产业全面升级，增强城市群的经济系统与金融系统的韧性；通过积极推进国家实验室、研究基地等基础设施建设，为产业创新提供信息、资金、技术等支持；通过强化科技和知识的产学研融合，增强城市群的系统韧性；地方政府的一揽子政策，通过建设资源共享平台，能够引导技术顺利转移，提升创新资源的配置，促进黄河流域城市群创新的多样性。核心城市会因占有行政资源、更好的营商环境、对人才的多方位吸引政策等优势，对周边城市具有虹吸效应；当核心城市继续进行改革试验政策，则会进一步强化空间的极化效应，从而对城市群系统韧性产生负面影响[17-19]。

另外，城市群的地理位置、基础设施等的硬环境，因为受到区域自身资源禀赋的限制，短期内难以改变，但法治环境、市场化水平、政府治理环境等软环境相对敏感。因此，政策制定者短期内通过使用一定的政策工具可以改善软环境[20-23]。良好的知识产权保护法治环境，能够保障创新活动有序竞争，有助于创新成果的快速、有效的转化，以及加速创新资源的流动等；在保护知识排他性权力的同时，有利于创新的溢出和边际创新；通过促进城市群在创新方面的积累，有助于提升城市群系统的韧性[24、25]。城市群政府间的协同治理能力能够通过税收补贴、税收优惠、水资源补贴等，降低科研创新的边际成本，提升城市群区域创新的多样性，为城市群系统韧性的提升提供创新基础。同时，政府合作建立的技术转移平台等公共服务平台与环境，能够为高层次人才、跨省资本、技术创新的流动、协调发展提供良好的软、硬环境支持。相关金融体系建设的政策法规，能够保护、支持风险投资、股权投资等融资行为，为初创企业、战略性新兴产业、高技术产业发展提供资金支持，促进了城市群资金流、人才流、信息流的流动性，为增强城市群系统韧性提供了要素支持。

因此，黄河流域城市群软环境的改善，能够提升城市群市场的竞争性，促进制定灵活、交投活跃的金融体系，从而保证城市群产业链集群化的形成，进一步完善跨区域的协同发展，并通过促进本地区系统韧性的提升，对周边地区产生空间溢出效应，最终提升了城市群整体系统的韧性。

本章的核心是考察黄河流域高质量发展政策对经济韧性的影响，所用方法为空间双重差分法。

第二节　空间双重差分模型

双重差分法（以下简称 DID）属于估计群体因果效应的重要方法，比随机实验早提出约 85 年，可以有效评估政策效应[26、27]。具体过程是把要研究的数据按照某种类似自然实验的方法分为治疗组（或实验组）和对照组，其中治疗组和对照组的区别是只对治疗组施加治疗方案，并根据被解释变量的反应以及没有施加治疗方案的对照组进行比较。背后的理念是通过观察学习，计算准自然实验中，实验组与对照组在施加了某项方案后增量的差距，据此验证因果关系。这里的自然实验是指当某项措施应用到实验组数据时，该项措施只在时间上影响实验组样本，不会影响到对照组样本。

在分组后，需要选定某项观察的目标数值，分别计算实施某项措施前、后两组数据对应目标数值的两组差分，这个差分削弱了特定的固定效应后，再对两组差值进行差分，消除了实验组和对照组的原生差异，最终得到了因某项措施带来的净效应。

在进行 DID 之前，需要验证数据是否满足三个假设：第一个假设是被解释变量和结果变量间存在线性关系；第二个假设是个体干预稳定性假设，即个体接受了某项政策干预后所导致的潜在结果唯一：该潜在结果不会受到其他个体干预结果的影响。第三个假设最重要，也被称为平行趋势假设，即观察在没有干预政策时，实验组与对照组是否具有一致的走势或趋势，即两者的差值不变。一般前两个假设容易满足，第三个假设可以通过画图或计算来验证。因为经济数据通常不满足随机实验的假设，所以没有办法做到两组数据来源完全相似和同质，可以通过类似倾向得分匹配、三重差分、合成控制法等方法来进行处理。其中的倾向匹配得分是指在受到政策干预和未受到政策干预的样本中找到两组满足平行趋势假设的两组数据，即从源头上找到具有同质特征的两组数据。

三重差分法是指在 DID 的基础上再求一次双重差分，可以找到干预带来的增量。合成控制法是根据对照组的数据，用某种加权的方式构造虚拟对照组，使得对照组和实验组同构性最强。DID 能够很大程度上避免内生性问题，即可以使用固定效应，假设政策不会对微观经济主体产生逆向因果问题，便可以看作外生的。

DID 的分组一般是类似随机的处理，但现实世界中的数据更多地内生于潜在结果。例如，政策的提出并不是随机的，具有内生性；每个城市独特的历史、文化和自然资源是独有的固定效应，短期内不会随着时间而变化。对于区域经济问题来说，城市群政策一般会有政策的空间溢出效应，即城市群的城市个体不能满足个体干预稳定性假设，因此 DID 不能直接应用到具有空间相关性或空间溢出效应的问题上来。针对这一难点，人们提出了空间双重差分法（SDID）[28-32]，可以有效弥补 DID 模型无法处理实施政策对实验组和对照组影响力度和作用不同的缺陷。SDID 认为政策溢出效应一般会随着空间距离的增加而变衰弱，同时政策溢出效应有正有负，即考虑了各样本之间的相互依赖性。

对于基本的 DID 模型：

$$Y_{it} = \alpha_0 + \alpha_1 D_{it} + \alpha_2 T_{it} + \alpha_3 D_{it} \cdot T_{it} + \xi_{it} \tag{9-1}$$

其中，D_{it}是分组虚拟变量，有某项措施实施则取值为 1，否则取值为 0；时间的虚拟变量为 T_{it}，令该项措施实施之前的时间取值为 0，之后的时间取值为 1；$D_{it} \cdot T_{it}$代表分组虚拟变量、措施虚拟变量的交互项，系数表示措施实施的净效应。DID 必须要有一个措施冲击，要有措施实施前后至少一年的面板数据。对于实验组和对照组来说，措施实施前两个组差的效应为 α_1，措施实施后两个组的差为 $\alpha_1 + \alpha_3$，再次差分后的净效应即为 α_3，即只需要关注交互项的系数即可。这一 DID 模型的前提是实验组和对照组要在措施实施前具有相同的发展趋势，并不需要措施随机和分组随机。

当处理多年面板数据时，则可以写成如下 DID 模型：

$$Y_{it} = \alpha_0 + \alpha_1 D_{it} \cdot T_{it} + \lambda_i + v_t + \xi_{it} \tag{9-2}$$

其中，λ_i 是个体固定效应，代替了式（9-1）中的分组变量，v_t 是时间固定效应，代替了式（9-1）的措施实施变量，即式（9-2）为双向固定效应模型。一般需要检验共同发展趋势，做安慰剂检验，以及通过不同对照组回归、替换被解释变量等做稳健性检验，并判断式（9-2）的回归结果是否显著。

在数据来源有地理边界等作用时，会造成相关数据存在空间溢出效应，一般的 DID 会对平均处理效应的估计造成估计的偏差。根据 K. Butts 的研究可知，这种偏差可能来自两部分：一部分是因为控制组与实验组的地理位置很近，因此控制组的成员会受到实验组的影响。当用 DID 估计效应时，距离控制组与实验组交汇处的成员的溢出效应会平均到未被处理的成员上。一般的 DID 模型在估计效应时会忽视这一溢出效应，也因此产生了偏差，从而不能正确识别反事实趋势；另一部分是实验组的改变影响到了本身的状态和与实验组接近成员的状态。这种影响被平均到了实验组改变效应上，因此这种偏差也会带来估计效应的不准确。区域政策的目的是解决区域的特殊问题，一般认为有一般均衡效果即可以扩展到邻近区域，据此可以认为空间溢出效应能够同时影响控制组和实验组。因此，K. Butts 提出了空间双重差分（SDID）的方法来模拟溢出效应，来具体的针对空间溢出效应，SDID 估计了实验组的直接效应和因为空间溢出造成的两种偏差，即假设在某一时间之后，要研究的政策效应一直存在。

下面从最简单的 OLS 模型看 SDID 空间计量模型的构建：

$$Y_{it} = \varepsilon + \beta X_{it} \tag{9-3}$$

其中，ε 表示遵循正态分布的随机误差。根据被解释变量、解释变量和残差项是否具有空间滞后性，可以得到如下几种空间计量模型：

如果只有被解释变量有空间溢出，则构建空间滞后模型（SLM）：

$$Y_{it} = \varepsilon + \beta X_{it} + \rho W Y_{it} \tag{9-4}$$

其中，W 为空间权重矩阵；

只有解释变量存在空间溢出性，则为如下的空间滞后模型（SLX）

$$Y_{it} = \varepsilon + \beta X_{it} + \gamma W X_{it} \tag{9-5}$$

如果只有残差项具有空间自相关，则构建空间误差模型（SEM）：

$$Y_{it} = \varepsilon + \beta X_{it} + \lambda W u_{it} \tag{9-6}$$

其中，u 为误差项；

当被解释变量、解释变量都有空间滞后项时，则为空间杜宾模型（SDM）：

$$Y_{it} = \varepsilon + \beta X_{it} + \rho W Y_{it} + \gamma W X_{it} \tag{9-7}$$

当解释变量存在空间滞后、残差项具有空间自相关性时，则为空间杜宾误差模型（SDEM）：

$$Y_{it} = \varepsilon + \beta X_{it} + \gamma W X_{it} + \lambda W u_{it} \tag{9-8}$$

当被解释变量具有空间滞后、残差项具有空间自相关性时，则为空间自回归组合模型（SAC）：

$$Y_{it} = \varepsilon + \beta X_{it} + \rho WY_{it} + \lambda Wu_{it} \tag{9-9}$$

除了以上的空间计量模型，要构建 SDID 模型还需要做以下工作。

具体而言，定义

$$Y_{it} = Y_{it}(D_i, h(\vec{D}, i)) \tag{9-10}$$

其中，i 代表某个研究对象，t 是时间，D_i 是二元函数，即当该研究对象受到某项措施的影响则取值为 1，否则取值为 0。因此，$\vec{D} \in \{0, 1\}^n$ 是 n 维向量代表所有单元的处理，$h(\vec{D}, i))$ 是该处理函数的暴露函数，是一个非负的标量或向量函数。该暴露函数测度了单元 i 受到空间溢出的影响程度。当单元 i 距离相对远时，则取值为 0，即 $h(\vec{D}, i)$ 可以定义为某种距离，可以是最大距离、最小距离或某种与距离有关的指数函数等。$h(\vec{D}, i)$ 到底应该定义为哪种与距离有关的函数，要取决于具体的问题，它的函数形式一般来说也没有固定的表达。

空间溢出效应由 $\Delta Y_{it} = Y_{it}(D_i, h(\vec{D}, i)) - Y_{it}(D_i, 0)$ 来表示，该结果可以应用到控制组和实验组上。因此，平均溢出效应可以通过下式进行计算：

$$\tau_s \equiv E[Y_{it}(D_i, h(\vec{D}, i)) - Y_{it}(D_i, 0) \mid D_i = D] \tag{9-11}$$

直接处理效应定义如下：

$$\tau_d \equiv E[Y_{it}(1, \vec{0}) - Y_{it}(0, \vec{0}) \mid D_i = 1] \tag{9-12}$$

可得 SDM－DID 双向固定效应模型为如下表示：

$$Y_{it} = \eta_0 + \rho WY_{it} + \delta_1 WD_{it} \cdot T_{it} + \delta_2 WX_{it} + \eta_1 D_{it} \cdot T_{it} + \eta_2 X_{it} + \lambda_i + v_t + \xi_{it} \tag{9-13}$$

WY_{it}是被解释变量的空间滞后项，交互项 $D_{it} \cdot T_{it}$是核心解释变量，其中 D_{it}，T_{it}均为二值函数，即受某项措施的影响则 $D_{it}=1$，不受影响则为 0；实施年份之后取值 $T_{it}=1$，之前取为 0。$WD_{it} \cdot T_{it}$是交互项的空间滞后项，X_{it}代表控制变量，WX_{it}表示控制变量的空间滞后项。系数 ρ、η_1、η_2 表示被解释变量的滞后项、交互项、控制变量对被解释变量的影响系数。如果模型（9－13）中去掉包含交互项 $D_{it} \cdot T_{it}$、$WD_{it} \cdot T_{it}$的两部分，则变为一般的 SDM 模型。

按照上面的描述过程，也可以得到针对空间计量模型的其他空间双重差分模型，因此需要进一步判断研究所需要的模型类型。一般来说，判断属于哪种 SDID 空间计量模型需要用到 LM 检验、LR 检验、Hausman 检验、Wald 检验等。

LM 检验是定义原假设为回归系数为 0，即解释变量对被解释变量没有显著影响，用最小二乘法得到参数的估计值，然后构建 LM 统计量进行判断：当统计量对应的 p 值小于给定的显著性水平，则拒绝原假设，认为解释变量对被解释变量存在显著影响，反之不能认为有显著影响。例如，对于 SEM - DID 模型和 SAR - DID 模型两种模型来说，LM 检验主要有 4 个结果：原假设为不存在空间误差性、鲁棒 LM 不存在空间误差性、不存在空间滞后性、鲁棒 LM 检验不存在空间滞后性。当 SEM - DID 模型的 LM 检验、鲁棒 LM 检验的 p 值都小于 10% 时，则可以认为拒绝原假设，说明存在显著空间误差滞后项，符合 SEM - DID 模型；当 LM 检验和鲁棒 LM 检验的 p 值小于 10% 时，则认为拒绝原假设，属于 SAR 模型；当两个模型对应的 4 个 p 值都小于 10% 时，则可以认为 SEM - DID 模型、SAR - DID 模型两种模型都通过了检验，可以初步认定用 SEM - DID 模型来表示最合适。值得注意的是，在用 LM 检验时，需要将截面空间权重矩阵按照截面数据、对应年份扩大为新的空间权重矩阵。

Hausman 检验的原假设是随机效应显著。一般来说，判断依据是当计算所得的 p 值小于 1% 时，则拒绝原假设，即固定效应模型优于随机效应模型，表明具有显著的固定效应。例如，可以对具有双固定效应的 SDM - DID 模型进行 Hausman 检验，根据 p 值判断是否拒绝原假设，即可确定 SDM - DID 模型的固定效应更好还是随机效应更好。

LR 检验又称似然比检验，属于退化检验，用来检验符合哪种固定效应模型。此处指的固定效应是指可以被测量或估计的个体独有的效应。LR 检验的原假设是固定效应模型中所有固定效应系数都等于零，即研究对象之间的差异完全由随机因素引起，而不是固定因素引起的。例如，对于选择 SDM - DID 模型还是其他模型，一般需要先构建对应的固定效应模型，并进行参数估计，然后得到最大似然估计值；通过构建一个只有随机效应的对应模型，再次进行参数估计、构建最大似然估计值；最后计算 LR 统计量，计算 p 值；并依据卡方分布表，当 p 值小于某显著性水平时，则拒绝原假设，认为至少存在一个固定效应。例如，构造具有个体固定、时间固定效应或双固定效应的 SDM - DID 模型，并根据所得的三个模型结果进行双固定与个体固定、双固定与时间固定模型两两进行 LR 检验。只要两个 p 值都小于某个显著性水平，则拒绝两个原假设，即可以选择双固定的 SDM - DID 模型。类似的，LR 检验也可以选择都具有个体固定效应的 SDM - DID 模型、SEM - DID 模型和 SAR - DIDR 模型三者哪个更好。具体做法是，构建具有个体固定的 SAR - DID 模型、SDM - DID 模型和 SEM - DID 模型；用 SDM - DID 模型与 SAR - DID 模型、SDM - DID 模型与 SEM - DID 模型两两进行 LR 检验；根据所得结果 p 值进行判断：若都小于某个显著性水平，则说明 SDM - DID 模型的个体固定效应更好。

Wald 检验同样属于退化检验。例如对于 SDM - DID 模型，可以通过 Wald 检验来说明 SDM - DID 模型是否能退化成 SEM - DID 模型和 SAR - DID 模型。

第三节　模型的具体构建

本章采用如下的 DID 模型作为基准模型设定：

$$\boldsymbol{Re_{it} = \alpha_0 + \alpha_1 Policy_i \cdot Post_t + \gamma X_{it} + \lambda_i + v_t + \xi_{it}} \tag{9-14}$$

其中，Re_{it}表示 i 城市 t 年的经济韧性，X_{it}代表 i 城市 t 年的控制变量，*Policy* 为分组虚拟变量：若黄河流域城市群的城市受某项政策影响，则取值为 1，否则取值为 0。*Post* 表示时间虚拟变量，某项政策颁布后的年份取值为 1，否则取值为 0。λ_i 是城市个体固定效应，v_t 是时间固定效应，即模型（9 - 14）为双向固定效应模型。本章考虑的政策与黄河流域生态保护的政策有关，具体而言是由国家明文规定的黄河流域财政补偿政策。因此，本章考虑的城市分组是根据国家、省（自治区）出台的相关黄河流域财政补偿资金政策划分的。

下面根据模型（9 - 14），构建合适的 SDID 模型，从而有效排除内生性困扰，更准确地估计出政策效应。

为了进行空间双重差分模型的构建，第一步也是最重要的一步是针对两个或两个以上时间段进行测量的数据，进行平行趋势检验，即未实施某项政策时，实验组和对照组的经济韧性应变动一致。从空间固定来看，因为实验组与对照组都是黄河流域城市群的69个城市，具有固定的空间效应，基本稳定，所以可以做平行趋势检验。下面重点从时间段来看，政策实施前9年与后9年的实施过程，是否满足平行趋势检验。

对于具有空间溢出效应的黄河流域城市群经济韧性来说，可以采用时间趋势法检验政策实施之前实验组和对照组是否具有相同的发展趋势。图9-1为三种实验组、对照组对应的平行趋势检验图，其中图9-1c中实验组包含的城市为：山东省的济南、淄博、东营、济宁、泰安、德州、滨州、聊城和菏泽，河南省的郑州、洛阳、新乡、焦作、开封、濮阳，共15个城市作为实验组，*Policy* 取值为1；把黄河流域其他城市的 *Policy* 取值为0。从图9-1可知，第三种处理方法更符合本章时间、政策冲击的选择：在2012年之前，实验组和控制组的平行趋势明显；2012年之后，实验组出现了明显的经济韧性增加趋势，而且实验组的增长速率略高于控制组。因此，可以初步认为，该经济韧性的提升可能来自黄河流域相关财政补贴政策导致的。

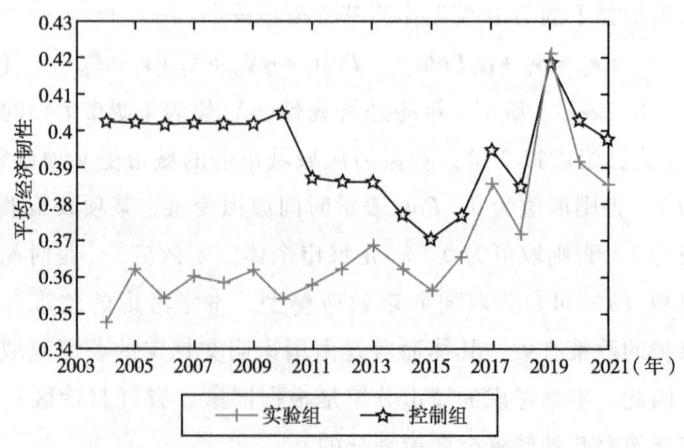

a.实验组：河南省和山东省包括城市；对照组：黄河流域其他城市

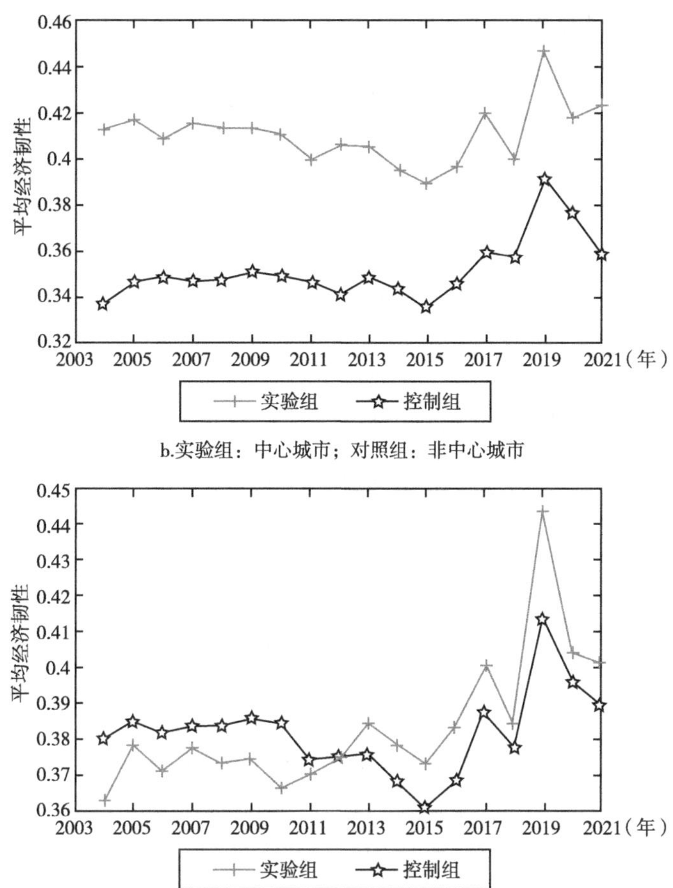

b.实验组：中心城市；对照组：非中心城市

c.实验组：根据《山东省黄河下游滩区运用财政补偿资金管理实施细则》《河南省黄河下游滩区运用财政补偿资金管理办法实施细则》涉及的城市；对照组：黄河流域其他城市

图 9－1　黄河流域城市群 SDID 模型的平行趋势检验

随后用 LM 检验、LR 检验、Hausman 检验选择合适的空间双重差分模型。先用 LM 检验（见表 9－1），确定空间计量模型是选择 SAR－DID 模型、SDM－DID 模型还是 SEM－DID 模型。根据模型检验的结果，发现选择 SDM－DID 模型比较合适；再用 LR 检验（见表 9－2）双固定效应还是随机效应更好：结果发现双固定效应结果更显著，所以采用双固定效应的 SDM－DID 模型。再用 Hausman 检验对 SAR－DID 模型、SDM－DID 回归模型的双固定效应进行比较（见表 9－3）：所有结果都显著，说明通过了稳健性检验，适合做 SDM－DID 模型。最终结果表明 SDM－

DID 双固定模型最合适。

表 9-1　　选择 SDID 模型的 LM 检验结果

LM Test	Statistic	df.	p-value
Spatial error:			
Moran's I	7.710	1	0.000
Lagrange multiplier	55.957	1	0.000
Robust Lagrange multiplier	39.021	1	0.000
Spatial lag:			
Lagrange multiplier	17.152	1	0.000
Robust Lagrange multiplier	0.217	1	0.642

表 9-2　　选择 SDID 模型的 LR 检验结果

	LR chi2 (9)	Prob > chi2
SAR-DID nested within SDM-DID	152.83	0.0000
SEM-DID nested within SDM-DID	78.41	0.0000
Ind nested within both	82.69	0.0000
Time nested within both	1224.02	0.0000

表 9-3　　选择 SDID 模型的 Hausman 检验结果

	Coefficients			
	(b) SDM-DID	(B) SAR-DID	(B-b) Difference	Sqrt(diag(V_b-V_B) Std. err.
Re_{fiance}	0.5359906	0.5154166	0.020574	0.0028675
CO_2/GDP	0.2498144	0.2431842	0.0066302	
Water_save/Pop	0.0125084	0.010932	0.0015764	
*Rate*_inf	0.02006	0.0191362	0.0009238	
$Policy_i \cdot Post_t$	0.0112046	0.0105555	0.0006492	0.0030147

注：Chi2(8) = 93.46，Prob > chi2 = 0.0000。

因此，构建如下的双向固定效应模型 SDM-DID。

$$\begin{aligned}\mathbf{Re}_{it} = {} & \boldsymbol{\eta}_0 + \boldsymbol{\rho} \boldsymbol{W} \cdot \mathbf{Re}_{it} + \boldsymbol{\delta}_1 \boldsymbol{W} \cdot \boldsymbol{Policy}_i \cdot \boldsymbol{Post}_t + \boldsymbol{\delta}_2 \boldsymbol{W} \cdot \boldsymbol{X}_{it} \\ & + \boldsymbol{\eta}_1 \boldsymbol{Policy}_i \cdot \boldsymbol{Post}_t + \boldsymbol{\eta}_2 \boldsymbol{X}_{it} + \boldsymbol{\lambda}_i + \boldsymbol{v}_t + \boldsymbol{\xi}_{it}\end{aligned} \tag{9-15}$$

交互项 $Policy_i \cdot Post_t$ 是核心解释变量，其中 $Policy_i$，$Post_t$ 均为二值函数，即受黄河流域财政补贴政策影响则 $Policy_i = 1$，不受影响则为 0；

2012 年之后 $Post_t=1$，之前取为 0。X_{it}为与经济韧性影响密切的控制变量。$WPolicy_{it}$代表政策的空间滞后项，$WPolicy_i \cdot Post_t$ 是交互项的空间滞后项，WX_{it}表示控制变量的空间滞后项。系数 ρ 代表经济韧性的空间滞后项系数，表示经济韧性的空间自相关性：若该值显著大于 0，则表示黄河流域城市群的经济韧性之间存在强的正空间相关关系，即具有显著正空间溢出效应；若该值显著小于 0，则表示黄河流域城市群经济韧性之间存在显著空间负相关性，即显著为负的空间溢出效应。η_1、η_2 表示核心解释变量、控制变量对经济韧性的影响系数，即财政补贴政策、控制变量对经济韧性的影响；δ_1、δ_2 分别表示财政补贴政策的空间溢出效应系数与控制变量的空间溢出效应系数。式子中的 W 为空间权重矩阵，构造方法是以黄河流域城市群涉及 69 个城市所处经纬度计算其地理位置关系构造地理空间权重矩阵，也可以在此基础上构造经济距离空间权重矩阵。

基于黄河流域相关的政策对城市群内部城市、城市间的能量、资源、物质等的流动有显著影响，对基础设施协同建设等具有明显的空间溢出效应这一事实，本章以地理距离为主构建黄河流域城市群地理空间权重矩阵，在稳健性检验中构建经济距离空间权重矩阵。

本章选择的控制变量包括金融韧性Re_{fiance}、万元 GDP 二氧化碳排放量 CO_2/GDP、万人节约用水量 $Water\_save/Pop$、建成区绿化覆盖率 $Rate\_inf$、随机生成的核心解释变量 $Rand$ 等。表 9 – 4 为被解释变量、核心解释变量和控制变量的主要描述性统计。

表 9 – 4　被解释变量、核心解释变量、控制变量的描述性统计

类型	变量	均值	标准偏差	最小值	最大值
被解释变量	Re	0.382	0.0816	0.245	0.660
	lnGDP	7.072	0.994	3.923	9.556
核心解释变量	$Policy \cdot Post$	0.109	0.311	0	1
随机生成的核心解释变量	$Rand$	0.688	0.463	0	1
控制变量	Re_{fiance}	0.408	0.115	0.206	0.772
	CO_2/GDP	0.304	0.137	0.2	0.9
	$Water\_save/Pop$	0.395	0.141	0.2	0.9
	$Rate\_inf$	0.277	0.147	0.2	0.9

第四节 空间效应结果与稳健性分析

一、空间效应分析

表9－5的结果显示，不管是用基准DID模型，还是带随机效应的SDM－DID模型，表9－5中的系数η_1都显著为正，说明黄河流域财政补贴政策对经济韧性的提升确实起到了显著正向促进作用。具体来看：从核心解释变量的系数η_1来看，DID基准回归模型低估了黄河流域财政补贴政策对经济韧性的提升效应，说明如果不考虑政策的空间溢出效应，则会略微保守的估计该政策对黄河流域城市群经济韧性提升的效果。在考虑了空间溢出效应后，当以随机效应而不是固定效应来看SDM－DID模型的结果，$\delta_1>0$但不显著，说明财政补贴政策对经济韧性的影响仍然属于正效应，但不显著。

表9－5　　DID模型与SDM－DID模型的结果比较

Variable	DID模型	SDM－DID模型（随机效应）
Re_{fiance}	0.666***	0.498***
CO_2/GDP	0.254**	0.215***
Water_save/Pop	0.053***	0.017**
*Rate*_inf	0.080***	0.052***
η_1	0.006***	0.009**
cons	0.031***	0.000
δ_1		0.002
Spatial rho		0.339***
Variance Lgt_theta/ln_phi		－1.877***
Sigma2_e		0.000***

注：＊p＜0.1；＊＊p＜0.05；＊＊＊p＜0.01。

由表9－6可知：从直接效应来看，本地区财政补贴政策的力度提升，能明显促进本地区经济韧性：每提高财政政策补贴力度1个单位，能显著提升本地经济韧性 0.009 个单位；从间接效应来看，间接效应系数为 0.007，但不显著，说明：每提高财政补贴政策力度 1 个单位，能提升周边经济韧性 0.007 个单位，但不显著；从总效应来看，每提高财政补贴政策力度 1 个单位，能显著提升黄河流域城市群经济韧性 0.016 个单位。

表 9 - 6　　SDM - DID 模型（随机效应）的直接效应、间接效应、总效应结果比较

变量	直接效应	间接效应	总效应
Re_{fiance}	0.509 ***	0.248 ***	0.757 ***
CO_2/GDP	0.218 ***	0.106 ***	0.324 ***
$Water\_save/Pop$	0.018 **	0.009 ***	0.027 **
$Rate\_inf$	0.053 ***	0.026 ***	0.079 ***
η_1	0.009 **	0.007	0.016 ***

注：* p < 0.1；** p < 0.05；*** p < 0.01。

为全方位分析黄河流域财政补贴政策的空间溢出效应，下面分别用 SEM - DID 模型、SAR - DID 模型、SAC - DID 模型、SDM - DID 模型求出各变量的估计系数（见表 9 - 7）。前三种模型选择个体固定效应，SDM - DID 模型为双固定效应。用 SAR - DID 模型、SEMDID 模型、SAC - DID 模型与 SDM - DID 模型回归结果做对比，可以看到回归结果的稳健性：对应财政补贴政策 $Policy_i \cdot Post_t$ 的系数 η_1 都显著为正，说明不管是存在哪种空间滞后项、空间相关性，都不影响该政策对黄河流域城市群经济韧性的显著正效应。

下面重点分析双固定效应的 SDM - DID 模型的回归结果。

首先，表 9 - 7 中核心解释变量 $Policy_i \cdot Post_t$ 的系数 η_1 在四种模型的回归结果一致，影响系数为 0.009 ~ 0.014，在 1% 和 5% 的统计水平下显著为正，说明黄河流域财政补贴政策的实施确实显著提升了黄河流域城市群的经济韧性。具体来看，第 5 列中 $Policy_i \cdot Post_t$ 的系数显著为正，说明黄河流域财政补贴政策实施后，与控制组城市相比，实验组城市的经济韧性显著提升。

其次，分析财政补贴政策的空间溢出效应。表9－7第5列中财政补贴政策的加权项 $W \cdot Policy_i \cdot Post_t$ 系数 δ_1 为0.003为正，但不显著，说明财政补贴政策对周边城市的经济韧性产生了正的空间溢出效应，但不显著。

再由表9－7第5列看控制变量对经济韧性的影响：各个控制变量对经济韧性的影响与表9－5中第3列随机效应下SDM－DID模型所得系数的显著性和符合都一致，不同之处在于影响的程度不同；每提升金融韧性1个单位，可以显著促进黄河流域城市群经济韧性提升0.558个单位；每增加1个单位的万元GDP二氧化碳排放量，经济韧性会显著提升0.246个单位；每提高1个单位的万人节约用水量，则能显著提升经济韧性0.018个单位；每增加1个单位的建成区绿化覆盖率，则能显著提升经济韧性0.030个单位。显然，金融韧性和万元GDP二氧化碳量对黄河流域城市群经济韧性提升的作用最大也最为显著。

表9－7　　不同SDID模型的比较

变量	SEMDID(fe)	SARDID(fe)	SACDID(fe)	SDMDID(both)
Re_{fiance}	0.552***	0.498***	0.498***	0.558***
CO_2/GDP	0.241***	0.216***	0.215***	0.246***
Water_save/Pop	0.018**	0.017**	0.017**	0.018**
*Rate*_inf	0.046***	0.052***	0.052***	0.030***
η_1	0.014**	0.010***	0.009**	0.011**
cons	0.111***	-0.000	0.000	0.079***
Variance	0.543***			
In phi		0.340***	0.339***	0.444***
Sigma2_e	0.985***			
lgt theta	0.000***	0.000***	0.000***	0.000***
		-1.877***	-1.877***	-1.896***
δ_1				0.003

注：* p<0.1；** p<0.05；*** p<0.01。

从直接效应、间接效应与总效应来看核心解释变量对经济韧性的影响（见表9－8第4列）：财政补贴政策对本地区经济韧性的正向影响为

0.011，说明每提升1个单位的财政补贴力度，可以显著促进本地区经济韧性提升0.011个单位；对周边地区也能起到显著的正向促进作用，大约提升0.014个单位；财政补贴政策对周边地区经济韧性的影响要超过对本地区经济韧性的影响程度；从总效应来看，每提升1个单位的财政补贴力度，能显著提升黄河流域城市群0.025个单位的经济韧性。

从直接效应与间接效应来看控制变量对经济韧性的影响（见表9-8）：金融韧性对本地区经济韧性的正向影响仍然最为显著，每提升1个单位的金融韧性，可以促进本地区经济韧性提升0.553个单位；但金融韧性的提升，对周边地区没有起到显著正向促进作用，反而是显著阻碍作用；同时，万元GDP产生二氧化碳量对本地区经济韧性的提升仍然显著，但对周边地区的经济韧性起到了显著阻碍作用，而且属于阻碍最大的因素；建成区绿化覆盖率对本地和周边城市的经济韧性提升均为显著正效应，但对周边城市经济韧性的提升效果略好于对本地经济韧性的提升效果。从总效应来看，均为正效应；但万人节约用水量、万元GDP二氧化碳排放量的系数均为不显著正值。

表9-8　不同SDID模型的直接效应、间接效应、总效应结果比较

	SARDID(fe)	SACDID(fe)	SDMDID(both)
变量	直接效应	直接效应	直接效应
Re_{fiance}	0.509***	0.509***	0.553***
CO_2/GDP	0.218***	0.218***	0.236***
$Water\_save/Pop$	0.018**	0.018**	0.019**
$Rate\_\mathrm{inf}$	0.053***	0.053***	0.034***
η_1	0.010***	0.009**	0.011***
间接效应	间接效应	间接效应	间接效应
Re_{fiance}	0.249***	0.248***	-0.092**
CO_2/GDP	0.107***	0.106***	-0.151***
$Water\_save/Pop$	0.009**	0.009**	0.006
$Rate\_\mathrm{inf}$	0.026***	0.026***	0.059***
η_1	0.005***	0.007	0.014***

续表

	SARDID(fe)	SACDID(fe)	SDMDID(both)
变量	总效应	总效应	总效应
Re_{fiance}	0.759***	0.757***	0.460***
CO_2/GDP	0.325***	0.324***	0.086
$Water\_save/Pop$	0.027**	0.027**	0.025
$Rate\_inf$	0.079***	0.079***	0.092***
η_1	0.015***	0.016***	0.025***

注：* p<0.1；** p<0.05；*** p<0.01。

二、稳健性分析

下面通过替换权重矩阵删减解释变量个数、更换被解释变量、构建反事实政策虚拟变量、替换模型为动态面板数据模型等方式证实前面SDM－DID模型结果的稳健性。具体来说：

（一）替换权重矩阵

替换地理空间距离权重矩阵为经济距离空间权重矩阵：以2004年的GDP构建经济距离空间权重矩阵，用SDM－DID模型做回归，结果表明（见表9－9第3列）：黄河流域财政政策的提升对经济韧性的提升在1%的水平下显著，系数为0.014，空间滞后项系数为－0.000，不显著；对应系数比基准回归对应系数要大，说明黄河流域财政补贴政策实施力度的提升对周边地区的空间溢出效应是显著正效应，有较强的空间溢出效应，空间溢出效应在经济距离较近的城市间比地理距离较近的城市间更为明显。从直接效应、间接效应和总效应来看（见表9－10第3列）：根据直接效应系数为0.014，说明其他条件不变下，黄河流域财政政策实施力度的加强，能显著增强本地经济韧性的提升；而且每增加本地区1个单位的政策实施力度，则本地区经济韧性显著提升0.014个单位；间接效应系数为0.004，说明提升财政补贴力度，能促进周边城市经济韧性提升0.004个单位，效果不显著；但总体上财政补贴政策实施力度提升1个单位，能显著提升经济韧性0.018个单位。

（二）删减控制变量个数

删减万人节约用水量后，继续用 SDM - DID 模型进行回归分析。结果显示（见表 9 - 9 第 4 列）：黄河流域财政补贴政策力度的提升对黄河流域城市群经济韧性的提升在 5% 的水平下显著，系数为 0.010；空间滞后项系数为 0.002，不显著，说明本地区对周边地区的空间溢出效应是正效应，但目前还不显著。根据所得结果可知，财政补贴政策对黄河流域城市群的经济韧性提升仍然显著为正，而且政策的空间溢出效应也为正值，说明周边地区政策的实施力度提升，对本地经济韧性存在空间溢出正效应，但不显著。

从直接效应、间接效应和总效应表来看（见表 9 - 10 第 4 列），财政补贴政策对本地经济韧性的直接效应估计系数为 0.011，间接效应估计系数为 0.012，总效应估计系数为 0.023；说明其他条件不变时，提高本地区的政策实施力度，能显著提高本地区经济韧性 0.011 个单位，使周边地区经济韧性显著提升 0.012 个单位，使整个黄河流域城市群经济韧性显著提高 0.023 个单位。

（三）替换被解释变量

把被解释变量替换为 GDP 的对数（见表 9 - 9 第 5 列）：根据经济韧性的不同构建方法，选择黄河流域城市群 GDP 的自然对数为被解释变量的替换变量，并用 SDM - DID 模型进行分析。根据所得结果可知，财政补贴政策对黄河流域城市群的经济韧性提升仍然显著为正，而且政策的空间溢出效应也为正值，说明周边地区政策的实施力度提升，对本地经济韧性存在空间溢出正效应，但不显著。同时财政补贴政策的直接效应、间接效应和总效应均为显著正值（见表 9 - 10 第 6 列），说明其他条件不变时，提高财政补贴政策实施力度 1 个单位，能显著提高本地区经济韧性 0.090 个单位，能够使周边地区经济韧性显著提高 0.802 个单位，使整个黄河流域城市群经济韧性提高 0.893 个单位。

（四）替换为反事实虚拟政策

反事实虚拟政策的构建过程：用 Stata 中的 Rnormal 函数生成随机数，然后根据大于 0.5 的取值为 0，小于等于 0.5 的取值为 1；构建政策虚拟变量，该政策虚拟变量表示至少满足时间虚拟或地点虚拟中的一种；

在 SDM－DID 模型回归过程中，替换真实的政策虚拟变量。计算结果显示（见表 9－9 第 6 列和表 9－10 第 7 列），反事实的虚假政策虚拟变量对应的系数并不显著，说明该虚拟政策对本地、周边地区、整个黄河流域城市群的经济韧性均没有影响；其他控制变量对经济韧性的显著性不受影响。该结果表明，不管是虚拟地点还是虚拟时间，相关虚拟政策并没有促进黄河流域城市群经济韧性的提升，证明 SDM－DID 模型结果的有效性（见表 9－10 第 2 列）。

表 9－9　SDM－DID 模型的稳健性检验

变量	SDM－DID（both）	替换权重矩阵	删减解释变量	替换被解释变量	反事实政策虚拟变量替换
Re_{fiance}	0.558***	0.553***	0.538***	－0.145	0.562**
CO_2/GDP	0.246***	0.223***	0.261***	－2.580***	0.250***
Water_save/Pop	0.018**	0.018**	—	－0.032	0.020***
*Rate*_inf	0.030***	0.046***	0.032***	－0.025***	0.030***
η_1	0.011**	0.014***	0.010**	0.052**	0.000
cons	0.079***	0.086***	0.043***	0.249**	0.057***
δ_1	0.003	－0.000	0.002	0.013	0.003
Spatial rho	0.444***	0.214***	0.464***	0.926***	0.466***
Variance：Lgt_theta	－1.895***	－1.827***	－1.766***	－2.720	－1.848***
Sigma2_e	0.000***	0.000***	0.000***	0.012***	0.000***

表 9－10　SDM－DID 模型稳健性检验的直接效应、间接效应和总效应

	变量	SDM－DID（both）	替换权重矩阵	删减解释变量	替换被解释变量	反事实政策虚拟变量替换
直接效应	Re_{fiance}	0.553***	0.548***	0.532***	－0.435**	0.558***
	CO_2/GDP	0.236***	0.219***	0.253***	－2.262***	0.242***
	Water_save/Pop	0.019**	0.017**	—	－0.004	0.022***
	*Rate*_inf	0.034***	0.049***	0.034***	0.057	0.034***
	η_1	0.011***	0.014***	0.011***	0.090***	0.000

续表

	变量	SDM - DID (both)	替换权重矩阵	删减解释变量	替换被解释变量	反事实政策虚拟变量替换
间接效应	Re_{fiance}	-0.092**	-0.043***	-0.105***	-5.612***	-0.069
	CO_2/GDP	-0.151***	-0.015	-0.112**	6.382**	-0.104*
	Water_save/Pop	0.006	-0.013	—	0.498	0.024
	*Rate*_inf	0.059***	0.027***	0.060***	1.571***	0.061***
	η_1	0.014***	0.004	0.012**	0.802***	0.005
总效应	Re_{fiance}	0.460***	0.505***	0.427****	-6.047***	0.488***
	CO_2/GDP	0.086	0.204***	0.141***	4.119***	0.138**
	Water_save/Pop	0.025	0.004	—	0.494	0.046
	*Rate*_inf	0.092***	0.076***	0.094***	1.629***	0.095****
	η_1	0.025***	0.018***	0.023***	0.893***	0.005

（五）替换模型

以 SAR - DID 模型、SDM - DID 模型两个模型来进行对比，其中 SDM - DID 模型中加入了政策 Policy 动态面板检验：在公式中加入交互政策项 $Policy_i \cdot Post_t$sdid 的滞后变量。下面加入被解释变量的时间滞后变量作为解释变量，并运用 SDM - DID 模型具有个体固定效应的模型以及 SARDID 模型进行对比。结果发现，不管是替换为哪个模型，上年经济韧性对本年经济韧性均有显著正影响，表明经济韧性具有动态性；替换模型并没有影响控制变量对经济韧性的显著性以及系数正负性；在加入经济韧性的滞后项后，空间溢出效应系数为1%水平下显著，与表9 -9第2列对应结果相差不大；直接效应系数为10%水平下显著，间接效应系数为 -0.001，不显著；总效应为0.006，也不显著，表明提升黄河流域财政补贴政策执行力度，能显著提升本地经济韧性的提升，但对周边地区经济韧性的提升有一定阻碍作用，总体上能提升黄河流域城市群的经济韧性，但显著性还未显现（见表9 -11、表9 -12）。

表 9-11　SAR-DID 模型、SDM-DID 模型的稳健性检验

	SARDID	SDMDID 增加因变量的滞后项
被解释变量 Re 的滞后项	0.256 ***	0.257 ***
Re_{fiance}	0.379 ***	0.379 ***
CO_2/GDP	0.220 ***	0.222 ***
Water_save/Pop	0.010	0.011
*Rate*_inf	0.033 ***	0.033 ***
η_1	0.005 **	0.008 ***
cons	—	—
δ_1	—	-0.004
Spatial rho	0.355 ***	0.358 ***
Variance:Lgt_theta		
Sigma2_e	0.000 ***	0.000 ***

表 9-12　SAR-DID 模型、SDM-DID 模型的直接效应、间接效应和总效应

	SARDID	SDMDID 增加因变量的滞后项	SARDID	SDMDID 增加因变量的滞后项	SARDID	SDMDID 增加因变量的滞后项
	直接效应	直接效应	间接效应	间接效应	总效应	总效应
Re_{fiance}	0.387 ***	0.387 ***	0.200 ***	0.204 ***	0.587 ***	0.591 ***
CO_2/GDP	0.227 ***	0.229 ***	0.117 ***	0.121 ***	0.344 ***	0.350 ***
Water_save/Pop	0.011	0.011	0.006	0.006	0.016	0.017
*Rate*_inf	0.033 ***	0.033 ***	0.017 ***	0.017 ***	0.050 ***	0.051 ***
η_1	0.005 **	0.008 *	0.003 **	-0.001	0.008 **	0.006

本章参考文献

[1] 石常峰，俞越，吴凤平，等．近远程耦合视角下黄河流域产业虚拟水流动与水资源短缺风险传递［J］．自然资源学报，2024，39（01）：228-244.

[2] 郭安宁，陈晓，李觅．黄河流域碳排放效率与产业结构优化耦合协调分析［J］．地域研究与开发，2023，42（05）：134-139.

[3] 郑瑞婧，程钰．黄河流域创新要素集聚对碳排放效率的影响研究［J］．地理研究，2024，43（03）：577-595.

［4］邓光耀，周颖钦．黄河流域雾霾污染空间关联网络结构特征及驱动因素［J］．统计与决策，2024，40（03）：96－100. DOI：10. 13546/j. cnki. tjyjc. 2024. 03. 017.

［5］张杰．构建中国优势“科技－产业－金融”循环体系：障碍、途径与改革突破口［J］．现代经济探讨，2024（04）：1－12. DOI：10. 13891/j. cnki. mer. 2024. 04. 001.

［6］张壹帆，陆岷峰．科技金融在新质生产力发展中的作用与挑战：理论框架与对策研究［J/OL］．社会科学家：1－8［2024－05－07］．http：//kns. cnki. net/kcms/detail/45. 1008. c. 20240425. 1748. 004. html.

［7］陆岷峰．金融强国与金融新质生产力：构建以数智化驱动的金融高质量发展新生态［J/OL］．中国流通经济：1－10［2024－05－07］．http：//kns. cnki. net/kcms/detail/11. 3664. F. 20240423. 1652. 002. html.

［8］郑曼妮，黎文靖，谭有超．技术转移与企业高质量创新［J/OL］．世界经济，2024（03）：66－93［2024－05－07］．https：//doi. org/10. 19985/j. cnki. cassjwe. 2024. 03. 006.

［9］杨广越．新质生产力的研究现状与展望［J］．经济问题，2024（05）：7－17. DOI：10. 16011/j. cnki. jjwt. 2024. 05. 017.

［10］任会明，叶明确，余运江．中国三大城市群金融网络空间结构与演化特征［J］．经济地理，2021，41（12）：63－73. DOI：10. 15957/j. cnki. jjdl. 2021. 12. 007.

［11］邓创，曹子雯，贺霖卿．高质量发展视域下的金融一体化与区域经济协调——基于金融跨域支撑网络的实证研究［J］．国际金融研究，2024（04）：3－13. DOI：10. 16475/j. cnki. 1006－1029. 2024. 04. 004.

［12］方成，潘峰华．全球金融网络与区域发展［J］．地理研究，2024，43（02）：273－286.

［13］赵放，蒋国梁，徐熠．电子税务发展与政府审计质量提升：来自金税三期准自然实验的证据［J］．审计与经济研究，2024，39（02）：1－10.

［14］杨进，化汝婷，周克清．大数据税收征管有助于抑制关联交易吗？——来自“金税三期”工程的准自然实验证据［J］．南方经济，2024（03）：1－18. DOI：10. 19592/j. cnki. scje. 411013.

［15］王伟，孙平军，杨青山．新制度经济学下城市群形成与演进机理分析框架研究［J］．地理科学，2018，38（04）：539－547. DOI：10. 13249/j. cnki. sgs. 2018. 04. 007.

[16] 张广胜．我国区域物流高质量合作：动力溯源、内在机理与实现路径——基于新制度经济学视阈［J］．企业经济，2023，42（08）：134－142. DOI：10. 13529/j. cnki. enterprise. economy. 2023. 08. 013.

[17] 杨建坤，张学良，魏新月．国家级城市群发展规划对省界毗邻县经济发展的影响研究［J］．经济与管理研究，2023，44（12）：44－66. DOI：10. 13502/j. cnki. issn1000－7636. 2023. 12. 003.

[18] 张海星，罗丹．财政科技支出对城市创新的影响：效应与机制［J］．财经问题研究，2024（03）：67－80. DOI：10. 19654/j. cnki. cjwtyj. 2024. 03. 006.

[19] 杨鑫垚，韩文丽．成渝城市群的创新极化演进及动因［J］．科技管理研究，2022，42（02）：84－93.

[20] 叶堂林，刘莹，李国梁．创新政策、创新要素与城市群创新能力提升［J］．统计与决策，2022，38（12）：170－174. DOI：10. 13546/j. cnki. tjyjc. 2022. 12. 034.

[21] 周雷，宁心怡，宋佳佳，等．金融科技创新如何促进实体经济高质量发展——基于金融服务效率的机制分析与空间计量［J］．金融发展研究，2024（01）：79－88. DOI：10. 19647/j. cnki. 37－1462/f. 2024. 01. 009.

[22] 马丽亚，戴宏伟．国家高新区、科技创新与产业集聚——基于空间双重差分模型的实证分析［J］．山西财经大学学报，2023，45（08）：70－85. DOI：10. 13781/j. cnki. 1007－9556. 2023. 08. 006.

[23] 吕鲲，潘均柏，李北伟．全面创新改革试验、软环境与区域创新生态系统韧性——基于空间双重差分及双重机器学习的准自然实验［J/OL］．科技进步与对策：1－13［2024－05－01］．http：//kns. cnki. net/kcms/detail/42. 1224. g3. 20231101. 1434. 014. html.

[24] 郭佳艺．知识产权保护与经济高质量发展的关系探究——评《双循环新发展格局下知识产权保护与经济高质量发展》［J］．中国教育学刊，2024（03）：137.

[25] 程惠芳，刘卓然，洪晨翔．科技创新投入、知识产权保护与经济高质量发展［J］．浙江社会科学，2023（09）：22－30＋157. DOI：10. 14167/j. zjss. 2023. 09. 011.

[26] 陈林，伍海军．国内双重差分法的研究现状与潜在问题［J］．数量经济技术经济研究，2015，32（07）：133－148. DOI：10. 13653/j. cnki. jqte. 2015. 07. 010.

[27] 斯科特 坎安宁．因果推断［M］．中国人民大学出版社，2023年5月．

[28] 周建，高静，周杨雯倩．空间计量经济学模型设定理论及其新进展［J］．

经济学报，2016，3（02）：161－190. DOI：10.16513/j.cnki.cje.20160518.001.

［29］李玉娟，常艳萍，彭仕兰．长江经济带战略对区域经济增长效应研究——基于双重差分和空间双重差分的实证考察［J］．调研世界，2023（04）：16－26. DOI：10.13778/j.cnki.11－3705/c.2023.04.002.

［30］史亚东．公众环境关心、中央环保督察与地方环保之处——采用空间双重差分模型的实证分析［J］．西部论坛，2022，32（01）：66－82.

［31］邓荣荣，张翱翔，陈鸣．低碳试点政策对生态效率的影响及溢出效应——基于空间双重差分的实证分析［J］．调研世界，2022（01）：38－47. DOI：10.13778/j.cnki.11－3705/c.2022.01.005.

［32］周祥军，高宇颖．自贸区是地区贸易发展中的“制度高低”还是“政策洼地”——基于空间双重差分模型的检验［J］．哈尔滨商业大学学报（社会科学版），2020（06）：38－56.

第十章

结论与展望

根据本书的研究，总结得出如下的结论。

一、不均衡现状

（一）一般性特征

通过分析2004—2021年黄河流域城市群69个城市在GDP总量、第三产业、二氧化碳排放、节约用水等方面的数据，可以看到除了节约用水处于波动式动态变化外，GDP总量、第三产业比重都呈现递增趋势，万元GDP二氧化碳排放量呈递减趋势，但其增速并没有呈现稳定线性递增或递减趋势。这说明黄河流域城市群的降碳目标引导的产业升级、转型，已经对经济的高质量发展起到了明显作用，经济发展增速和第三产业比重增速、二氧化碳排放增速并没有形成某种动态收敛或稳定的态势。

这些因素发生波动尤其是下降的时间点正好与世界金融危机发生的2008年、欧债危机爆发的2011年、中美贸易摩擦发生的2018年相吻合，这表明黄河流域城市群的经济发展、产业升级水平、降碳产业发展等确实受到外界干扰尤其是外部金融环境变化的显著影响。

对于黄河流域城市群四大核心城市：济南、青岛、郑州、西安来说，四大核心城市的经济实力、综合竞争力均处于顶尖队列，与黄河流域其他城市的差距较大；其他城市还没有彻底发挥自己的地理位置优势和资源禀赋优势，还需更关注产业差异化发展、技术创新、高层次人才引进等方面的工作；核心城市与非核心城市在产业结构优化方面、绿色技术创新、法律法规、中小微企业财政支持、税收征管创新、金融规模、保险服务与模式、金融服务与金融科技创新等方面存在差距。因此，需要核心城市进一步利用核心优势，加大对周边城市的辐射带动作用；非核心城市则需要关注进一步提升科技创新水平，更好的创新农业科技创新模式、外贸金融服务模式、税收征管模式，完善良好的营商环境，加大对高层次人才的吸引力，制定专利保护法、专利转化法等法律法规保护创新活动。

（二）层级特征

从空间结构变化来看，黄河流域城市群在国内消费品市场、科技预算投入程度、国际市场的需求、创新潜力方面均具有单中心空间结构；人口规模、经济总量规模、人均 GDP、社会消费品零售总额、金融规模、第二产业、第三产业均具有多中心格局，其中人均 GDP、金融规模、产业结构方面还没有出现最优的空间结构；在经济规模、金融规模、富裕程度、消费水平、科技创新、产业结构方面并没有形成一致的空间均衡结构，具有动态变化的特征；在社会保障、出口、金融方面都没有达到最优的位序规模结构。

从黄河上游、中游、下游尺度来看人口规模、经济规模的空间变化：黄河上游、中游、下游城市群人口规模结构比较正常和均匀；黄河中游、下游城市的人口流动性更强。从经济规模来看，黄河上游城市群经济分布最不均匀；黄河中游城市群具有显著的经济首位度优势，但同时也更不均衡；黄河下游城市群间的经济规模差异最小，经济分布最为均匀；黄河上游和黄河下游城市群的人口与经济均不具备首位度优势，但也更均衡；人口分布结构和经济分布结构最均衡的都为黄河下游城市群；经济分布结构最不均衡的为黄河中游城市群。从黄河上游、中游、下游位置来看，对应区域的人口首位度指数，不管是用四城市法还是十一城市法计算的指数，具备递减趋势，而经济首位度则不符合这一趋势。

从七大城市群尺度来看人口规模、经济规模等空间变化：中原城市群的人口规模、经济规模、经济发展水平差距最接近；山西中部城市群的人口规模分布差异更不均衡，而经济分布结构则更多地集中到首位城市河南郑州；关中平原城市群人口分布较均衡，但经济规模差距最大，经济分布结构首位城市效应明显，人口与经济更多地集聚到陕西的西安；兰西城市群、宁夏沿黄城市群、山西中部城市群的人口首位度指数与经济首位度指数与关中平原城市群和中原城市群类似，不同之处在于山西中部城市群和宁夏沿黄城市群的首位城市和次首位城市均一致；兰西城市群的经济差距最大，关中平原城市群的经济差距最小。呼包鄂榆城市群和山东半岛城市群的人口分布和经济规模结构均衡性更好；关中平原城市群的经济规模高度集聚到首位城市中，内部差异较大；中原城市群、山西中部城市群、兰西城市群、宁夏沿黄城市群的经济过度集中到首位城市中，与其他城市差异较大。

从局部集聚特征来看，大多数的省会城市具有最大的局部集聚特征。七大城市群中，人口和经济局部集聚最大的城市群为关中平原城市，最小的则不是同一个城市群：人口局部集聚最小的城市群为山西中部城市群，经济局部集聚最小的城市群为呼包鄂榆城市群。人口局部集聚和经济局部集聚程度并不存在线性关系，也没有一致性的趋势，属于波动性变化。从城市群不同要素的差距来看，基于不同的数据进行测算，在黄河上游、中游、下游城市群尺度与七大城市群尺度下，以及在动态和静态尺度下，黄河流域城市群的人口和经济差距均存在非线性关系。

从黄河流域城市群的人口与绿地建设之间的角度来看，基于大城市、小城市不同尺度，以及黄河上中游城市群与下游城市群尺度来看，黄河流域城市群的绿地建设和人口扩张之间存在横向异速增长关系，其中上游、中游城市群的绿地建设扩张速度要强于下游城市群的绿地扩张速度；大城市的绿地建设与人口扩张之间存在显著正异速生长关系。黄河流域城市群的经济规模总量与富裕程度、金融支持规模、产业现代化程度有显著正的异速增长关系；与人口规模、消费水平、科技创新支持力度、金融储蓄能力存在显著负的异速增长关系；与绿色科技创新潜力、对外贸易需求、传统产业发展水平有显著负的异速增长关系。

从四大核心城市来看：西安人口首位度指数最大、济南人口首位度指数最小；西安的经济位序首位度最大；四大核心城市的金融集聚能力均大于其经济集聚能力，但金融位序首位度和经济位序首位度却没有线性的关系；郑州的金融规模为整个黄河流域城市群中最大；四大核心城市的金融规模之和占比超过了整个黄河流域城市群的四分之一。

（三）空间相关性分析

从空间相关性来看：地理空间位置对于黄河流域城市群的经济规模、经济发展具有显著的正相关性，消费水平虽然也存在正的空间相关性但并不显著；从产业结构的升级情况来看，黄河流域城市群在传统的第一产业方面具有显著的正空间相关性，而其他代表产业结构高新水平的方面并没有体现出这种类似的空间相关显著性；对外贸易则正相反，已经体现出了显著的空间正相关性；从金融支持力度来看，存在空间负相关性，但并不显著，金融储蓄规模则体现了显著的正空间相关性；在政府财政支持、科技创新支持方面，也存在显著正的空间相关性；从科技创新潜力来看，目前虽然已经有了正的空间相关性，但显著性还未显现；从水环境治理、空气污染防治、建成区绿化覆盖率方面来看，黄河流域城市群已经存在显著的空间正相关性。

二、韧性的复杂特征

（一）经济韧性特征

黄河流域城市群的经济韧性并没有处于不变的稳定状态中：从接近7年的稳定状态，到后面的波动上升态势，最近两年出现下降态势。2015年为经济韧性最低的年份，2019年则为经济韧性最高的年份。从空间变化来看，济南平均而言具有最大的经济韧性，周口具有最小的经济韧性，经济韧性极差为0.32；从空间相关性来看，黄河流域城市群的经济韧性在2016年之前一直没有出现显著正的空间相关性，大致呈现空间分散趋势；2016年之后，高韧性城市和低韧性城市的数量出现了波动式变化，最近几年呈现减少趋势。

（二）金融韧性特征

1. 动态特征

黄河流域城市群的金融韧性与经济韧性类似，也出现了一段稳定时期，但这个稳定的时间间隔比经济韧性的稳定期要长，为12年。稳定期前和稳定期后则出现了波动式上升和波动式下降的不同态势。经济韧性则在稳定期后出现了波动式上升和下降趋势。值得注意的是，最近年份的金融韧性值比稳定期的金融韧性值要小，这也是与经济韧性表现相反的地方。从空间变化来看，黄河流域城市群大多数城市的金融韧性值都大于其经济韧性值。从四大核心城市来看，其金融韧性值的差距也要小于经济韧性值之间的差距。具体来说，除了西安之外，其他三大城市的金融韧性值稳定期大致一致，但最近6年则均出现波动；济南的金融韧性表现不如它的经济韧性优秀，绝大多数弱于青岛的金融韧性；济南和青岛的金融韧性绝大多数处于前两名地位；西安和郑州的金融韧性则处于你追我赶的动态过程。

2. 空间特征

从空间上来看，黄河流域城市群的金融韧性出现显著空间相关性的年份与经济韧性相同，均出现于2016年。高韧性城市占比处于大致下降趋势，尤其是到了2021年，高韧性城市只剩济南、青岛和西安三大城市。

（三）复合韧性特征

从复合韧性的角度看，黄河流域城市群的复合韧性在稳定期后进入波动下降状态。从动态的角度来看，高、低、中等程度复合韧性的城市数量变化不大，并一直没有出现显著的空间正相关性。从四大核心城市来看，济南的复合韧性在绝大多数时间内均排名第一，西安则排名第二，青岛和郑州分别位列第三和第四。其中复合韧性表现最为稳定的城市为济南市；2019年之前，青岛和郑州的复合韧性均为波动递增趋势，但济南和西安则分别在2017年和2015年之前为波动递增趋势，之后均进入短暂下降状态；随后，济南、青岛和西安的复合韧性均出现反弹，但郑州的复合韧性还没有表现出递增趋势。

（四）耦合协调特征

黄河流域城市群的耦合协调度动态变化与复合韧性的动态变化类似：经过长达16年的波动递增状态后，进入下降趋势。四大核心城市的耦合协调度表现也与其对应复合韧性的动态变化类似。

三、经济金融韧性的网络分析

（一）整体网络结构特征

金融韧性网络的平均路径长度、经济韧性网络的平均聚类系数、金融韧性网络的平均聚类系数具有左偏态；金融韧性网络的网络密度、经济韧性网络密度、经济韧性网络的平均路径长度呈右偏态；经济韧性网络的平均路径长度与平均聚类系数说明相比正态分布，具有更重的尾部；波动性最小的是经济韧性网络的网络密度，其次小的是金融韧性网络的网络密度。

黄河流域城市群经济韧性网络的平均路径长度并没有出现稳定趋势，而是波动变化；金融韧性网络的平均路径长度大于经济韧性网络的平均路径长度，且更不稳定，说明节点城市的金融通达性大于其经济通达性，且不稳定。

黄河流域城市群经济韧性的网络密度与金融韧性的网络密度大多数时候均呈现波动递增趋势，说明节点城市的经济韧性关联在逐渐增强；金融韧性关联度也在逐渐变大，具有巨大的提升空间；金融韧性网络的平均聚类系数大致小于经济韧性网络的平均聚类系数，说明整个黄河流域城市群的节点城市间有更深的经济韧性联系。

（二）个体网络结构特征

从四大核心城市来看，郑州具有最大的经济韧性网络点度出度，说明郑州具有最强的经济发展和辐射影响能力；济南和青岛的辐射能力和带动能力逐年增大；太原、郑州、银川对其他城市的辐射和带动作用则逐年减小；西安和西宁的辐射带动作用则没有表现出稳定的态势；表现最为稳定的城市为呼和浩特。从经济韧性网络的点度中心度分布来看，郑州具有核心辐射地位，济南和青岛的中心地位稳定，对周边城市始终具有很强的辐射带动作用；但呼和浩特、包头、威海、西宁、石嘴山则对周边城市没有强的辐射带动作用，具有马太效应。

与经济韧性网络的特征类似，郑州的金融韧性网络点度出度值仍为最高一类，即郑州对周边城市金融韧性仍具有最强的辐射带动作用；济南、西安和西宁对周边城市金融韧性的辐射带动作用则处于逐年递增趋势；呈现逐年递减趋势的城市为郑州、呼和浩特和兰州；表现最不稳定的城市为太原；最稳定的城市为青岛和银川；呼和浩特、西宁和银川对周边城市金融韧性的辐射带动作用处于初始阶段；郑州、济南、太原、青岛和西安五大城市对其他城市经济韧性、金融韧性的辐射带动方面均处于核心地位。

从经济韧性的集聚能力来看，能力逐年递增的城市只有济南、青岛和西安；虽然郑州仍具有最强的集聚能力，但它和太原类似，表现并不稳定；表现最稳定的城市有呼和浩特、兰州、西宁和银川。从金融韧性的集聚能力来看，郑州仍处于最高地位，但表现和太原类似，仍然不稳定；青岛和兰州对周边城市的金融韧性集聚能力呈逐年增强趋势；呼和浩特、西宁和银川三城市表现最为稳定；兰州对其他城市的金融韧性集聚能力呈现上升趋势；但呼和浩特、西宁和银川仍处于初始阶段；青岛和济南呈现出的趋势正好相反：青岛对其他城市的金融韧性的集聚能力在逐年增强，济南则相反。

黄河流域城市群核心城市对周边城市的经济韧性、金融韧性均具有较强的辐射带动能力，而不是较强的集聚能力；经济韧性集聚作用和辐射作用出现逐年递增趋势的城市为济南和青岛；金融韧性辐射作用在逐年增强的城市只有济南和西宁；金融韧性的集聚能力呈现逐年递增趋势的城市只有青岛。

从易感性来看，呼和浩特和西宁的经济韧性最容易受其他城市经济韧性波动的影响；济南、青岛、郑州和兰州经济韧性受影响程度也在逐年增强；太原、西安、银川的经济韧性则呈现出较强的鲁棒性；从金融韧性的易感性来看，呼和浩特和西宁的金融韧性极易受到其他城市金融韧性波动的影响，但西宁金融韧性的易感性在变弱。太原、济南、青岛、郑州、兰州、银川具有越来越差的鲁棒性，说明这六大城市越来越受到其他城市金融韧性的影响，西安则正好相反，逐渐呈现脱离周边城市金融韧性波动影响的趋势。

四、黄河流域财政补贴政策对经济韧性的影响

具体来看：如果不考虑政策的空间溢出效应，则会略微保守地估计该政策对黄河流域城市群经济韧性提升的效果。在考虑了空间溢出效应后，从四种空间双重差分模型回归结果来看，都说明黄河流域财政补贴政策的实施确实显著提升了黄河流域城市群的经济韧性。

通过替换权重矩阵、删减解释变量个数、更换被解释变量、构建反事实政策虚拟变量、替换模型为动态面板数据模型等方式证实结果的稳健性，不管是替换地理空间距离权重矩阵为经济距离空间权重矩阵、删

减控制变量个数、替换被解释变量还是替换模型，黄河流域财政补贴政策都显著提升了经济韧性。当替换为反事实虚拟政策时，结果仍然稳健。

以 SDM - DID 模型（双固定效应）为主要模型得到如下结果。

从空间溢出效应来看，财政补贴政策对周边城市的经济韧性产生了正的空间溢出效应，但不显著；金融韧性、万元 GDP 二氧化碳排放量、万人节约用水量都对提升经济韧性均具有显著影响，其中的金融韧性和万元 GDP 二氧化碳量对黄河流域城市群经济韧性提升的作用最大；从直接效应、间接效应与总效应来看提升财政补贴力度，可以显著促进本地区、周边地区经济韧性的提升，而且对周边地区经济韧性的影响要超过对本地区经济韧性的影响程度。金融韧性对本地区经济韧性的正向影响仍然最为显著，但对周边地区没有起到显著正向促进作用，反而是显著阻碍作用。同时，万元 GDP 产生二氧化碳量对本地区经济韧性的提升仍然显著，但对周边地区的经济韧性起到了显著阻碍作用，而且属于阻碍最大的因素；从总效应来看，均为正效应，但万人节约用水量、万元 GDP 二氧化碳排放量的系数均为不显著。

这说明黄河流域城市群金融系统确实发挥了服务现代经济的核心功能，但因为本地的金融系统更倾向于服务本地产业的结构转型与升级，尤其是金融产业更多地集聚在中心城市或更核心的城市中，整个黄河流域城市群金融系统还不具备成熟的金融集聚度，金融的扩散效应还未明显凸显，阻碍了周边城市经济韧性的提升；城市群属于地理位置接近、具有类似自然资源禀赋的区域，不同城市对自然资源的依赖程度不同，虽然目前仍然有万元 GDP 二氧化碳对经济韧性的显著影响，但从总体上可以看到节能减排措施效果已经开始显现；从节约用水来看，已经看到黄河流域城市群响应资源节约行动的执行力度，对提升经济韧性起到了显著正向效应，同时也对周边地区的经济韧性产生了一定的正向影响。

五、理论研究展望

在研究黄河流域城市群经济金融系统的相关一般性特征、空间与动态特征、网络特征后，再次思考本书第二章中给出的城市群经济金融系统相关理论、复杂性度量、韧性的刻画等问题，得出如下的四点理论问题需要未来继续做进一步的探索。

第一，如何借助现代控制理论进展，融合韧性、非线性或不确定性正反馈、长久或短期冲击，量化并建立复杂系统理论模型，进一步分析系统韧性的动态稳定性、空间演化特征等。

第二，如何利用复杂网络理论模型，研究非线性正反馈、不同时间期限冲击对复杂网络的节点、重要节点、交互关系、局部尺度、全局尺度、均衡态转变的空间边界问题。

第三，具体到城市群问题上，当土地资源、水资源、矿产资源等使用模式发生改变时，如何借助分数阶微分系统理论，分析具有记忆性的城市群韧性在空间、功能上的动态变化问题。

第四，具有正反馈手段时，如何量化城市群社会—生态系统中多重产业链、异质产业链的韧性问题等。

附　录

附表 1　2004 年、2007 年、2019 年、2020 年、2021 年黄河流域城市群经济韧性

城市名称	2004 年	2007 年	2019 年	2020 年	2021 年
邯郸市	0. 354425	0. 335491	0. 365308	0. 349476	0. 381112
邢台市	0. 295865	0. 315007	0. 353747	0. 348203	0. 359726
太原市	0. 529921	0. 527302	0. 514113	0. 422744	0. 413544
阳泉市	0. 584211	0. 512805	0. 538023	0. 57935	0. 550901
长治市	0. 40597	0. 436899	0. 467253	0. 421209	0. 449105
晋城市	0. 362213	0. 441044	0. 438012	0. 408422	0. 397644
晋中市	0. 297705	0. 316382	0. 352262	0. 339937	0. 29709
运城市	0. 275015	0. 305894	0. 32685	0. 315735	0. 283131
忻州市	0. 311321	0. 296157	0. 326438	0. 324361	0. 295207
临汾市	0. 276135	0. 307728	0. 350883	0. 349957	0. 316324
吕梁市	0. 267071	0. 303403	0. 325275	0. 301815	0. 274057
呼和浩特市	0. 417647	0. 432465	0. 412044	0. 42161	0. 403791
包头市	0. 52674	0. 482058	0. 551666	0. 468583	0. 478275
鄂尔多斯市	0. 326123	0. 392757	0. 49827	0. 444726	0. 391593
蚌埠市	0. 421378	0. 370638	0. 443249	0. 415051	0. 454093
淮北市	0. 47667	0. 475078	0. 438406	0. 428456	0. 449984
阜阳市	0. 309783	0. 31374	0. 334528	0. 329485	0. 323952
宿州市	0. 264258	0. 301453	0. 343647	0. 332093	0. 352884
济南市	0. 531728	0. 588514	0. 546808	0. 529501	0. 5764
青岛市	0. 483543	0. 513334	0. 612473	0. 5448	0. 587138
淄博市	0. 441361	0. 449378	0. 506847	0. 446173	0. 490257
枣庄市	0. 359128	0. 354141	0. 40477	0. 397761	0. 415751
东营市	0. 457909	0. 415588	0. 618458	0. 520646	0. 555417

续表

城市名称	2004 年	2007 年	2019 年	2020 年	2021 年
烟台市	0.353251	0.388468	0.495686	0.457576	0.488106
潍坊市	0.317087	0.332693	0.414186	0.378439	0.398164
济宁市	0.31847	0.338964	0.404761	0.374777	0.395813
泰安市	0.318843	0.357748	0.419151	0.389462	0.394508
威海市	0.350108	0.368976	0.519795	0.45762	0.484659
日照市	0.349422	0.41661	0.600632	0.576087	0.542863
临沂市	0.323348	0.344724	0.369516	0.355114	0.395542
德州市	0.300749	0.332247	0.359438	0.338292	0.344961
聊城市	0.280703	0.295031	0.461613	0.414621	0.435214
滨州市	0.304459	0.325063	0.396555	0.383502	0.39631
菏泽市	0.294554	0.295165	0.334683	0.327868	0.338427
郑州市	0.458972	0.489013	0.582099	0.502433	0.402859
开封市	0.321022	0.33341	0.459578	0.351844	0.310161
洛阳市	0.381989	0.380084	0.425452	0.401576	0.383382
平顶山市	0.371119	0.37211	0.39365	0.359491	0.322713
安阳市	0.394507	0.352842	0.369642	0.344241	0.321339
鹤壁市	0.388838	0.407609	0.412879	0.397461	0.363127
新乡市	0.312785	0.365597	0.370143	0.341112	0.316039
焦作市	0.335416	0.332928	0.373908	0.378066	0.358746
濮阳市	0.382549	0.36538	0.398805	0.362361	0.317811
许昌市	0.293512	0.287951	0.349045	0.340622	0.313748
漯河市	0.32283	0.346837	0.391006	0.386946	0.342398
三门峡市	0.325274	0.31847	0.402205	0.397407	0.37659
南阳市	0.271971	0.283836	0.340514	0.321307	0.291035
商丘市	0.288158	0.28493	0.284913	0.285425	0.254209
信阳市	0.286094	0.281769	0.298844	0.295996	0.278611
周口市	0.26633	0.283775	0.282638	0.262013	0.244872
驻马店市	0.278963	0.296251	0.297858	0.307083	0.281508
西安市	0.543083	0.489228	0.498526	0.48439	0.537322

续表

城市名称	2004 年	2007 年	2019 年	2020 年	2021 年
铜川市	0. 646322	0. 60259	0. 584916	0. 559202	0. 547007
宝鸡市	0. 441105	0. 412198	0. 392454	0. 35285	0. 377453
咸阳市	0. 382723	0. 349481	0. 381685	0. 365085	0. 351548
渭南市	0. 279382	0. 280642	0. 31034	0. 306585	0. 302521
榆林市	0. 304151	0. 27742	0. 358222	0. 333664	0. 357278
商洛市	0. 342898	0. 358257	0. 345439	0. 360499	0. 340397
兰州市	0. 482443	0. 516569	0. 502673	0. 471292	0. 483803
白银市	0. 524935	0. 484428	0. 56381	0. 511972	0. 494837
天水市	0. 445911	0. 391851	0. 502794	0. 488384	0. 485832
平凉市	0. 364048	0. 39842	0. 431018	0. 456717	0. 393849
庆阳市	0. 37107	0. 380771	0. 371236	0. 361563	0. 358913
定西市	0. 41663	0. 418235	0. 44059	0. 448542	0. 416258
西宁市	0. 492399	0. 436467	0. 441068	0. 509677	0. 540022
银川市	0. 525397	0. 470757	0. 38955	0. 432097	0. 426832
石嘴山市	0. 557492	0. 531323	0. 454928	0. 39668	0. 393622
吴忠市	0. 296079	0. 396735	0. 3084	0. 296494	0. 282237
中卫市	0. 374372	0. 424338	0. 418922	0. 363011	0. 359679

附表 2　2004 年、2016 年、2021 年黄河流域城市群金融韧性

城市名称	2004 年	2016 年	2021 年
邯郸市	0. 353294	0. 355186	0. 398357
邢台市	0. 295407	0. 304177	0. 364452
太原市	0. 620563	0. 419693	0. 374311
阳泉市	0. 548213	0. 429088	0. 419508
长治市	0. 372465	0. 330672	0. 437416
晋城市	0. 353505	0. 356913	0. 376732
晋中市	0. 271235	0. 271269	0. 253571
运城市	0. 233697	0. 266011	0. 258095
忻州市	0. 256341	0. 23611	0. 229311

续表

城市名称	2004 年	2016 年	2021 年
临汾市	0. 253143	0. 254017	0. 254655
吕梁市	0. 226624	0. 347675	0. 253091
呼和浩特市	0. 586028	0. 494502	0. 388815
包头市	0. 682798	0. 608644	0. 47967
鄂尔多斯市	0. 324879	0. 433848	0. 326292
蚌埠市	0. 399072	0. 60499	0. 51566
淮北市	0. 431029	0. 430733	0. 518292
阜阳市	0. 336583	0. 403515	0. 373708
宿州市	0. 275557	0. 499105	0. 426414
济南市	0. 619399	0. 653419	0. 663939
青岛市	0. 578562	0. 635792	0. 666403
淄博市	0. 525198	0. 606172	0. 521908
枣庄市	0. 41532	0. 392771	0. 444675
东营市	0. 587771	0. 469866	0. 484366
烟台市	0. 427027	0. 613614	0. 519913
潍坊市	0. 362313	0. 52471	0. 452704
济宁市	0. 351513	0. 470068	0. 413563
泰安市	0. 366928	0. 377089	0. 385712
威海市	0. 47854	0. 659679	0. 49464
日照市	0. 37023	0. 450292	0. 497309
临沂市	0. 345987	0. 440162	0. 405015
德州市	0. 30396	0. 420226	0. 374413
聊城市	0. 31777	0. 323346	0. 408956
滨州市	0. 315212	0. 433329	0. 518575
菏泽市	0. 313723	0. 3504	0. 336854
郑州市	0. 6229	0. 647421	0. 436107
开封市	0. 343831	0. 380854	0. 302836
洛阳市	0. 409966	0. 462682	0. 418083
平顶山市	0. 361206	0. 385363	0. 270499
安阳市	0. 395204	0. 400097	0. 29938

续表

城市名称	2004 年	2016 年	2021 年
鹤壁市	0. 382507	0. 419144	0. 373201
新乡市	0. 354429	0. 404938	0. 247726
焦作市	0. 380921	0. 361526	0. 304684
濮阳市	0. 360627	0. 354891	0. 250219
许昌市	0. 293254	0. 345979	0. 296167
漯河市	0. 385343	0. 433946	0. 355041
三门峡市	0. 338926	0. 364954	0. 331532
南阳市	0. 298493	0. 344953	0. 238534
商丘市	0. 298502	0. 297238	0. 261413
信阳市	0. 29519	0. 309303	0. 276258
周口市	0. 25052	0. 262342	0. 238917
驻马店市	0. 275588	0. 337671	0. 350645
西安市	0. 638656	0. 685374	0. 650999
铜川市	0. 486616	0. 43906	0. 407221
宝鸡市	0. 375744	0. 313273	0. 380998
咸阳市	0. 313547	0. 253827	0. 327324
渭南市	0. 330301	0. 361439	0. 269818
榆林市	0. 231403	0. 290723	0. 272182
商洛市	0. 244418	0. 244036	0. 226611
兰州市	0. 587347	0. 621197	0. 558931
白银市	0. 376713	0. 448264	0. 325188
天水市	0. 456975	0. 473014	0. 512158
平凉市	0. 292781	0. 277975	0. 285463
庆阳市	0. 351602	0. 275439	0. 256428
定西市	0. 274848	0. 277635	0. 275098
西宁市	0. 519686	0. 352094	0. 618204
银川市	0. 639144	0. 552788	0. 490794
石嘴山市	0. 497053	0. 390712	0. 396673
吴忠市	0. 275203	0. 400753	0. 252425
中卫市	0. 380971	0. 425363	0. 390295

附表 3　2004 年、2007 年、2011 年、2017 年、2019 年、2021 年黄河流域城市群复合韧性

城市名称	2004 年	2007 年	2011 年	2017 年	2019 年	2021 年
邯郸市	0.340598	0.316205	0.32776	0.344929	0.323104	0.33371
邢台市	0.297652	0.291332	0.297557	0.308518	0.302156	0.326997
太原市	0.563543	0.610472	0.623571	0.535548	0.614461	0.513119
阳泉市	0.533668	0.542084	0.572329	0.489041	0.454927	0.449753
长治市	0.338376	0.391815	0.362154	0.350854	0.389818	0.382331
晋城市	0.344692	0.391681	0.364152	0.360301	0.362419	0.360546
晋中市	0.309857	0.318728	0.300249	0.327924	0.30028	0.288153
运城市	0.273829	0.348753	0.308878	0.319292	0.306255	0.293454
忻州市	0.327321	0.302492	0.273582	0.28957	0.277317	0.275022
临汾市	0.277829	0.30405	0.286888	0.323941	0.321505	0.30454
吕梁市	0.250993	0.306669	0.266639	0.285491	0.25771	0.251463
呼和浩特市	0.49152	0.531198	0.499131	0.518724	0.443976	0.425308
包头市	0.551481	0.527571	0.455284	0.535141	0.63573	0.545073
鄂尔多斯市	0.310238	0.376646	0.424483	0.380408	0.37212	0.343812
蚌埠市	0.394937	0.304542	0.426575	0.431119	0.449689	0.449726
淮北市	0.416698	0.407187	0.404391	0.394062	0.385345	0.427302
阜阳市	0.327684	0.304581	0.315976	0.339334	0.33073	0.340006
宿州市	0.270434	0.30211	0.265889	0.310548	0.321801	0.347471
济南市	0.549942	0.569674	0.572598	0.612607	0.585182	0.572483
青岛市	0.459569	0.500168	0.505317	0.555399	0.590971	0.57267
淄博市	0.465252	0.504222	0.507877	0.491887	0.547691	0.457333
枣庄市	0.364802	0.354986	0.343673	0.348208	0.393031	0.395515
东营市	0.433954	0.40138	0.436253	0.507323	0.54318	0.495881
烟台市	0.361556	0.390879	0.416814	0.459411	0.448595	0.441155
潍坊市	0.325076	0.357135	0.350139	0.397468	0.400646	0.372784
济宁市	0.322923	0.355245	0.355844	0.373148	0.369659	0.373425
泰安市	0.339339	0.360263	0.32558	0.339269	0.371469	0.346832
威海市	0.378667	0.422408	0.385425	0.51456	0.491412	0.45554

续表

城市名称	2004 年	2007 年	2011 年	2017 年	2019 年	2021 年
日照市	0.354	0.376298	0.404596	0.434391	0.479705	0.451794
临沂市	0.32576	0.340553	0.34725	0.345464	0.356372	0.373411
德州市	0.297668	0.306505	0.28884	0.32818	0.341307	0.327939
聊城市	0.281248	0.297688	0.285011	0.298408	0.374856	0.359078
滨州市	0.292954	0.30863	0.317289	0.386978	0.386963	0.388655
菏泽市	0.305221	0.305957	0.300619	0.298984	0.299838	0.306442
郑州市	0.487238	0.506843	0.454654	0.520766	0.555812	0.44694
开封市	0.377863	0.342191	0.334637	0.347772	0.373669	0.322628
洛阳市	0.387977	0.368579	0.367229	0.397937	0.416519	0.389843
平顶山市	0.335484	0.333515	0.33732	0.33366	0.339855	0.298649
安阳市	0.358424	0.339481	0.339975	0.341528	0.38162	0.318274
鹤壁市	0.364057	0.3746	0.407615	0.417301	0.45313	0.405489
新乡市	0.331818	0.344997	0.333232	0.384479	0.365512	0.297598
焦作市	0.327206	0.318848	0.322282	0.324384	0.324693	0.318639
濮阳市	0.327576	0.333132	0.320934	0.323159	0.330624	0.311335
许昌市	0.284172	0.289033	0.28849	0.330538	0.335832	0.301246
漯河市	0.320967	0.349683	0.354808	0.379905	0.377207	0.3645
三门峡市	0.308626	0.30345	0.293876	0.336975	0.346786	0.343075
南阳市	0.284625	0.294449	0.294017	0.317585	0.3217	0.297072
商丘市	0.293083	0.289253	0.281012	0.292188	0.2995	0.279479
信阳市	0.291663	0.279612	0.280808	0.279426	0.278224	0.277622
周口市	0.264285	0.267655	0.259138	0.249819	0.245124	0.249074
驻马店市	0.268333	0.280283	0.274689	0.285919	0.280297	0.301917
西安市	0.573222	0.54353	0.559635	0.500938	0.517216	0.54443
铜川市	0.544246	0.487969	0.40667	0.413961	0.483243	0.458347
宝鸡市	0.392305	0.395698	0.365697	0.381894	0.417442	0.377829
咸阳市	0.340798	0.327601	0.315618	0.329136	0.313917	0.31557
渭南市	0.299398	0.265246	0.243436	0.304019	0.299104	0.283309
榆林市	0.282164	0.271877	0.265595	0.285321	0.293956	0.293238

续表

城市名称	2004 年	2007 年	2011 年	2017 年	2019 年	2021 年
商洛市	0. 297822	0. 302515	0. 28603	0. 272449	0. 272958	0. 286784
兰州市	0. 58666	0. 578966	0. 561502	0. 590724	0. 59283	0. 586155
白银市	0. 412501	0. 390164	0. 387299	0. 448385	0. 390942	0. 382945
天水市	0. 442377	0. 357255	0. 358135	0. 415261	0. 397524	0. 410066
平凉市	0. 356006	0. 318798	0. 318076	0. 387617	0. 335799	0. 343948
庆阳市	0. 314959	0. 318916	0. 338973	0. 297126	0. 286354	0. 284932
定西市	0. 354035	0. 352251	0. 337047	0. 334377	0. 334897	0. 335276
西宁市	0. 50502	0. 516826	0. 47061	0. 441314	0. 469838	0. 536044
银川市	0. 551182	0. 492927	0. 485992	0. 498016	0. 478366	0. 47476
石嘴山市	0. 475535	0. 432385	0. 403413	0. 386528	0. 446194	0. 423695
吴忠市	0. 306204	0. 34966	0. 330197	0. 315399	0. 285754	0. 277877
中卫市	0. 348011	0. 357975	0. 326279	0. 356453	0. 343618	0. 3335

附表 4　　2004 年、2005 年、2017—2021 年黄河流域城市群的耦合协调度

城市名称	2004 年	2005 年	2017 年	2018 年	2019 年	2020 年	2021 年
邯郸市	0. 353859	0. 347537	0. 347442	0. 353131	0. 360723	0. 35691	0. 38964
邢台市	0. 295636	0. 322207	0. 316693	0. 330244	0. 324204	0. 351215	0. 36208
太原市	0. 573454	0. 595226	0. 441306	0. 433044	0. 49656	0. 403059	0. 39344
阳泉市	0. 565926	0. 53233	0. 499451	0. 501781	0. 483927	0. 507942	0. 48074
长治市	0. 388857	0. 423802	0. 347617	0. 359052	0. 438758	0. 440941	0. 44322
晋城市	0. 357832	0. 402312	0. 366431	0. 375767	0. 392246	0. 399537	0. 38705
晋中市	0. 284162	0. 296981	0. 318462	0. 296515	0. 307423	0. 301284	0. 27447
运城市	0. 253516	0. 273755	0. 299966	0. 289006	0. 295783	0. 294202	0. 27032
忻州市	0. 282496	0. 28495	0. 273571	0. 267068	0. 275383	0. 278465	0. 26018
临汾市	0. 264389	0. 279515	0. 278163	0. 285933	0. 305625	0. 304514	0. 28382
吕梁市	0. 246018	0. 328292	0. 281505	0. 296774	0. 279921	0. 269912	0. 26337
呼和浩特市	0. 494725	0. 517601	0. 441763	0. 437603	0. 4203	0. 425653	0. 39623
包头市	0. 599714	0. 60924	0. 527961	0. 501647	0. 563153	0. 478917	0. 47897

续表

城市名称	2004 年	2005 年	2017 年	2018 年	2019 年	2020 年	2021 年
鄂尔多斯市	0.3255	0.412558	0.424952	0.435844	0.471756	0.371281	0.35746
蚌埠市	0.410074	0.434013	0.482043	0.49252	0.49356	0.463934	0.4839
淮北市	0.453275	0.490641	0.431334	0.419723	0.420925	0.438567	0.48293
阜阳市	0.322905	0.335867	0.378254	0.384893	0.360263	0.353396	0.34794
宿州市	0.269848	0.304473	0.358371	0.323024	0.366516	0.368804	0.38791
济南市	0.573892	0.598921	0.658964	0.646278	0.60481	0.59168	0.61862
青岛市	0.528923	0.563205	0.618691	0.612896	0.682459	0.601482	0.62552
淄博市	0.481458	0.515537	0.515248	0.489922	0.573159	0.475785	0.50584
枣庄市	0.386204	0.41001	0.365969	0.360277	0.422243	0.409558	0.42997
东营市	0.518792	0.518548	0.554628	0.482894	0.578676	0.507085	0.51868
烟台市	0.388391	0.406898	0.528076	0.511822	0.548808	0.496762	0.50376
潍坊市	0.338946	0.35912	0.446315	0.432172	0.476919	0.428921	0.42456
济宁市	0.334584	0.358044	0.416892	0.401481	0.426373	0.395454	0.40459
泰安市	0.342041	0.375795	0.360921	0.358462	0.41817	0.384364	0.39009
威海市	0.409317	0.425507	0.560893	0.515576	0.565982	0.485	0.48962
日照市	0.359675	0.40074	0.490979	0.503914	0.578462	0.541992	0.51959
临沂市	0.334476	0.36496	0.362333	0.361348	0.376781	0.375062	0.40025
德州市	0.30235	0.32326	0.348164	0.396249	0.398426	0.36212	0.35939
聊城市	0.298662	0.33113	0.310761	0.318945	0.429003	0.393443	0.42188
滨州市	0.309789	0.336245	0.433128	0.3847	0.47024	0.448101	0.45334
菏泽市	0.303988	0.323646	0.313067	0.32418	0.326989	0.325474	0.33764
郑州市	0.53469	0.564281	0.582401	0.530529	0.642509	0.586619	0.41915
开封市	0.332231	0.354273	0.355963	0.374384	0.419606	0.364624	0.30648
洛阳市	0.39573	0.403793	0.430433	0.445758	0.478189	0.436851	0.40036
平顶山市	0.366129	0.391779	0.356058	0.364557	0.379417	0.356387	0.29546
安阳市	0.394856	0.399249	0.368929	0.374007	0.379204	0.36405	0.31017
鹤壁市	0.385659	0.426109	0.41466	0.42847	0.438253	0.433367	0.36813
新乡市	0.332957	0.366316	0.412345	0.397191	0.412369	0.354487	0.27981
焦作市	0.357445	0.371282	0.343232	0.352728	0.368834	0.376922	0.33061

续表

城市名称	2004 年	2005 年	2017 年	2018 年	2019 年	2020 年	2021 年
濮阳市	0. 371426	0. 373503	0. 341349	0. 346777	0. 379756	0. 37044	0. 282
许昌市	0. 293383	0. 305207	0. 365281	0. 360807	0. 379649	0. 371281	0. 30483
漯河市	0. 352704	0. 411424	0. 405097	0. 426752	0. 423147	0. 419911	0. 34866
三门峡市	0. 33203	0. 330845	0. 364639	0. 383889	0. 411887	0. 398931	0. 35334
南阳市	0. 284923	0. 293817	0. 33196	0. 325985	0. 341855	0. 324265	0. 26348
商丘市	0. 293284	0. 302149	0. 294269	0. 305151	0. 310801	0. 304321	0. 25779
信阳市	0. 290606	0. 298575	0. 293993	0. 302502	0. 298232	0. 309578	0. 27743
周口市	0. 258304	0. 275891	0. 257121	0. 264453	0. 268729	0. 268468	0. 24188
驻马店市	0. 277271	0. 292934	0. 311757	0. 315666	0. 319277	0. 322412	0. 31418
西安市	0. 588934	0. 575924	0. 448817	0. 43967	0. 469023	0. 533145	0. 59144
铜川市	0. 560812	0. 584155	0. 47954	0. 506647	0. 484952	0. 467401	0. 47197
宝鸡市	0. 407115	0. 3974	0. 381439	0. 412423	0. 437712	0. 375506	0. 37922
咸阳市	0. 346413	0. 336943	0. 337731	0. 339993	0. 350851	0. 335805	0. 33922
渭南市	0. 303776	0. 244216	0. 311543	0. 308814	0. 327482	0. 300565	0. 2857
榆林市	0. 265295	0. 268534	0. 298134	0. 297635	0. 318188	0. 308599	0. 31184
商洛市	0. 2895	0. 302887	0. 272273	0. 276027	0. 280502	0. 286228	0. 27774
兰州市	0. 532317	0. 562602	0. 541306	0. 521656	0. 522994	0. 51175	0. 52001
白银市	0. 444691	0. 466112	0. 498503	0. 391388	0. 41034	0. 389135	0. 40114
天水市	0. 45141	0. 362104	0. 465519	0. 470978	0. 479507	0. 485521	0. 49882
平凉市	0. 326476	0. 246065	0. 393679	0. 359002	0. 341135	0. 359765	0. 33531
庆阳市	0. 361205	0. 393128	0. 309633	0. 316394	0. 309754	0. 303653	0. 30337
定西市	0. 338393	0. 349846	0. 343142	0. 364397	0. 342266	0. 341083	0. 3384
西宁市	0. 505859	0. 486215	0. 36096	0. 36811	0. 398241	0. 536108	0. 57779
银川市	0. 579486	0. 547303	0. 49235	0. 494401	0. 374339	0. 505379	0. 4577
石嘴山市	0. 526406	0. 564614	0. 401575	0. 403115	0. 451759	0. 401856	0. 39515
吴忠市	0. 28545	0. 295608	0. 341921	0. 364795	0. 287886	0. 276373	0. 26692
中卫市	0. 377657	0. 399715	0. 410517	0. 390223	0. 414152	0. 367968	0. 37468

附表 5　　黄河流域城市群经济韧性网络特征

年份	网络密度 D	平均路径长度 L	平均聚类系数 C（总系数/带权重的总系数）
2004	0.1586	3.36	0.625/0.574
2005	0.1588	3.549	0.634/0.575
2006	0.162	3.316	0.644/0.579
2007	0.1592	3.359	0.643/0.577
2008	0.1594	3.349	0.643/0.578
2009	0.1596	3.432	0.643/0.579
2010	0.1596	3.375	0.632/0.57
2011	0.1586	3.542	0.638/0.579
2012	0.1605	3.503	0.637/0.576
2013	0.1618	3.422	0.636/0.581
2014	0.1616	3.373	0.642/0.581
2015	0.1609	3.405	0.641/0.584
2016	0.1622	3.374	0.639/0.579
2017	0.1618	3.352	0.643/0.578
2018	0.1633	3.422	0.643/0.585
2019	0.1647	3.330	0.647/0.585
2020	0.1635	3.383	0.644/0.587
2021	0.1635	3.38	0.646/0.585

附表 6　　黄河流域城市群金融韧性网络特征

年份	网络密度 D	平均路径长度 L	平均聚类系数 C（总系数/带权重的总系数
2004	0.1581	3.365	0.606/0.566
2005	0.1594	3.549	0.615/0.571
2006	0.1588	3.633	0.617/0.569
2007	0.1596	3.389	0.616/0.570

续表

年份	网络密度 D	平均路径长度 L	平均聚类系数 C（总系数/带权重的总系数
2008	0.1596	3.642	0.614/0.572
2009	0.1592	3.572	0.617/0.570
2010	0.1607	3.641	0.634/0.576
2011	0.1611	3.533	0.633/0.575
2012	0.1596	3.545	0.631/0.573
2013	0.159	3.511	0.628/0.569
2014	0.1616	3.478	0.624/0.570
2015	0.1596	3.465	0.622/0.561
2016	0.1635	3.400	0.636/0.576
2017	0.1622	3.479	0.632/0.573
2018	0.1643	3.609	0.631/0.578
2019	0.1641	3.593	0.644/0.581
2020	0.1616	3.610	0.638/0.586
2021	0.1628	3.412	0.634/0.577